朱子語類彙校

壹

〔宋〕黄士毅 編
徐時儀 楊艷 彙校

本書出版得到國家古籍整理出版專項經費資質

前言

在中國儒學發展史上，朱熹以博學深思的才識，結合宋代社會的實際情況，融儒、釋、道于一體，潛心探索道德性命之理，提倡明義理經世務，論學著述皆以聖賢之道爲宗，修己治人爲要，形成了獨特而嚴密的理學思想體系，把居中國文化主導地位的儒家文化發展到一個新的歷史階段。朱熹的理學思想體系宏闊，統治我國思想界達七百多年，不僅對中國文化結構、政治生活、倫理思想、價值取向、思維方式、風俗習慣、理想人格等方面都産生了十分重大的影響，而且還跨越民族和地域的界綫，遠播海外，在十五世紀影響朝鮮，十六世紀影響日本，對日本、韓國以及越南等東南亞各國的思想文化都産生了深刻深遠的影響，在朝鮮和日本曾被視爲國學。十七世紀又隨東學西漸傳至歐洲，一七一四年在歐洲翻譯出版了朱子全書，漸發展成爲東方文化主流的朱子學。朱子講學語録的内容博大精深，涉及朱子著述的詮釋和朱子的經學、文學、史學、自然學、書院文化以及朱子後學的研究等，既是朱子學研究的重要文獻，也是哲學、文獻學、語言學、辭書學等學科研究的重要文獻。

一、語録體與朱熹講學語録

傳統哲學著述的特點是多爲語録體，起源于講學時師生的問答對話。講學必然運用大量的口語，一般語句簡短，多用問答形式，隨事記録，不避俚俗，而隨事問答與辯難則没有充裕的時間去斟酌措辭，修飾文藻。這就如同考試時筆試與口試的不同，前者須於解答辨析中見出文詞之美及行文佈局之功，後者則重在應對之便捷與精神意藴之領會。語録體常常採取點悟式的話語表達方式，點到即止，不作長篇大論的引申發揮，具有一種精煉簡約、片言百意的表達效果，往往寥寥數語就能刻畫出人物的精神風貌，闡明事理的是非曲直，帶有濃厚的時代氣息。

春秋時，由孔門後學記録整理的孔子講學語録論語是我國歷史上第一部語録體著作。論語可以説是孔子與其弟子問學論道探討社會人生的鮮活而傳神的實録，雖然經過整理，但與當時口語絶不會相差太遠。沿至宋代，在疑古思潮的影響下，宋儒不再墨守前人陳説，而敢於標新立異，提出異議，講學之風大盛。宋儒多在書院解説儒家經典，遂有其講學或談話的記録，即宋儒語録。如朱熹輯程氏遺書二十五篇皆程子門人所記程顥和程頤講學答問之詞。又如近思録是南宋朱熹、吕祖謙二人精選北宋理學大家周敦頤、程顥、程頤、張載的語録而成的一部理學入門書，又是學習四書的階梯。

儒家承孔子用白話口語講學論道，至朱子語類可謂集大成。朱熹的講學語録内容廣博，自天地萬物之源，至一草一木之微，從自然界到人類本身，無所不及，且皆爲師生間往復詰難相互研討學問時的隨問隨答，氣氛比較自由，不像著書立説那樣嚴肅鄭重，因此態度比較真切，往往更注重實情。其中不乏思想火花的即興迸發，評述時事的真情流露，往往揮灑自如，生動活潑，一顰一蹙，纖悉詳現，在朱子之學中猶如畫龍點睛，讀之有破壁飛騰之感。值得指出的是朱熹不同時期不同場合的講學内容由來自不同地域的一百多位門生記録，同一内容的表述用詞不盡相同，門人弟子所記又各有側重，或詳或略，有同有異，而同一門人在不同時間不同場合記録同一内容，不同的門人在同一時間同一場合記録同一内容，不同的門人在不同時間不同場合記録同一内容，同一門人前後所記或有不同，來自同一地域的不同門人所記也或有不同，來自不同地域的門人更難免有同有異，而朱子語類中往往注明各家所記語録的異同，據其所注内容及各本異文可探具體講學時間，還原出朱子講學内容原貌，知人論世，從中可見朱子的人格人品和門人的人格人品及學習態度，考探其時同門聽講的弟子有哪些和彼此間的交往及朱熹對這些門人的評價，「聽」到朱子的經國之謀，濟民之政，出處之義，交際之道，「看」到當時師生問答的鮮活場景，尤其是慶元黨禁時的人情世態和朱子的心態，可以説更爲真實地反映了一代理學大師朱熹的思想演變脈絡和南宋當時的社會生活及語言使用狀況。如朱熹認爲天地之間所有事物都是由「理」生成，並且都有具有規律性的「理」。理「無形迹」，「無情意，無計度，無造作」，無所不在。心具於理，心外也有理。（一·三）①認爲聖賢千言萬語説的無非是一個存天理、滅人欲。有關「天理人欲」的内涵，學界探討頗多。二〇〇九年版辭海釋「天理人欲」爲：

簡稱「理欲」。原出禮記樂記：「夫物之感人無窮，而人之好惡無節，則是物至而人化物也。人化物也者，滅天理而窮人欲者也。」宋代理學家如程頤、朱熹等所理解的「天理」，實質上即「仁、義、禮、智」的綱常倫理；「人欲」則指人們的生活欲望。把「天理」與「人欲」相對立，强調「不出於理則出於欲，不出於欲則出於理」，教導人們放棄生活欲望，絶對遵守封建倫理的教條，甚至説：「餓死事極小，失節事極大」（二程遺書卷二十二）、「革盡人欲，復盡天理」（朱子語類卷十三）。反理學思潮的興起，主要在於反對這種禁欲主義觀點。南宋時陳亮、葉適等已開其端。至明清之際，王夫之更明確提出「隨處見人欲，即隨處見天理」的命題，反對「離欲而别爲理」（讀四書大全説卷八）。清戴震認爲：「理也者，情之不爽失也；未有情不得而理得者也」，「是理者存乎欲者也」（孟子字義疏證理）。指出「天理」是離不開人情、人欲的，並揭露道

①此據中華書局一九八六年版朱子語類，圓點前後爲卷和頁，下文同。

學家「以理殺人」。①

考朱子語類中有「天理」六百三十四例，「人欲」三百十四例，考察「天理」與「人欲」對舉的用例，大致可探朱熹所説「天理人欲」的内涵。如：

問：「飲食之間，孰爲天理，孰爲人欲？」曰：「飲食者，天理也；　要求美味，人欲也。」（十三・二二四）

此條爲甘節記録癸丑（一一九三年）以後所聞。又如：

一言一語，一動一作，一坐一立，一飲一食，都有是非。是底便是天理，非底便是人欲。如孔子「失飪不食，不時不食，割不正不食，不多食」，無非天理。如口腹之人，不時也食，不正也食，失飪也食，便都是人欲，便都是逆天理。如只吃得許多物事，如不當吃，才去貪吃不住，都是逆天理。（三八・一〇〇四）

此條爲葉賀孫記録辛亥（一一九一年）以後所聞。再如：

蓋人只有天理人欲。日間行住坐卧，無不有此二者，但須自當省察。譬如「坐如尸，立如齋」，此是天理當如此。若坐欲縱肆，立欲跛倚，此是人欲了。至如一語一默，一飲一食，盡是

①辭海第六版縮印本，上海辭書出版社二〇一〇年版，第一八六一頁。

也。其去復禮，只争這些子。所以禮謂之「天理之節文」者，蓋天下皆有當然之理。今復禮，便是天理。但此理無形無影，故作此禮文，畫出一個天理與人看，教有規矩可以憑據，故謂之「天理之節文」。有君臣，便有事君底節文；有父子，便有事父底節文；夫婦長幼朋友，莫不皆然，其實皆天理也。天理人欲，其間甚微。於其發處，子細認取那個是天理，那個是人欲。知其爲天理，便知其爲人欲。既知其爲人欲，則人欲便不行。譬如路然，一條上去，一條下去，一條上下之間。知上底是路，便行；下底差了，便不行。此其所操豈不甚約，言之豈不甚易！卻是行之甚難。學者且恁地做將去，久久自然安泰。人既不隨私意，則此理是本來自有底物，但爲後來添得人欲一段。如「孩提之童，無不知愛其親；及長，無不知敬其兄」，豈不是本來底。卻是後來人欲肆時，孝敬之心便失了。然而豈真失了？于静處一思念道，我今日於父兄面上孝敬之心頗虧，則此本來底心便復了也。只於此處牢把定其功，積久便不可及。（四二·一〇七九）

此條爲曾祖道記録丁巳（一一九七年）所聞。據甘節、葉賀孫和曾祖道所録，大致可知朱熹認爲「天理人欲」就在日用常行之間，「天理」爲是，「人欲」爲非。具體而言，人倫中合乎「禮」的爲「天理」，不合乎「禮」的爲「人欲」。「天理」與「人欲」相當於人所作所爲的兩個方面，對的是「天理」，錯的是「人欲」。朱熹所説的「人欲」不能簡單看成是「人的欲望」，特别是對「物質的欲望」，所謂「人之一心，天理存，則人欲亡；人欲勝，則天理滅」（一三·二二四）、「學者須是革盡人欲，復盡天理，方始是學」（一三·二二五）皆是着重於要求人們一切行爲要符合倫理規範，注重自身修養。

朱熹所説天理和人欲的關係實際上也就是人的物質和精神的關係。朱熹主張人追求精神的需求應該超過對物質的需求。這才是朱熹原本的意義。朱熹不是教大家不吃不喝，而是爲了説明精神的需求最重要，不要爲了物質的需求，把精神的需求都廢除了。在現代社會，同樣存在社會的道德規範與人的欲望滿足之間的矛盾。例如人類爲了求發展、謀生存，過度地向自然索取，以致進行破壞性、掠奪性的開發，造成嚴重的環境危機，其實也是放縱欲望的結果，必然會受到自然的懲罰。又如在體育競賽中，每個運動員都志在摘金奪銀，這可以説也是人的一種欲望的表現，理應得到肯定與尊重，但是如果爲了這一目的而服用興奮劑，就違反了體育精神與比賽規則。「人欲」無度，「天理」何存？在對待個人獲取財富的原則和途徑問題上，朱熹宣導儒家「見利思義」、「先義後利」，認爲對於「天理之公」的國家和人民的利益，非但不應否定，還應該加以宣傳，而對於「人欲之私」的利己之心，則應受到道德和倫理的規範和限制。因爲「向内便是入聖賢之域，向外便是趨愚不肖之途」，希望每一個人都能正確地使用「存天理、滅人欲」的主張來指導自己的生活。因此，無論對個人，還是對社會來説，都應當正確地處理欲望與規範的關係，只有這樣，人的正常需求才能最終得到合理的滿足。

二、朱熹思想與朱熹講學語録

朱熹在中國歷史上首先是一個思想家，他集北宋開啟的理學之大成，融合佛、道二教，形成體大思精的哲學體系。他的思想體系的核心是「理」，「理」的總體或最高境界是「太極」。朱子語類中有關朱熹哲學思想的論述幾乎觸目可見，如他認爲「總天地萬物之理，便是太極」，（九四·二三七五）太極者，「理之極至者也」。（九四·二三七四）指出「聖人謂之太極者，所以指夫天地萬物之根也」。（九四·二三六六）「無極而太極，不是説有個物事光輝輝地在那裏，只是説這裏當初皆無一物，只有此理而已。既有此理，便有此氣；既有此氣，便分陰陽，以此生許多物事。」（九四·二三八七）「太極自是涵動静之理，卻不可以動静分體用。蓋静即太極之體也，動即太極之用也。譬如扇子，只是一個扇子，動摇便是用，放下便是體。才放下時，便只是這一個道理，及摇動時，亦只是這一個道理。」（九四·二三七二）他認爲扇子的本質並不是一個物質的實體，它的本體和屬性統統是一個理，而這個理又是一個更爲虚幻的「天下公共之理」的具體再現，即「未有一物之時」，「是有天下公共之理，未有一物所具之理」。（九四·二三七二）「一個一般道理，只是一個道理，恰如天上下雨，大窩窟便有大窩窟水，小窩窟便有小窩窟水，木上便有木上水，草上便有草上水，隨處各別，只是一般水」。（一八·三九九）他所謂的理，實際上是一種觀念性的是非標準，或者是封建倫理的信條。即「太極只是個極好至善的道理」，（九四·二三七一）「其氣便是春夏秋冬，其物便是金木水火土，其理便是仁義禮智信」。（九四·二三七八）「然所謂主宰者，即是理也」，（一·四）「帝是理爲主」。（一·五）這個理具有至高無上的權威，認爲「詩、書所説便似有個人在上恁地，如『帝乃震怒』之類，然這個亦只是理如此。天下莫尊於理，故以帝名之。」（四·六三）他否定了人格化的上帝，同時又製造出一個主宰一切的理，萬物萬事就是這個虛理的具體體現。因此他提出「聖賢千言萬語，只是教人明天理、滅人欲」。（一二·二〇七）「天下道理自平易簡直，人於其間只是爲剖析人欲以復天理」。（一二一·二九四二）人們的認識也就是即物以窮理，認識這個産生物事的客觀精神本源。

客觀世界是在發展的，人的認識也是在發展中不斷完善的，朱熹的思想也是隨著社會發展而不斷發展的。朱熹平生用了很大精力著成四書集注，他三十四歲時編寫論語要義和論語訓蒙口義，四十三歲時編寫語孟精義，四十七歲時編寫論語略解，四十八歲時撰成論孟集注和論孟或問。五十一歲時，他將語孟精義改寫成論孟要義，又修改論孟集注，六十一歲時收入四子書中。六十三歲編成孟子要略，六十四歲時又對論孟集注加以修改。他六十八歲時對曾祖道説：「某所解語、孟和訓詁注在下面，要人精粗本末，字字爲咀嚼過。此書，某自三十歲便下工夫，到而今改猶未了，不是草草看者。」（一一六·二七九九）五十七歲時與邵浩談到中庸解時説：「某爲人遲鈍，旋見得旋改，一年之内改了數遍不可知。」（六二・一四八六）他在與陳淳談到大學解時説：「據某而今自謂穩矣，祇恐數年後又見不穩。」（一四・二五七）又與王過説自己：「大學則一面看，一面疑，未甚愜意，所以改削不已。」（一九・四三七）

朱子語類的記載從不同角度擴展豐富了朱熹所撰專著的内容，説明了其所撰著作的成書經過，提供了在其專著中無法展開來詳加敍述的大量背景材料，從而使我們對其著作中提到的問題能有更爲完整的認識。錢穆朱子學提綱一書曾指出朱熹不僅集北宋以來理學之大成，而且還可以説集孔子以來學術思想之大成。他將朱熹的著述分爲兩大類，一類是爲後世傳誦的專著，如四書集注章句、詩集傳等，一類是書信奏章等文集與講學語録。他説不讀文集與講學語録就無法貫通朱子之學，就像朱熹教導門人弟子時所説，吃饅頭僅撮一頭，終不得饅頭之真味。這是全面研究朱熹思想的一個好方法。如朱子語類開宗第一卷第一條：

問：「太極不是未有天地之先有個渾成之物，是天地萬物之理總名否？」曰：「太極只是天地萬物之理。在天地言，則天地中有太極；在萬物言，則萬物中各有太極。未有天地之先，畢竟是先有此理。動而生陽，亦只是理；静而生陰，亦只是理。」（一・一）

此條是陳淳所録，據朱子語録姓氏所載推測，陳淳記録這段話的時間當在紹熙元年（一一九〇）至慶元五年（一一九九）間。檢萬人傑所録爲：

太極只是一個「理」字。(一・二)

萬人傑記載這段話的時間在淳熙七年(一一八〇)以後。又檢廖謙所録爲:

或問太極。曰:「太極只是個極好至善底道理。人人有一太極,物物有一太極。周子所謂太極,是天地人物萬善至好底表德。」(九四・二三七一)

這段話是廖謙在紹熙五年(一一九四)所記。再檢輔廣所録爲:

太極非是别爲一物。即陰陽而在陰陽,即五行而在五行,即萬物而在萬物,只是一個理而已。因其極至,故名曰太極。(九四・二三七一)

這段話的記載時間是紹熙五年(一一九四)以後。這四段記載都是朱熹晚年説的話,表明了朱熹有關太極的三個觀點。即:太極是天地萬物之理,太極是天地人物萬善至好底表德,太極不是一個具體的事物,但存在於一切事物之中。朱熹在其太極圖説解裏對「太極不是一個具體的事物,但存在於一切事物之中」這一觀點尚未作確切明白的論述,分析比較朱子語類這四段記載可知,朱熹越到晚年,其賦予「太極」的涵義越豐富,體現了其思想的發展過程。

又如周敦頤通書第一章第一句話爲:「誠者聖人之本。」朱熹通書解對這句話的解釋是:「誠者,至實而無妄之謂,天所賦、物所受之正理也。人皆有之,而聖人之所以聖者無他焉,以其獨能全此而已。此書與太極圖相表裏,誠即所謂太極也。」朱子語類載董銖所録爲:

問：「誠者聖人之本。」曰：「此言本領之『本』。聖人所以聖者，誠而已。」（九四・二三八九）

這段話出自池録，董銖于慶元二年（一一九六）以後所聞，而朱熹通書解的最後定本寫成於淳熙十四年（一一八七）。朱熹在通書解裏解釋了「誠」的涵義及聖人之所以爲聖在於誠的道理，而没有解釋「本」。推測其文意，一般可以理解爲誠就是根本，即本爲根本之本，然十年後董銖的記載卻釋爲本領之本，分析比較兩者的異同，或多或少可以看出朱熹思想的演變發展過程。

值得指出的是那些朱熹專著中未論及而朱子語類卻記載的朱熹的一些言論，尤其是朱熹晚年的許多精要論述，藴涵着朱熹思想發展的曲折與精微之處。其中糾正二程解經誤失以及他自己早期著作中的某些觀點達數百條。這些論述有的出於朱熹所著的相關專著成書之前，反映了其成書前的早期思想觀點，有的出於其專著成書之後，反映了其成書後思想觀點新的發展。有一些内容，弟子的記載有詳有略，且與朱熹的論著也有異同，然而無論這些記載與朱熹親筆所撰專著的觀點是一致還是不一致，在全方位研究朱熹思想上都具有重要價值。其相一致處使朱熹的思想觀點更爲明確，其不一致處，甚至相互乖戾矛盾之處，則可供參照比較，全面分析，進而得到正確的理解，爲研究朱熹思想，瞭解南宋政治、經濟和社會提供豐富的第一手資料。如：

問：「聖門説『知性』，佛氏亦言『知性』，有以異乎？」先生笑曰：「也問得好。據公所見如何，試説看。」曰：「據友仁所見及佛氏之説者，此一性，在心所發爲意，在目爲見，在耳爲聞，在口爲議論，在手能持，在足運奔，所謂『知性』者，知此而已。」曰：「且據公所見而言。若如此見得，只是個無星之稱，無寸之尺。若在聖門，則在心所發爲意，須是誠始得；在目雖見，須是明始得；在耳雖聞，須是聰始得；在口談論及在手在足之類，須是動之以禮始得。『天生烝民，有物有則。』如公所見及佛氏之説，只有物無則了，所以與聖門有差。況孟子所説『知性』者，乃是『物格』之謂。」（一二六·三〇二〇—三〇二一）

此段記載出自池録，爲郭友仁在朱熹逝世前兩年所聞，即慶元四年（一一九八）所記。朱熹區分了儒佛兩家的「知性」觀點，把「性」和「知」聯繫起來，比二程所論更爲直截明瞭。

又如：

謙之問：「今皆以佛之説爲無，老之説爲空，空與無不同如何？」曰：「空是兼有無之名。道家説半截有，半截無，已前都是無，如今眼下卻是有，故謂之空。若佛家之説都是無，已前也是無，如今眼下也是無，『色即是空，空即是色』。大而萬事萬物，細而百骸九竅，一齊都歸於無。終日吃飯，卻道不曾咬著一粒米；滿身著衣，卻道不曾掛著一條絲。」（一二六·三〇一二）

這段話是葉賀孫在紹熙四年（一一九三）所記，亦出自池録，朱熹所撰專著中找不到，而在朱子語類中則記載了他講學時用生動的比喻説明道家的「空」與佛家的「無」。再如：

或問「理在先，氣在後」。曰：「理與氣本無先後之可言，但推上去時，卻如理在先，氣在後相似。」（一·三）

此條爲曾祖道所録，萬人傑有一段内容相似的記載爲：

或問：「必有是理，然後有是氣，如何？」曰：「此本無先後之可言。然必欲推其所從來，則須説先有是理。」（一·三）

曾祖道所録在慶元四年（一一九八），萬人傑所録在淳熙七年（一一八〇）之後。兩人所載關於理氣先後的討論是朱熹哲學中一個基本問題。學術界一般認爲朱熹的理氣觀是理在氣先的理一元論，也有學者認爲是二元論的。有的學者認爲朱熹哲學中理對於氣是邏輯上而不是時間上在先的關係，有的學者認爲朱熹哲學中理在時間上先於氣，理能生氣。從朱熹思想的全貌來分析，朱熹有關理氣先後的思想經歷了一個複雜的發展和演變過程。早年他從理本論出發，在太極圖説解中没有提出理氣先後的問題，主張理氣無先後，經過和陸九淵就太極進行辯論後，他所作易學啟蒙已萌生出理氣先後的思想。朱子語類中的記載爲進一步研究這一問題提供了依據，除上舉曾祖道和萬人傑所録外，胡泳録于慶元五年（一一九九）的一段記載爲：

要之，也先有理。只不可説是今日有是理，明日卻有是氣。也須有先後。且如萬一山河大地都陷了，畢竟理卻只在這裏。（一·四）

又有林學履録于朱熹逝世前一年（慶元五年，一一九九）朱熹解説理氣先後的記載：

周子、康節説太極，和陰陽滾説。易中便擡起説。周子言「太極動而生陽，靜而生陰」，如言太極動是陽，動極而靜，靜便是陰；動時便是陽之太極，靜時便是陰之太極，蓋太極即在陰陽裏。如「易有太極，是生兩儀」，則先從實理處説。若論其生則俱生，太極依舊在陰陽裏。但言其次序，須有這實理，方始有陰陽也。其理則一。雖然，自見在事物而觀之，則陰陽函太極；推其本，則太極生陰陽。（七五·一九二九）

林學履録朱熹這段話中談到的「次序」是從理論上和邏輯上講的，即理與氣「論其生則俱生，太極依舊在陰陽裏」，兩者的存在並無先後，只是從理論上説，有理而後有氣，表明朱熹晚年關於理氣先後問題的定論是邏輯在先，由此可見朱子語類在研究朱熹其人其書方面價值之一斑。

三、文白轉型與朱熹講學語録

漢語的文白轉型深刻廣泛地影響了我們整個民族的思維和演説方式，在某種程度上正體現了不同文化和不同階層的人們使用同一種語言的必然發展趨向，即精英文化與平民文化以及本土文化與外來文化雅俗相融互補既求雅又從俗的價值取向。垣内景子關於朱子語類的記録——口頭語和書寫白話的關係一文説到朱子語類「是由朱子門人記録下來的特殊形式的白話文獻。正因其形式的特殊性，使得語類有獨特的資料價值：通過語類可以瞭解到朱子及其門人之間的所謂『講學』的氣氛。」「通過語類，我們才可以瞭解到朱子思想的真正面貌。語類才是把朱子思想生動地傳遞給我們的珍寶文獻。」他向中國學者提出如下問題：「怎麼區别或怎樣感覺文言和白話之間的差異？白話資料有什麼樣的文言資料所没有的價值？口頭語和書寫白話之間能不能感覺到距離？如果把語類翻譯成現代漢語，有没有恰當的文體？」①作爲中國學者，我們責無旁貸，應該也必須回答這些問題。據我們近年來的研究，漢語的文白演變不僅是一種語言現象，也是一種文化現象，涉及社會的發展和人們思想觀念的轉變以及價值觀念的更新等諸多方面。一般而言，書面語多崇尚典雅，往往排斥口語，而朱子的講學語録直記當時言語則使一大批昔日難登書面語大雅之堂的口語進入書面語中，保存了大量的方俗口語材

① 垣内景子關於朱子語類的記録——口頭語和書寫白話的關係，人文與價值，朱子學國際學術研討會暨朱子誕辰八百八十周年紀念會論文集，華東師範大學出版社二〇一一年版。

料，可以說最能反映當時的語言實際。今傳各本朱子語録行文簡潔而不避俚俗，句式靈活而用語多變，根據表達的需要變换文雅語體和白話語體，既有講學時引經注的雅言舊詞與朱熹解説所用白話口語的歷時層次差異和歷代記録修訂的差異，也包含有不同地域不同階層門生弟子各自慣用方俗詞語的差異，充滿了各種性質和各種層次的言語成分，文白相間，雅俗共存，新舊質素交融，舊義的延續和新義的誕生共存於同一平面，形成了絶對動態演變、相對静態聚集，多源而一統、同處而異彩的語言淵藪，相當於一個立體的網絡，疊置着從歷史上各個時期傳承下來的不同歷史層次的詞語和宋代産生的新詞新義，從整體上看是一種既非純粹口語又非一般文言的文人口語體，介於便俗語體和典雅語體間，具有文白並用和雅俗交融的多元語言特色，①可以説是書面形式的口語，客觀上如實反映了當時宋以前漢語原有單音詞和唐宋以來新産生的複音詞並存的語言事實和上古漢語和近代漢語新舊質素交融的演變概貌，有裨于探討朱熹和門人弟子在課堂討論中所用文言雅詞與通俗白話相融合的價值取向，闡析一些理學詞彙的義理内涵，考察言語與語言間意義生成、制約的互動機制，研究漢語文白新舊質素的興替和演變過程，考索漢語文白演變和典雅的精英文化與通俗的平民文化以及本土文化與外來文化相

---

① 文白間用是表達功能的需要，也可以説是雅俗相融的價值取向。表達功能是基礎，表達形式是表現，功能決定形式。

融合的發展趨勢，揭示精英文化和平民文化在社會交際中趨雅—趨俗相融互補由古典形態走向現代形態的新舊交替規律。

四、現代文明與朱熹講學語録

偉大的哲學家或思想家是以他思考問題的分量和解決問題的能力來定其歷史地位的，而這問題必然具有歷史的規律與超歷史的意義之雙重性，同時又牽連著當下時代的弊病與難題，關乎人類命運的希望與福祉。在我國歷史上，宋代是儒家學者們覺醒的時期，當時絶大多數的儒學家們都在努力于振興儒學，要使儒家學派的地位重新居於佛道兩家之上，改變長期以來佛道兩家的聲勢都淩駕於儒家之上的狀態。學者們由不信漢唐注疏，進而大膽懷疑古代儒家經典，並且從當時的社會政治需要出發，或明或暗地吸收和汲引釋道兩家的心性義理之學，重新解釋經書，提出新的見解。理學大師朱熹則以其博學多聞的才識，融儒釋道於一體，在講學中表達了其對傳統文化的價值評估和意義理解，提出了他對當時文化的建構藍圖，深刻地介入了時代的文化繼承和再創造。

任何民族都有維繫社會秩序的精神支柱，即倫理道德。在中國儒學史上，朱熹融合儒、釋、道而集理學之大成，建立起一個貫穿天、地、人的理學思想體系，涵括了人生、社會、自然等領域，折射著那個時代的人們對民族主體精神的追求和人類文化價值走向的關切，尤其是强調以天下爲己任的歷史自覺性，充分體現了張載所說「爲天地立心，爲生民立命，爲往聖繼絶學，爲萬世開太平」的中國古代知識分子理想境界。這一理想境界貫穿著儒家的人文精神和理性傳統，適應了近世中國社會的文化需要，確立了那一時期倫理道德的價值規範，而弘揚朱子學倫理價值體系中的精華，拋棄過時的糟粕，凝聚成中華文明「人皆可以爲堯舜」的認同，將個人情感和利益等融入群體共同理想和價值，在全社會、全人類培壅出新型的社會良知與生存範式，由此轉變爲巨大的群體動力，導向人文化成的和諧境界，這不僅是我國社會經濟發展邁向現代化的客觀需要，而且對維護社會的安定有序和精神文明的建設更有不可忽視和不容低估的巨大作用，在根治現今道德意識漸趨淡漠的價值取向危機和提高全民族的文化素質方面無疑也具有重要的現實意義。如朱子認爲誠信是人立身處世的根本，誠信也是立國之本和爲政之方。我們不可能奢求人人都成爲彬彬有禮的仁人、義士和智者，但我們卻不能不要求所有社會成員都應具備誠實守信這一爲人處世的最基本的品德。近年來中華民族正在走向偉大的復興，改革開放三十多年來經濟的高速發展成爲世界奇跡，而如果要有可持續的良性發展，那麽中華民族的偉大復興還必須高度重視文化的傳承和復興。我們應該有與時俱進的哲學、社會學、歷史學、政治學、經濟學新論點新貢獻，我們應該有更高端、更富有文化含量和學術含量的出版物，而不是一大堆鄙陋的八卦與破碎的段子。只有物質的富裕，這是不可能給人們帶來真正幸福的。我們的國民不僅僅能買得起高級奢侈品，而且更應有誠信的品質、良好的舉止、文明的修養，更應有足以與中國文化相匹配的氣質。在某種意義上，文化決定著人們生活的品質與民族的命運。只想著搞笑搞樂，只想著惡搞解構，只想著利潤的最大化，只能無奈地以調侃聊以度日，消磨寶貴的時光，這樣的文化，很可能造成文化的萎靡甚至墮落，也是民族的悲哀。

據現代生命科學研究可知，人類基因有百分之九十九與動物靈長類相同，那麼人類與動物差别何在？即孟子所説「人之異於禽獸者幾希」，可貴的不同只是百分之一或再略多一點點，這百分之一或再略多一點點就在於人類有倫理道德意識，也就是荀子所説「人之異於禽獸者」。朱熹的倫理思想與道德理論建立在以理制欲和以義導利的基礎上，重視提高人的精神境界，注重修養上的自律和内省，提高人的素質，完善人的品格。朱子學的人文精神表現在：提倡「心統性情」，强調身體、心知、靈性與情感的融會貫通，用心、性、氣的相互作用來解讀四德五常的社會功能；重視格物致知的功夫，建立道德理性，提出道心與人心、天道與人道、自然與人類的和諧統一；力主重民、貴民、安民、愛民、恤民；敬重古道熱腸，敬祖積善，崇文尚禮，忠厚仁義，中庸和諧，勤儉重農，樂生進取，自强不息，厚德載物；主張把個人價值融入社會價值之中，通過存天理去私欲，達成個人與社會的良性互動。英諺云：寧可失去英倫三島，不可失去莎士比亞。原因在於，莎士比亞代表的英國文化是英國的人心，英國的品性與風格，英國人的驕傲與向心力，而朱子學的這些人文價值可以説是中華民族傳統文化的精華所在，也是世界多元文明中的重要組成部分，已爲東亞及世界文明的發展做出了巨大貢獻。

今天電腦的迅速發展已將人類引入了一個全新的信息化社會，宇航技術的發展又使人類的空間視野拓伸至浩淼的星際世界。尤其令人欣喜的是隨著基因的破譯，人類對生命奥秘的研究也取得了突破性進展。新世紀伊始，人類已拉開了克隆和納米時代的序幕。然而，高科技的發展在創造物質文明的同時，也迫切地呼唤著精神文明的建設。現代科技帶來的巨大變革不僅給人們提供了新的時空觀和對自然界的新表述，還深刻地影響著人們的精神世界，衝擊著人文領域中的一些傳統學科。人們在歡呼「生物學世紀」到來之時也不無憂心忡忡地看到科學技術的雙刃作用，尋求著物我合一回歸自然的化境。隨著人類諸多幻想的美夢成真，生態環境的保護、貧富兩極的分化、轉基因生物的利弊等正引起有識之士極大的關注。衆所周知，和平與發展是二十一世紀人類社會發展的主旋律，也是當今人類社會的共同要求。人類面臨著一系列全球性的共同問題，諸如地球生態破壞、環境污染、人口膨脹、戰爭威脅、家庭倫理破壞等。一九九九年十月，國際聯合教科文組織（UNESCO）發表了二十一世紀倫理的共同架構一文，其内容包括人與自然之間的和諧； 自由施行個人的權利與義務以達成個人的自我實現； 個人與共同體之間的相成相補； 通過正義，維持和平。朱熹一生都在從事學術的研討、傳授和著述，講學在朱熹的生涯中佔有重要地位。從朱子語類中的記載可以看到朱熹思想中的精華與國際聯合教科文組織提出的二十一世紀倫理的共同架構也有相通之處，對根治現今社會的種種弊病也具有現實意義。朱子語類中有關修身的論説約爲三卷，有關理與窮理的論述約爲二十七卷，修身與窮理並論的講述約七十九卷，修身明理爲講學内容的主體，可見朱熹的講學是以修身與窮理並重，主旨在於講明義理以修其身，然後推己及人，在家庭生活中父慈子孝，在社會交往中仁義誠信，在公幹私誼中履責守義。因而對朱子學及其影響做現代審視和分析評價，探討朱子學對現代社會的影響及其與現代社會發展的關係，闡析朱子學的東方文化意義，有裨于發掘繼承其超越時代的合理成分，回應時代的挑戰，以其深厚的人文傳統來治理現代文明所帶來的一些弊病，爲新時代提供健康文明的啟示。

歷史啟示我們，任何文明的傳承都建立在經典文獻的傳承基礎之上，任何文明的光大也離不開經典文獻的啟迪，而任何經典文獻都需要在一代一代人們的不斷解釋中弘揚其生命價值，從而介入當時的文化傳承和再造，推動社會的進步和發展。朱子講學語録的内容涉及自然現象、生産勞動、物質文明、社會關係、日常生活、意識形態、禮儀習俗等各個方面，不僅從物質層面和精神層面反映了中華文明所倡人際和諧與天人和諧的價值取向，而且對時下抵禦外物誘惑而重振道德良知仍能起到砥柱中流的作用。當今社會物質相對豐裕，而信仰迷茫也伴之而來，道德約束力下降導致誠信危機。因而以朱子語録爲中心探討朱子集理學之大成的思想演變綫索以及朱子學的承傳與創新，夯實朱熹講學語録的文獻和語言基礎，由朱子語録的研究拓展至朱子學研究的方方面面，以文本可靠的語料和確詁的詞義從哲理層面來探索朱子出佛入儒的思想發展歷程，闡發朱子語録所藴含朱子學倫理價值體系的豐厚思想文化内涵，鑒古以知今，弘揚朱子學的精華，闡發朱子學中與時俱進且具有永恒生命力的人文精神，從而使今天的讀者能更加深刻地瞭解中華文化的博大精深，凝聚成中華文明「人皆可以爲堯舜」的認同，提高全民族文化素質，在全社會、全人類培壅出新型的社會良知與生存範式，導向人文化成的和諧境界，形成世界上多元文明多向度雅俗交融的發展趨勢和價值取向，這不僅是我國社會經濟發展邁向現代化和進一步完善精神文明建設的客觀需要，而且對維護社會的安定有序和不同文明的共存互補平等發展也有不可忽視和不容低估的巨大作用。

五、宋本晦庵先生朱文公語録和徽州本朱子語類

今傳朱子語類是在門人所記朱子講學筆記的基礎上彙編而成。考魏了翁眉州刊朱子語類

序云：「開禧（一二〇五—一二〇七）中，予始識輔漢卿於都城。漢卿從朱文公最久，盡得公平生語言文字，每過予，相與熟思誦味，輒移晷弗去。予既補外，漢卿悉舉以相畀。嘉定元年（一二〇八），予留成都，度周卿請刻本以幸後學。」「後數年，竟從予乞本，刊諸青衣。彼不過予所藏十之二三耳。」「其後，李貫之刊于江東，則已十之六七。」據魏了翁所説，他與輔廣（字漢卿）最早整理朱熹講學語録，度正（字周卿）則于嘉定初（一二一一—一二一四）率先編刊了朱熹語録。李道傳（字貫之）於嘉定八年（一二一五）持節池陽，又將其收集到的廖德明、輔廣等三十三家朱熹門人所記筆記委託給朱熹的及門弟子潘時舉和葉賀孫加以整理，削其重複，正其訛誤，編爲朱子語録四十三卷，簡稱池録。①池録刊行後，流傳甚廣。嘉定十二年（一二一九）黄士毅以池録爲底本，又收集了三十八家朱熹弟子記録的筆記，將各家所記的朱熹語録按講學内容分爲理氣、鬼神、性理、學等二十六類，編爲朱子語類一百三十七卷，嘉定十三年（一二二〇）刊於眉州，簡稱蜀類。蜀類刊行後，嘉熙二年（一二三八）李性傳在其兄道傳所編池録基礎上又于饒州刊印朱子語續録，收録何鎬、程端蒙、周謨、潘柄、魏椿、吴必大、楊若海等人所記録的受學筆記，共

① 據陳振孫直齋書録解題卷九載：「晦庵語録四十六卷，著作佐郎陵陽李道傳貫之裒晦翁門人廖德明子晦而下三十二家，刻之九江。」

分四十六卷，簡稱饒録。①淳祐九年（一二四九），蔡杭也于饒州刊印朱子語後録，②收録包揚、楊方、劉炎、劉子寰、邵浩、劉砥、李輝、陳芝、黄灝、黄卓、汪德輔等人所記録的筆記，共分二十六卷，簡稱饒後録。嘉熙淳祐年間，王佖在徽州刊印有婺録。淳祐九年（一二四九）至十二年（一二五二）洪君勱、張文虎和魏克愚又翻刻蜀類，增補饒録九家爲徽類一百三十八卷。淳祐十二年（一二五二），王佖又在婺録的基礎上增加新獲部分，按黄士毅語類門目於徽州刊印朱子語續類，收録黄士毅等人所記筆記，共分四十卷，簡稱徽續類。景定四年（一二六三），黎靖德根據黄士毅所訂的類目，糅合諸家刊印的朱熹語録，編爲朱子語類大全。咸淳元年（一二六五），吴堅

---

① 據陳振孫直齋書録解題卷九載：「晦庵續録四十六卷，李太史之弟樞密性傳成之，又得黄榦直卿而下四十一家及前録所無者並刻之，合貫之前録，益見該備矣。」在蜀類和饒録刊行期間，尚有程永奇朱子語粹十卷、楊與立朱子語略二十卷和葉士龍朱子語録類要十八卷等選編本。據浙江通志卷二百四十五載，有葉味道輯朱子語録四十三卷，林武（字景文，永嘉人）編朱子語録，胡常編、車若水序晦庵語録十卷，包定編池州語録，王柏編朱子指要十卷，王佖編朱文公語後録等。朱子語粹開後世選取朱子語録編爲要語之先河，今失傳。朱子語略存有明弘治南京國子監本（藏臺北「國家圖書館」）。葉士龍朱子語録類要又名朱子語録格言和晦庵先生語録類要，選輯了四十四家記録，其中有九家不見於今傳本朱子語録姓氏。內容涉及理學、仁義禮智、天文地理、鬼神、古今人物、君道、禮制、祭祀、官制、政術、科舉、刑法、學術、古今文集等方面。復旦大學和日本京都大學藏有明刊本。

② 蔡杭，即蔡抗。據黄保萬蔡氏族譜與文化研究引久軒文肅公立朝事實曰：「因上遷都杭州，避杭改名抗。」蔡金發主編蔡襄及其家世，福建人民出版社一九九〇年版第九十一頁。

在建安刊印朱子語别録二十卷，簡稱建别録。諸家彙編朱熹門人筆記的刊本大致分爲語録和語類兩個系統，語録是按所記録的人編排，語類是按講學内容的類編排，而在每條之下注明記録者的姓名。咸淳六年（一二七〇），黎靖德又據建别録修訂其所編的朱子語類大全，綜合了朱熹弟子記録的筆記，削其重複，總諸家刊本之大成，編爲現在的通行本朱子語類一百四十卷。①卷首的朱子語録姓氏列舉朱熹門人弟子的姓名，每人名下又注明記録的年代及其在諸家原刊本中的卷數。

一般而言，傳世的文獻語料有同時資料和後時資料之分，現傳存的語料大部分是後時資料，後時資料很有可能經過後人的改動，因而研究朱子語録的首要工作就是文獻語料的鑒别和選擇。文獻語料如果不可靠，研究也就失去了基礎。就朱熹門人所記朱熹講學内容而言，從最初各家所記「語録」到彙編爲「語類」，其中各本異文錯綜複雜，後世刊印的傳本也多有不同，既有同一版本不同門人記録的異文，又有不同版本同一門人記録的異文，還有不同版本不同門人記録的異文，更有彙編者或後世傳抄刊刻者改動形成的異文。其中有書寫形式的多樣、輾轉傳抄刻寫導致的訛誤、不理解文意而妄改的異文，也有一些有目的有依據的改動、受上下文或行

① 參胡適朱子語類的歷史、岡田武彦朱子語類の成立とその版本。

文習慣影響而形成的異文。學界以往研究多依據通行的明成化年間刊刻的黎靖德編朱子語類或清人張伯行所輯八卷本朱子語類輯略，而朱子語録的早期傳本尚存有李道傳編晦庵先生朱文公語録、葉士龍編晦庵先生語録類要、楊與立編朱子語略和黄士毅編朱子語類校正本等數種，尤其是臺北「故宫博物院」藏宋刻晦庵先生朱文公語録七卷和明抄宋刻晦庵先生朱文公語録十一卷，國家圖書館藏宋刻本晦庵先生語録大綱領十卷，日本九州大學藏朝鮮古寫寶祐二年再校徽州本朱子語類皆爲孤本，其中有不少内容不見於今通行本，且與朱熹的論著也有異同，從中可見未經删削改易的大量原始記録，保存了朱熹門人所記講學語録的原貌，而宋至明清各本在編排和内容上的異同又形成互補和參證，可供考察池録和蜀類的編纂體例，探討黄士毅和黎靖德分類彙編所成朱子語類的通例和取捨異同，還原池録和蜀類的原貌，尋究各家所記語録的承傳淵源，考斠黎靖德編朱子語類今傳各本編排的異同，考探朱子語録的流傳綫索和朱子學在東亞的傳播。

池録收録廖德明、輔廣等三十三人所記語録，①共四十三卷，各弟子下以記録時間爲序編

① 今傳本朱子語類删去陳埴所録，剩三十二家。黄士毅朱子語類後序云：「獨池本陳埴一家惟『論仁』一條，按遺文乃答埴書，不當取爲類，故今不載。」

排。今存宋刻本晦庵先生朱文公語録有卷二十七至三十一、卷三十七、三十八共七卷，分别爲黄義剛、晏淵、襲蓋卿、廖謙、孫自修、曾祖道、沈僩所記語録。六册一函，左右雙邊，每半葉十行，每行二十字。頁心爲白口雙魚尾。上象鼻有大小不一的數字，下象鼻有不同刻工的名字，依稀可識别的刻工有蔡浩、王辰等人。書中卷首標題下等處鈐有「金菊子」藏印。每卷卷首有卷數，如「晦庵先生朱文公語録卷二十七」；次行空三格題記録者，如「黄義剛録」；卷數和記録者之下或有記録的時間，如「甲寅所聞」、「丁巳所聞」、「戊午所聞」；有的還記有地點如「臨安」。該書版框高18.8釐米，寬13.9釐米。①避諱止于光宗，「玄」、「畜」、「殷」、「恒」、「貞」、「慎」、「徵」、「匡」都有缺筆或改字。凡正文提及「高宗」、「神宗」、「太宗」、「孝宗」、「真宗」、「本朝」、「今天子」等字眼，均空兩到四個字的位置以表敬，而不避寧宗以後的宋諱。②宋刻本池録兼具歷史文物性和學術資料性，校勘精到，幾未見錯訛。惜僅存七卷，且卷二十七殘破不堪，多有不能辨識處。③

今存明抄本晦庵先生朱文公語録有卷二、卷五至六、卷十二至十三、卷二十九至三十三、卷

① 臺北「故宮博物院」的數據爲寬14.6釐米。
② 此本刻於嘉定九年的依據一是其避諱止於光宗，二是刻工皆爲南宋前中期杭州周圍地區的工匠。
③ 卷二十七第二册第二十、二十一兩版錯版，又第四十三葉後有一處闕版。

三十八，共十一卷，分別爲輔廣、李閎祖、李方子、潘時舉、董銖、襲蓋卿、廖謙、孫自修、潘履孫、湯泳、沈僩所記語録。①五册一函，烏絲欄抄本，每頁十行。版框高26.5釐米，寬15.7釐米。其卷名、語録條目與宋池録的排序幾乎完全一致。明抄本晦庵先生朱文公語録每行字數不定，字體也多不甚工整，且筆跡也非出自一人，顯然是多人合抄而成。如卷十二即有兩種筆跡交替，卷三十八似有七種筆跡交替。②

明抄本池録與宋本池録重複的有卷二十九、卷三十、卷三十一、卷三十八，可比勘二者的異同；而獨有的卷二（輔廣録）、卷五（李閎祖録）、卷六（李方子録）、卷十二（潘時舉録）、卷十三（董銖録）、卷三十二（潘履孫録）則可補宋本池録之闕。現存兩種池録共計十八卷，三十一萬一千餘字。除去重複的部分，尚存十四家録文，共約二千二百七十四條，二十七萬餘字。一九四〇年前藏於北平圖書館，抗戰期間寄存於美國國會圖書館，現北京國家圖書館善本閲覽室回藏有該

①其中潘時舉所録卷十二置於卷三十八沈僩録之後。明池録卷三十八沈僩録第四十四葉第一百十一條僅存半條，下一葉起至全書末共二十版五十三條，皆爲潘時舉所録。據朱子語録姓氏，此卷爲潘時舉癸丑以後所聞，池録歸入卷第十二，潘時舉語録又載饒録卷四十六。

②明抄池録訛誤較多。如將「聳動」、「辛苦」誤抄爲「從耳動」、「辛若」等。

書的縮微膠片，①原物則藏於臺北「故宫博物院」。②

據我們比勘，池録保留了較多朱子講學時語境和細節等原初狀態。如記師生問答一般都有「先生曰」、「答曰」和門人的姓、名或字，如「陳安卿」、「胡叔器」、「蔡仲默」、「顯道曰」等。又如：

「若今人恁地畏首畏尾，瞻前顧後，粘手惹腳，如何做得事成！恁地莫道做好人不成，便做惡人也不成！」（先生至此，聲極洪。）（二九・七五〇）

例中「如何做得事成」，池録作「如何做得事」；「先生至此」，池録作「先生語至此」。其中有許多内容是今傳黎靖德彙編本所没有的。如：

而今看文字，古聖賢説底不差。近世文字惟程先生、張先生、康節説底不差，至如門人之説，便有病。

剛柔始交是震，此是龜山説「震一索而得男」也。

---

① 因原件不存於北京圖書館（今國家圖書館），所以北京圖書館古籍善本書目没有著録，但在中國善本書提要中有收録和簡要介紹。

② 臺北「故宫博物院」所藏宋刻晦庵先生朱文公語録與明抄晦庵先生朱文公語録的編號分别爲「平圖011032－011037」與「平圖011027－011031」。

看來工夫寧詳毋略，寧近毋遠，寧拙毋巧，寧下毋高。

伊川見朱光庭所編語録云：「某在，何必讀此。」

又如池録卷三十八：「古語云：『巫峽多漏天。』老杜云：『鼓角漏天東。』言其地常雨，如天漏然。」此條爲沈僩録，下有注：「『漏』字今本訛作『滿』。」此注徽州本和成化本皆無。

池録還保留了大量的成段的異文，如：

要看易，須當恁地看，事物都是那陰陽做出來。（七四·一八九五）

池録此條下有小字：「甘本注：其體謂之易，此體是個骨子。」

形是這形質，以上便爲道，以下便爲器，這個分別得最親切，故明道云：「惟此語截得上下最分明。」又曰：「形以上底虚，渾是道理；形以下底實，便是器。」（七五·一九三五）

池録作：「形而上者，形而下者。形以上底虚，渾是道理，形以下底實，便是器。這個分別得精切。明道説：『只是這個截得上下最分明。』又曰：『形是這形質，以上便爲道，以下便爲器。這個分別得最親切。』故明道云：『惟此語截得上下最分明。』」

值得一提的是池録還有一些與今傳黎靖德本内容不一致的異文。如：

「有性焉」，是限則道心，欲其無不及也。（六一·一四六二）

池録作：

「有性焉」，是充滿道心，欲其無不及也。

近思録既載「鬼神者造化之跡」，又載「鬼神者二氣之良能」，似乎重了。（九五・二四一九）

池録作：

近思録既載「鬼神者造化之跡」，又載「鬼神者二氣之良能」，似乎不同。

或問：「致知須要誠。既是誠了，如何又説誠意？致知上本無『誠』字，如何强安排『誠』字在上面説？」（一五・二九四）

池録作：

或問：「致知須要誠。既是誠了，如何又説誠意？」先生云：「致知上本無『誠』字，如何强安排『誠』字在上面説？」

先生令思「仁」字。至第三夜，方説前三條。以後八條，又連三四夜所説。今依次第，不敢移動。（六・一一五）

池録作：

「自耳之德聰」以下共一十二條，先生令體認「仁」之一字，凡三四夜所説。

池録以筆録者的姓名排列，與今傳朱子語類各本在編排和内容上的異同形成互補和參證，不僅可據以比勘補正今傳本的訛失，而且可供探討黄士毅所編蜀類和黎靖德所編朱子語類的成書及各本的傳承淵源。

池録是今唯一傳存的「語録」，考察池録的編纂體例，探討黄士毅和黎靖德分類彙編所成朱子語類的通例和原則，從今傳朱子語類各本中輯録今存池録中殘佚的廖德明和輔廣等所記朱熹講學語録，可大致還原池録四十三卷。

古寫徽州本朱子語類作爲早期的本子則可供探尋蜀類和徽類的相承及今傳黎靖德編朱子語類本編排取捨的綫索。如黄士毅編蜀類首創「類分而考之」，「凡不可以類者，則雜次之而以作文終焉」，成化本亦以「論文」置於最末，徽州本則以「雜類」置於「作文」後，而徽州本所據是徽類的寶祐二年再校正本，從中可見蜀類、徽類和徽類再校正本及黎靖德編朱子語類的異同。

古寫徽州本朱子語類現藏九州大學圖書館，共九函，四十二册，一百四十卷。每册封皮左上有「朱子語類」、左下有記册數序號的墨筆字樣。内框縱向22.3釐米、横向14.8釐米。框廓爲木板朱色印刷，四周雙邊無界，上下朱色黑口，對向雙魚尾，版心上部印有木刻黑色的「朱子語類卷某」字樣、中間有篇名頁數。首頁天頭印有朱文圓印「拂」、朱文方印「九州大學圖書」，框廓内押以朱文長方印「悔堂藏弆」印章。據石立善朝鮮古寫徽州本朱子語類について，古寫本傳到日本的年代似不晚於十八世紀七十年代。①最初是尾張藩的官庫舊藏，後來轉賣到書肆文光堂，又輾轉至楠本家，「悔堂藏弆」藏書印中的「悔堂」是嘉永四年（一八五一年）仲秋楠本的祖父楠本端山（名後覺，一八二八—一八八三年）爲了自警而起的號。端山可能在一八五一年到一八八三年之間從文光堂購得，又傳給他的兒子海山（名正翼，一八七三—一九二一年）和孫子正繼收藏。楠本正繼從九州大學退休後的第二年（一九六二）贈給了九州大學文學部，中文出版社一九八二年影印出版。②

考其書前載有今傳其他各本皆無的淳祐辛亥良月望日吕午序，半頁七行，每行十一字。下有晦庵先生朱文公語類總目，後爲魏克愚的識語，序末載有「新本再校正凡千有餘字，寶祐二年春正月後學臨邛魏克愚謹識」二十六字。此後爲「李侯貫之已刊三十二家」、「今增多三十八家」、「鄱陽語録增九家」，再載乙卯九月望日黄士毅序。書末是淳祐壬子六月望日蔡抗跋，半頁七行，每行十四或十六字。據魏克愚識語，徽類於寶祐二年（一二五四）又刊有增補本，且「校正

① 朝鮮宣祖二十五年（一五九二）和三十年（一五九七）豐臣秀吉兩次侵朝，古寫徽州本朱子語類可能在戰亂中流入日本。

② 石立善朝鮮古寫徽州本朱子語類について——兼ねて語類體の形成を論ずる，日本中國學會報第六十集，日本中國學會斯文會館二〇〇八年版，第一百六十三—一百八十頁。

凡千有餘字」，而朝鮮古寫徽州本則是再校正本的抄本。

據我們比勘，徽州本也保留了許多今傳黎靖德編朱子語類沒有的內容。有的是某個門人所記完整的一條語録。如：

居甫問：「上蔡謂北極爲天之機也，以其居中，故謂之北極；以其周建於十二辰之舍，故謂之北辰。不知然否？」曰：「以其居中不動，衆星環向，爲天極軸。天形如雞子，旋轉，極如一物横亘在中。兩頭抨定，一頭在北上，是爲北極；一頭在南下，是爲南極。」又問太一。曰：「太一是帝座，即北極也。以星辰位言之，謂之太一；以其所居之處言之，謂之北極。太一如人主，北極如帝都也。」道夫。（卷二，第二十七頁）①

因論封建井田，曰：「這般大概是如此，今只看個大意。若要行時，須別立法制，使簡易明白。取於民者足以供上之用，不至於乏，而不至於苦，則可矣。今世取封建井田，大段遠。相似病人望白日上升一般，今且醫得他病無事便好。如江浙間，除了和買丁錢，如重處減少，使一年只納百十錢，如漳之鹽錢罷了。此便是小太平了。」淳。（卷一〇八，第一千五百十三頁）

檢今傳黎靖德編朱子語類皆無。又如：

---

① 此據中文出版社影印徽州本朱子語類，下文同。

辛亥四月初四日臨漳設廳，後夜侍坐，因問傳授之由，親見説，是時祭風師散齋。清源陳易厚之、南康周謨舜弼、九江蔡念誠元思共聞之。（卷一〇四，第一千四百七十二頁）

此條爲鄭可學所録，今傳黎靖德編朱子語類無。方彦壽朱熹書院及門人考未提及陳厚之生平及鄉籍，①而據徽州本可知陳厚之爲清源人，名易。

有的是一條語録中的一部分。如：

義剛言：「伯靖以爲天是一日一周，日則不及一度，非天過一度也。」（二一・一五）

徽州本爲：

義剛歸有日，先生曰：「公這數日也莫要閑。」義剛言：「伯靖在此數日，因與之理會天度。」問：「伯靖之説如何？」義剛言：「伯靖以爲天是一日一周，日則不及一度，非天過一度也。」

徽州本中「義剛歸有日，先生曰：『公這數日也莫要閑。』義剛言：『伯靖在此數日，因與之理會天度。』問：『伯靖之説如何？』」今傳黎靖德編朱子語類無。

又如：

凡爲守帥者，止教閲將兵，足矣。程其年力，汰斥癃老衰弱，招補壯健，足可爲用，何必更添

①方彦壽朱熹書院及門人考，華東師範大學出版社二〇〇〇年版，第一六三—一六四頁。

寨置軍？其間衣糧或厚或薄，遂致偏廢。如此間將兵，則皆差出接送矣。方子。（一一〇・二七〇五）

徽州本此條下有：

按竇從周録略同，附於下。云：「近世守帥不於見有軍兵，程其年力，汰斥衰弱，招補壯健，乃添寨創額。其間衣糧或厚或薄，遂至偏廢。」

再如：

問：「『敏于事而慎于言』，先生謂『不敢盡其所有餘』，如何？」曰：「言易得多，故不敢盡；行底易得不足，故須敏。」又曰：「行常苦於不足，言常苦於有餘。」謙之。（二二・五二六）

此條是歐陽謙之所録。謙之，徽州本作：「希遜。按楊至之録同。」歐陽謙之，字晞遜。考朱子門生中有潘柄，字謙之。徽州本似爲避免與潘柄相混而記歐陽謙之的字「希遜」，同時注明楊至之録同。

有的是一條語録中省略的部分。如：

曆家以進數難算，只以退數算之，故謂之右行，且曰：「日行遲，月行速。」然則日行卻得其正，故揚子太玄首便説日云云。向來久不曉此，因讀月令「日窮於次」疏中有天行過一度之説，推之乃知其然。（二・一四）

此條爲陳淳所録，其中「故揚子太玄首便説日云云」，徽州本中「云云」爲小字，後有：按太玄經首云：「馴乎天，渾行無窮，正象天。」注：「渾，渾天之儀，渾淪而行，晝夜不休，正取象於天也。」又云：「經則有南有北，緯則有西有東。巡乘六甲，與斗相逢，曆以繼歲而百穀時雍。」注言日行乘六甲，周而復始，以成歲事，日右斗左，故相逢也。

又如：

問「『知至而後意誠』，故天下之理，反求諸身，實有於此。似從外去討得來」云云。（一五・三〇三）

此條爲甘節所録，其中「云云」徽州本爲如下五十九字：

先生問節曰：「如何是外，如何是内？」答曰：「致知格物是去外討，然後方有諸己，是去外討得入來。」曰：「是先有此理後，自家不知？是知得後，方有此理？」節無以答。

再如：

問：「『正心修身』章後注，云『此亦當通上章推之，蓋意或不誠，則無能實用其力以正其心者』云云。」（一六・三五五）

此條爲壯祖所録，其中「云云」徽州本爲如下一百一十字：

切謂人之心所以膠膠擾擾，失其虚明之本體者，只爲念慮之間不誠於爲善，每每雜得私邪在裏，故心爲之累而不得其正。今既能致其知，判别得是非善惡分明，一念之發，誠實無惡，則心之本體豈不光明洞達，渾全正大，其間直有毫芒之間耳。然則意既能誠，則復何所待於用力哉。

徽州本保留了許多未經删改的語境和背景信息。如：

「性相近」，以氣質言；「性善」，以理言。（四七・一一七七）

例中「性相近」，徽州本作「夫子言『性相近』」。又如：

詩有説得曲折後好底，有只恁平直説後自好底。（八〇・二〇八二）

例中「有只恁平直説後自好底」，徽州本作「有只恁地去平直處説後自好底」。再如：

甲寅八月三日，蓋卿以書見先生于長沙郡齋，請隨諸生遇晚聽講，是晚請教者七十餘人。（一一六・二七九〇）

此條爲襲蓋卿所録，徽州本所載爲：

甲寅八月三日，蓋卿以書見先生于長沙郡齋，請曰：「蓋卿願從學久矣，乃今得遂所圖。然先生以召命戒途有日，殊爲匆匆，即欲隨諸生遇晚聽講。」先生曰：「甚好！甚好！」是晚請教者七十餘人。

徽州本記載了襲蓋卿與朱熹在課前的對話。

值得一提的是徽州本還有一些與今傳黎靖德本内容不一致的異文。如：

天地之初，如何討個人種？自是氣蒸結（蒸，成化本此下另有「池作凝」三字。即「蒸結」池録作「凝結」）成兩個人後，方生許多萬物。所以先説「乾道成男，坤道成女」，後方説「化生萬物」。當初若無那兩個人，如今如何有許多人？（九四・二三八〇）

「許多萬物」，成化本同，徽州本作「許多物事」。例中「許多」表概數，其後不當接數詞，似當從徽州本作「物事」。又如：

二人歸奏，上怒，召老醫而責之。其一人出門吐血，後不死；其一人歸即死。（一三三・三一九二）

此條爲黄義剛所録。例中「吐血後不死」，成化本同，徽州本作「吐血而死」。據此條後所附李儒用所録爲：

二醫歸，具奏本末。徽宗聞之，滋不樂，且懼其語泄。丞相童、蔡輩乃爲食於家，召二醫以食之，食畢而斃。（一三三・三一九二）

據徽州本所載，且以李儒用所録爲證，可知二醫皆死，成化本衍「不」字。再如：

盤庚更没道理。從古相傳來，如經傳所引用，皆此書之文，但不知是何故説得都無頭。（七九・二〇五二）

此條爲葉賀孫所録，例中「道理」，成化本同，徽州本作「理會」，似池録載葉賀孫所録亦作「理會」，黄士毅編蜀類承其原貌，而黎靖德據朱子語意改爲「道理」。

徽州本往往還載有按語注文。如：

仲思問：「天之所以命乎人者，實理而已。故言『誠者命之道，中者性之道』，如何？」曰：「未發時便是性。」……又問：「言中，則誠與仁亦在其内否？」曰：「不可如此看。若可混併，則聖賢已自混併了。須逐句看他：言誠時，便主在實理發育流行處；言性時，便主在寂然不動處；言心時，便主在生發處。」砥。（一〇一・二五八三）

此條爲劉砥所録，徽州本此條下有「按與上條皆銖、仲思問，而語意亦同，但有詳略，故並存之」。

又如：

近世士大夫憂國忘家，每言及國家輒感憤慷慨者，惟于趙子直、黄文叔見之耳。僩。（一三二・三一八二）

此條爲沈僩所録，徽州本在「僩」前有注文「黄，蜀人，名裳」。

再如：

問擇之云：「先生作延平行狀，言『默坐澄心，觀四者未發已前氣象』，此語如何？」曰：

「先生亦自説有病。」後復以問。先生云：「學者不須如此。某少時未有知，亦曾學禪，只李先生極言其不是。後來考究，卻是這邊味長。才這邊長得一寸，那邊便縮了一寸，到今銷鑠無餘矣。畢竟佛學無是處。」德明。（一〇四・二六二〇）

此條爲廖德明所録，徽州本在「德明」前有注文「某辛亥年夏時，先生自漳州歸，到惠安泗州，夜侍坐，論儒釋，其答亦如此。」

朝鮮古寫徽州本是由蜀類加四卷崇禎年間劉潛補修黎靖德本而成，保留了蜀類的原貌。黄士毅與黎靖德所編語類類目雖基本一致，但所録語録在編排上卻相差甚大，反映了兩人對語録内容理解上的差異。朝鮮古寫徽州本上承池録，下啟黎靖德所編朱子語類，在語録到語類的形成中處於關鍵地位。

六、徽州本朱子語類的點校

晦庵先生朱文公語録以筆録者的姓名排列，與今傳本朱子語類的編纂體例不同，作爲唯一流傳至今的宋槧朱子語録，可供探討由早期各家所記朱子講學語録到按内容分類所編語類的傳承淵源，且可與今傳本朱子語類中注明源自池録的部分比勘考斠，大致復原李道傳編晦庵先生朱文公語録四十三卷。胡適朱子語類的歷史、岡田武彦朱子語類の成立とその版本等皆未論及此書，中華書局一九八六年出版的朱子語類、上海古籍出版社和安徽教育出版社二〇〇二年聯合出版的朱子全書所收朱子語類也未以此書參校。華東師範大學出版社二〇一〇年出版的朱子著述宋刻集成收録了四書章句集注、周易本義、資治通鑑綱目、晦庵先生文集、家禮、詩集傳、五朝名臣言行録、三朝名臣言行録、楚辭集注、昌黎先生集考異、四書或問、儀禮經傳通解十一種今存朱熹著作宋刻本，得到學界重視。蓋治版本目録之學者，向以宋版爲重。究其緣由，非唯年代久遠，以稀見爲貴，更以宋刻離朱子生活之時代最近，其保存朱子著述原貌可能最真切，提供了朱子學術文獻最初傳播的「活化石」。可惜的是朱子著述宋刻集成未收録臺北「故宫博物院」所藏宋刻晦庵先生朱文公語録七卷和明抄宋刻晦庵先生朱文公語録十一卷，而晦庵先生朱文公語録作爲宋刻朱子著作也同樣值得學界珍視，其在朱子學形成和發展上的文獻史料價值給予再高的評估恐怕也不爲過。

朱子著述之明代諸刻，有宋元舊本已佚而賴之獨存者，有明人依據所見古本而保存珍稀文獻者，有明人按其學術理念與對朱學思想之理解分類編纂並藴含獨特編輯理念者，俱爲研究朱子思想及其著作編纂流傳歷史之珍貴典籍。華東師範大學出版社二〇一二年繼朱子著述宋刻集成又出版有元明刻本朱子著述集成。此次纂輯，有明一代朱子著述之重要刻本庶幾包舉無遺，可惜的是元明刻本朱子著述集成未收録日本九州大學藏朝鮮古寫徽州本朱子語類。此本是寶祐二年（一二五四）魏克愚再校正本的抄本，據我們比勘徽州本朱子語類中重録人員名單及異文，大致可推知朝鮮朱子學學者據以抄補徽州本闕失的參校本是明萬曆本朱子語類的劉潛補修本，而朝鮮寫本的抄寫年代約在明崇禎六年（一六三三）後的數年之間，亦可謂明代朱子著述之重要抄本。由於傳入朝鮮的寶祐二年再校正徽州本朱子語類不如黎靖德所編本常見易得，故朝鮮朱子學學子們並力抄寫而成此本，後又流傳至日本爲日本朱子學學者珍藏。朱熹講學語録初爲各家所記，嘉定年間黄士毅考慮到各家所録内容互有重複，首創按内容進行分類編排的方法，將各家所記語録分爲「理氣」、「鬼神」、「性理」、「學」等二十六類，編成朱子語類一百三十七卷，即蜀類。蜀類今已失傳，所幸日本九州大學藏朝鮮古寫徽州本朱子語類基本保留了黄士毅所編蜀類原貌，可供探討黄士毅所編蜀類和黎靖德所編朱子語類的成書及各本的傳承淵源，且可與今傳本朱子語類中注明源自蜀類和徽類的部分比勘考斠，大致釐清黄士毅所編蜀類和黎靖德所編朱子語類傳承的脈絡。就學界已有朱子學研究而言，往往依據明成化刊宋代黎靖德編朱子語類，多未及徽州本朱子語類。上海古籍出版社和安徽教育出版社二〇〇二年聯合出版的朱子全書所收朱子語類雖以此本參校，惜未能充分利用，僅出校勘記二千八百條左右，失校頗多，而二〇一〇年出版的修訂版仍未作補校。有關此本何時傳入朝鮮與在朝鮮的傳抄及何時傳入日本等是朱子學研究的重要内容，藉此可探朱子學在東亞的承傳脈絡，惜迄今這方面的研究甚少，有些學人雖有論述，但往往未明朱子學承傳淵源而多臆斷。如胡秀娟朝鮮古寫徽州本朱子語類的傳播過程考訂一文和朝鮮古寫徽州本朱子語類研究未辨識徽州本封面環襯頁上貼紙所寫内容，①僅據朝鮮李朝實録中的中國史料所載，正德十年（一五一五）十一月甲申弘文館副提舉金謹思等人上劄「請皆印出」朱文公集、資治通鑑胡三省注和朱子語類等，斷言「此即朝鮮版朱子語類一五一五刊本」，認爲柳希春朱子文集語類校正凡例記載有「文集、語類今據數本」，「既然一五一五刊本係以成化十七年至十八年（一四八一—一四八二）所進之朱子語類其中一種爲底本，那麽，成化十七年至十八年（一四八一—一四八二）朝鮮使者所進之朱子語類即徽州刊朱子語類寶祐二年再校正本」。實際上柳希春朱子文集語類校正凡例所説「今據數本」更可能是指咸淳六年（一二七〇）黎靖德所編朱子語類及其後明成化九年（一四七三）陳煒重刻黎氏本和萬曆年間朱崇沐重刻本等刊本，而朝鮮古寫徽州本朱子語類則是據寶祐二年再校正本的抄本。因而朝鮮古寫徽州本朱子語類不僅可據以訂正中華書局理學叢書本朱子語類和上海古籍出版社、安徽教育出版社版朱子全書所收朱子語類的疏失，而且也是朱子學研究

① 胡秀娟朝鮮古寫徽州本朱子語類的傳播過程考訂，學術界二〇一二年第五期；朝鮮古寫徽州本朱子語類研究，華東師範大學出版社二〇一三年版。

中一個有待深入拓展的生長點，其在朱子學形成和發展上的文獻史料價值同樣是給予再高的評估恐怕也不爲過。

有鑒於此，我們以日本九州大學藏朝鮮古寫寶祐二年再校徽州本朱子語類爲底本進行點校，①通校本爲臺北正中書局一九八二年以日本内閣文庫藏覆成化本修補「國家圖書館」藏成化九年陳煒覆刻本的影印本，參校本以中華書局一九八六年出版的王星賢點校本和上海古籍出版社、安徽教育出版社二〇〇二年出版的朱子全書所收鄭明等點校本爲主，酌情輔以宋刻晦庵先生朱文公語録、明抄宋刻晦庵先生朱文公語録、明萬曆朱崇沐刻本、清康熙吕留良刻本、四庫全書文淵閣本、應元書院刻本、光緒劉氏傳經堂賀瑞麟校刻本、静嘉堂文庫本和日本内閣文庫藏覆刻成化本等。其中有可據徽州本朱子語類補正各本訛誤的，如卷十三：

陳材卿問：「應事接物别義利，如何得不錯？」曰：「先做切己工夫。喻之以物，且須先做了一个子，一个子既成便只就這一个上理會。不然，只是懸空説易。」

例中「且須先做了一个子，一个子既成便只就這一个上理會」，成化本爲「且須先做了不子，不子既成，便只就這不子上理會」，王星賢點校本作「且須先做了本子，本子既成，便只就這本子

①日本九州大學圖書館藏朝鮮古寫徽州本所據底本爲一二五四年魏克愚再校本，京都中文出版社一九八二年影印。

上理會」。據徽州本，成化本「不」似爲「一个」的合寫。

卷一百二十八：

張以道曰：「秦王陵在汝州，太祖以下八朝陵在永安軍。翟興、翟俊父子嘗提兵至此，乏水，興禱之。天無雨，小溪平白湧洪流，六軍遂得水用。」

例中「翟興、翟俊」，成化本同，王星賢點校本作「瞿興瞿俊」。據宋史，似應爲「翟興、翟俊」。

卷九：

心包萬理，萬理具於一心。不能存得心，不能窮得理；不能窮得理，不能盡得心。賜。

例中「賜」，成化本和王星賢點校本作「陽」。語録姓氏不見名爲「陽」者而有「林賜」，陽、賜形近而誤。此條爲林賜録，鄭明等點校本亦作「陽」，①失校。

卷五十九：

孟子曰：「求其放心而已矣。」當於未放之前看如何，已放之後看如何，復得了又看是如何。作三節看後，自然習熟，此心不至於放。季札。

①鄭明等點校朱子語類，朱子全書，上海古籍出版社、安徽教育出版社二〇〇二年版，第三〇六頁；二〇一〇年修訂版同。

例中「季札」，王星賢點校本和鄭明等點校本爲「季禮」。考語録姓氏：「李季札，字季子，婺源人，丙申乙卯所聞。」「札」、「禮（礼）」形近，王星賢點校本似誤「札」爲「礼」，又繁化爲「禮」，鄭明等點校本同，①失校。

卷一百二十九：

曰：「它只說不欲牢籠人才，説使必出自我門下。它亦未嘗不薦人才。」植。

例中「植」，王星賢點校本作「相」。考語録姓氏不見名爲「相」者而有「潘植」，「相」、「植」形近而誤。此條爲潘植録，鄭明等點校本亦作「相」，②失校。

也有可據成化本等各本補正徽州本訛誤的，如徽州本朱子語類卷五十三：

伊川嘗說：「如今人說力行是淺近事，惟知爲上，智取爲要緊。」

例中「智取」爲「知最」之誤，蓋抄寫者誤將「知」與「最」上部「曰」合抄作「智」，又將「最」下部分出來抄作「取」。

卷五十七：

① 鄭明等點校朱子語類，朱子全書，第一九一五頁。
② 鄭明等點校朱子語類，朱子全書，第四〇二二頁。

知而不存者有以夫，未有不知而能存者也。

例中「以夫」爲「矣」之誤，似抄寫者誤將「矣」的上部抄爲「以」，下部改作「夫」。

卷五十八：

如小學前面許多，恰似勉强使人爲之，又須是恁地勉强，到大學矣方知箇天理當然之則。

例中「矣」爲「工夫」之誤，似抄寫者誤將「工」抄爲「矣」的上部，又將「夫」抄爲「矣」的下部。

卷八十六：

近郊之民，王之内地也。共輦之事，職無虚月。追胥之比無時無之，其受廛爲民者固與畿外之民異也。七尺之征、六十之舍，王非姑息於跡民也。遠郊之民，王之外地也。其溝洫之治各有司存，野役之起不及其羨，其受廛爲氓者固與内地之民異也。六尺之征、六十五之舍，王非荼毒於遐民也。

例中「跡」爲「邇（迩）」之誤。近和遠、邇和遐對舉，「迩」、「跡」形近，徽州本誤抄「迩」作「跡」。

卷五十三：

節目問：「『明明德』只是廣充得他去？」

例中「節目」，成化本和王星賢點校本爲「節」，爲甘節所問，朝鮮古寫徽州本誤衍爲「節目」，廣，成化本和王星賢點校本作「擴」。

知無涯，學無涯。我們這次的點校主要以徽州本朱子語類爲底本，而限於篇幅，凡徽州本朱子語類不誤而他本誤者一般不出校勘記，凡屬明顯筆誤和筆畫增減而不涉及辨析字形的俗訛字則酌情徑改。

限於時間和精力等令人扼腕的無奈，我們未能注出成化本與萬曆本等各本的所有異同。古人云校書如同掃落葉，旋掃旋生，掃一遍就會發現一些疏失。學無止境，點校古書也同樣無止境，我們在點校中也有一些前後有失照應的不盡如人意之處，且校對中涉及大量的異寫字和俗訛字抑或會有一些不盡一致處，因而朱子語類的彙校尚有待在此基礎上更上層樓，再作集釋各本異同的校注本。①這也是今後條件允許時必須再作的工作，在此謹以此校本拋磚引玉，冀有裨於學術界作更進一步的深入研究，有所補正而後出轉精。

本書是二〇一三年度國家古籍整理出版資助項目，也是國家社會科學基金項目「古白話詞

① 校對清樣時又曾比勘出一些異文，因快遞員丟失校稿，出版社雖報了警，但追索無果，致使有些異文比勘的校注僅憑記憶而未能補全，甚憾，且容日後有機會作各本彙校時再一一補入。

彙研究」（13BYY107）、上海高校一流學科（B類）建設計劃規劃項目、教育部青年基金項目「朝鮮古寫徽州本朱子語類整理研究」（12YJC870029）和上海市教委科研創新項目「古白話詞彙研究」（13ZS084）的部分研究成果。本書的點校承蒙中里見敬先生、何大安先生和丁鋒先生的熱誠相助，還承韓國金求鉉先生惠贈其收藏的鄭瀁編語録解、南二星南浚吉編語録解和一九一九年木刻本白斗鏞編纂、鶴巢尹昌鉉增訂的注解語録總覽，並得到日本九州大學圖書館的鼎力支持，又蒙上海古籍出版社童力軍、王純和曹明綱諸位先生精心審稿，可以説也是學界同仁協同努力所獲成果，從中可見學者治學的相濡以沫和世間難得的真情實意，誠可謂同氣相求，授人玫瑰，手有餘香，道同則相謀，而潛心治學者爲人皆重誠守信，點校古籍本是甘坐冷板凳者所做的事，苦中有甘，又豈是爲稻粱謀之輩所能領略矣！天道酬勤，學無止境，一分汗水，一分收穫，心底無私天地寬，辛勤耕耘者自有更多創獲，又豈爲猜意鵷鶵之流所能盡知矣！謹在此向所有玉成此書順利問世的學者和同仁致以由衷的謝意和敬意。

彙校説明

朱熹集理學之大成，今傳語録與語類是反映朱熹理學思想體系的重要古典文獻。慶元六年（一二〇〇）朱熹逝世後，門人弟子所記朱熹講學語録相繼刊印流傳，主要有「五録」和「三類」。「五録」爲池録、饒録、婺録、饒後録和建別録，「三類」爲蜀類、徽類和語類大全。今傳通行本爲咸淳六年（一二七〇）黎靖德彙集各家語録所編朱子語類一百四十卷，現存有明成化九年（一四七三）陳煒重刻江西藩司覆刊宋咸淳六年導江黎氏本、①萬曆年間朱崇沐重刻本和崇禎年間劉潛補修本、②清康熙年間吕留良寶誥堂刻本、③同治十一年（一八七二）應元書院刊本、光緒二年（一八七六）劉氏傳經堂叢書本和賀瑞麟輯刻西京清麓叢書本等④則皆爲成化本的翻

① 北京國家圖書館和南京圖書館、臺北「國家圖書館」有藏本。
② 上海圖書館藏有朱崇沐重刻本，浙江圖書館藏有劉潛補修刊刻本。
③ 胡適認爲吕留良本刊刻於一六二九—一六八三，又據該刊本避「寧」、「淳」之諱指出吕氏寶誥堂本爲同治（一八六二—一八七四年）以後的翻刻本。
④ 賀瑞麟所刻朱子語類附有其所撰正訛一卷，記疑一卷。

刻本。①據陸心源皕宋樓藏書志載，皕宋樓藏有宋刊元修本，現藏日本静嘉堂文庫，然據長澤規矩也和福田殖考察，似爲成化補刻本。②静嘉堂文庫還藏有朝鮮刊古活字本，宫内廳書陵部也藏有朝鮮刊古活字本，日本内閣文庫則藏有成化九年序刊本、成化刊覆刻本和萬曆刊本等。③

據我們比勘，各本間皆存在不少異文，甚至所載語意完全相反。值得慶幸的是池録在臺北「故宫博物院」藏有宋刻晦庵先生朱文公語録七卷和明抄宋刻晦庵先生朱文公語録十一卷，④徽類在日本九州大學藏有朝鮮古寫寶祐二年再校徽州本朱子語類，不僅可藉以理清成化本系統各本間的關係，而且可探各家所記語録的原貌和「五録」與「三類」各本間的傳承。

彙校本以日本九州大學藏朝鮮古寫寶祐二年再校徽州本朱子語類爲底本（簡稱徽州

---

① 徐德明朱熹著作版本源流考，中國文聯出版社二〇〇〇年版，第一二六—一二九頁。
② 福田殖朱子語類の各種版本について，九州中國學會報第十五期，一九六九年； 隈本宏、福田殖朱子語類の各種版本について（續），久留米工業高等專門學校研究報告No.12，一九六九年。
③ 胡適朱子語類的歷史，朱子語類，正中書局一九八二年版卷首； 岡田武彦撰，李迺揚譯朱子語類之成立及其版本，華學月刊第八〇期，一九七八年； 藤本幸夫朝鮮における〈朱子語類〉——それた如何に扱ゎれたか——，富山大學人文學部紀要第五號，一九八一年。
④ 卷十二潘時舉録附於卷三十八後。

本)，①通校本爲臺北正中書局一九八二年以日本内閣文庫藏覆成化本修補「國家圖書館」藏成化九年陳煒覆刻本的影印本(校勘記中簡稱成化本)，參校本以中華書局一九八六年出版的王星賢點校本(簡稱王本)和上海古籍出版社、安徽教育出版社二〇〇二年版出版的朱子全書所收鄭明等點校本(簡稱鄭本)爲主，②酌情輔以宋刻晦庵先生朱文公語録(簡稱宋池録)、明抄宋刻晦庵先生朱文公語録(簡稱明池録)、明萬曆朱崇沐刻本(簡稱朱本)、清康熙呂留良刻本(簡稱呂本)、四庫全書文淵閣本(簡稱文淵本)、應元書院刻本(簡稱應元本)、光緒劉氏傳經堂賀瑞麟校刻本(簡稱賀本)、静嘉堂文庫本(簡稱静嘉本)和日本内閣文庫藏覆成化本(簡稱内閣本)等。③

①日本九州大學圖書館藏朝鮮古寫徽州本所據底本爲一二五四年魏克愚再校本，京都中文出版社一九八二年影印。
②二〇一〇年又出版有修訂版。
③可参正中書局本所附李迺揚正中書局與日本内閣文庫藏覆成化本校勘表。

彙校凡例

一、力求保持底本原貌，如保留小注和部分不影響文意的異體字、俗字等，古今字、通假字和形近、音近的誤字酌情在校勘記中注明本字（如底本中「查滓」，成化本同，中華書局王星賢點校本作「渣滓」，不出校；如成化本亦作「渣滓」則出校）。凡屬明顯筆誤和筆畫增減而不涉及辨析字形的俗訛字徑改（如「己」、「已」誤作「巳」，「又」誤作「人」、「本」誤作「木」、「五」誤作「丑」、「目」誤作「日」、「子」誤作「了」、「云」誤作「去」、「今」誤作「令」等及古代寫刻本常見的「扌」和「木」、「攴」和「攵」、「著」和「者」、「祇」和「秖」相混等形近誤字），一般不出校勘記。避諱字首見時出校，注「下同」，後不再出校勘記。缺筆避諱字首見時出校，後徑改不出校。底本闕字或字跡無法辨識者用掃描圖像或□表示（凡不涉及辨析字形的異體字、俗字，或若逐字照録反增惑亂的異體字、俗字，參第一批異體字整理表和通用規範漢字表等酌情改用通行的繁體字或習見字）。凡底本不誤而他本誤者，一般不出校勘記。

二、以版本對校爲主，本校和他校爲輔，一般不作理校。若底本有誤，出校勘記注明所據校本異文，凡一字的異同用「作」，一字以上的異同用「爲」（如成化本作「某」、池録作「某」；成化本爲「某」、池録爲「某」）。

三、凡底本與成化本各翻刻本的不同，一般以通校本正中書局影印的成化本改之，不一一列出各本。各本所記有較大出入的，可酌情出校，存録異文（如底本中「謂」，成化本同，中華本作「是」，可不出校）。

四、底本無而成化本有的脱文（如只存條目而無内容等），酌情於校勘記中補録。如脱文影響文意則酌情補録，並出校勘記。其中雖底本無而成化本有，但屬於問答格式上的「先生」、「問」和所問經書的引文等，以及屬不影響文意的虚詞，如「的」、「得」、「了」、「著」等，一般不出校，也不補録。

五、底本有而成化本無的衍文，出校勘記，文長者中間加「……」表示省略，不作全録。其中雖底本有而成化本無，但屬於問答格式上的「先生」、「問」、「又」和所問經書的引文等，以及屬不影響文意的虚詞，如「的」、「著」等，一般不出校。

六、底本與成化本的倒文，出校勘記注明。

七、凡與底本有關的考證（如底本訓門人六以下是據萬曆本所補、中文出版社影印本的錯版、重版和缺版等）以及有存疑需作説明的則酌情出注，如標明「似當作某」或「似誤」等。

八、標點符號依據古籍整理的規定（參中華書局的王星賢點校本和上海古籍出版社、安徽教育出版社的鄭明等點校本，凡王星賢點校本和鄭明等點校本有誤的則酌情補正）。凡全條均屬朱子語或以朱子語起始的語録一般不標引號，凡有問答及引據之處則酌情標明；人名和地名泛指者不標。

九、校勘記集中置於全書正文之後，正文中用［一］、［二］、［三］……依序標注於所校字右下角。校勘記中抄録的所校之文，文長者中間加「……」表示省略。

十、調整底本存在的錯版，刪除重版。

目録

晦庵先生朱文公語類卷第十四

晦庵先生朱文公語類卷第十五

晦庵先生朱文公語類卷第十六

晦庵先生朱文公語類卷第十七

晦庵先生朱文公語類卷第十八

晦庵先生朱文公語類卷第十九

晦庵先生朱文公語類卷第二十

晦庵先生朱文公語類卷第二十一

晦庵先生朱文公語類卷第二十二

晦庵先生朱文公語類卷第二十三

晦庵先生朱文公語類卷第二十四

晦庵先生朱文公語類卷第二十五

晦庵先生朱文公語類卷第二十六

晦庵先生朱文公語類卷第二十七

晦庵先生朱文公語類卷第二十八

晦庵先生朱文公語類卷第二十九

晦庵先生朱文公語類卷第三十

晦庵先生朱文公語類卷第三十一

晦庵先生朱文公語類卷第三十二

晦庵先生朱文公語類卷第三十五

晦庵先生朱文公語類卷第三十六

晦庵先生朱文公語類卷第三十七

晦庵先生朱文公語類卷第三十八

晦庵先生朱文公語類卷第三十九

晦庵先生朱文公語類卷第四十

晦庵先生朱文公語類卷第四十一

晦庵先生朱文公語類卷第四十二

晦庵先生朱文公語類卷第四十三

晦庵先生朱文公語類卷第四十四

晦庵先生朱文公語類卷第四十五

晦庵先生朱文公語類卷第四十六

晦庵先生朱文公語類卷第四十七

晦庵先生朱文公語類卷第四十八

晦庵先生朱文公語類卷第四十九

晦庵先生朱文公語類卷第五十

晦庵先生朱文公語類卷第五十一

晦庵先生朱文公語類卷第五十二

晦庵先生朱文公語類卷第五十三

晦庵先生朱文公語類卷第五十四

晦庵先生朱文公語類卷第五十五

晦庵先生朱文公語類卷第五十六

晦庵先生朱文公語類卷第五十七

晦庵先生朱文公語類卷第五十八

晦庵先生朱文公語類卷第五十九

晦庵先生朱文公語類卷第六十

晦庵先生朱文公語類卷第六十一

晦庵先生朱文公語類卷第六十二

晦庵先生朱文公語類卷第六十三

晦庵先生朱文公語類卷第六十四

晦庵先生朱文公語類卷第六十五

晦庵先生朱文公語類卷第六十六

晦庵先生朱文公語類卷第六十七

晦庵先生朱文公語類卷第六十八

晦庵先生朱文公語類卷第六十九

晦庵先生朱文公語類卷第七十

晦庵先生朱文公語類卷第七十一

晦庵先生朱文公語類卷第七十二

晦庵先生朱文公語類卷第七十三

晦庵先生朱文公語類卷第七十六

晦庵先生朱文公語類卷第七十七

晦庵先生朱文公語類卷第七十八

晦庵先生朱文公語類卷第七十九

晦庵先生朱文公語類卷第八十

晦庵先生朱文公語類卷第八十一

晦庵先生朱文公語類卷第八十八

晦庵先生朱文公語類卷第八十九

晦庵先生朱文公語類卷第九十

晦庵先生朱文公語類卷第九十一

晦庵先生朱文公語類卷第九十二

晦庵先生朱文公語類卷第九十三

晦庵先生朱文公語類卷第一百一

晦庵先生朱文公語類卷第一百二

晦庵先生朱文公語類卷第一百三

晦庵先生朱文公語類卷第一百七

晦庵先生朱文公語類卷第一百八

晦庵先生朱文公語類卷第一百九

晦庵先生朱文公語類卷第一百十

晦庵先生朱文公語類卷第一百十一

徽州所刊寶祐二年再校正朱子語類吕午序

孔孟之書至濂洛講説而明，濂洛之書得朱子講説而粹。朱子之書恭遇皇上表章而益尊顯於天下。夫道固未易以言語求，捨言語亦無以求道。特儒先之言散在方策，浩若煙海，學者不能盡得之。此類書所以不可無也。自周子太極通書得所傳授，二程子及高第弟子難疑答問散見不一。朱子出而廣記備録，提要鈎玄，始融會而一之。既倣孔門會集夫子所言以爲論語之意，集爲程氏遺書。復倣程子取聖賢言仁處類聚以觀之意，而以程子發明語孟者蒐輯條流附于本章之次，而益以十家之説爲語孟集義。又纂爲近思録十有四篇，雖不明標篇目而門分類聚自可推見，使開卷者知其一，又知其二，得於此，又得於彼，所以惠後學甚渥。此意流傳，卓爲軌範，故固朱子與門人問答名記所聞，李心傳貫之嘗合爲語録而池本出焉。彼其會粹三十三家而鋟之梓，雖未免重複，惟在學者參考而自得之，亦既得朱子編遺書之意矣。至嘉定庚辰辛巳間，建安楊與立始約爲語略，行於東南，而眉丹稜史公説廉叔時亦得莆田黄士毅子洪語類增於池本三十八家者刊之于蜀，最爲詳備而蜀本出焉。是又得朱子語孟集義與近思録之意矣。洪平齋獨先得是書，東南之士多未之見也。邇年蜀經兵火，廉叔之弟敏叔崎嶇萬里，護是書之板至江陵，今寘于鄂東南諸郡，亦未有第二本也。僅有所謂格言精語繼語略而出，皆非朱子語録全書也。吾郡貳車洪勳實平齊嗣子，以朝命領袖紫陽書堂。繡使蔡抗首爲澹廪一助，泉使程元鳳繼之貳車，謂增田以豐衿佩之養，不若刊書以淑衿佩之心。既設朱子之學，又不可無朱子之書也。書之要切，莫若語類。吾得之過庭遺訓，未嘗不惓惓於斯，乃以舊所得蜀本屬諸職事，校正字之訛脱而刊之書堂。然其費甚夥，山長張文虎又樽節裒集以相繼，而大捐錢米鳩工聚材以終成之者，太守謝堂也。板成，字畫明整，視蜀本爲勝。自是四方學者可家有而人誦之。山長與諸職事合詞以序來請，午竊惟類分大概，黄子洪已於總目之末具言重複互相發明之義，而懼學者徒以是滋入耳出口之弊，而望其深體熟玩，以爲求端致力之標準者。魏鶴山又嘗丁寧告戒於蜀本之篇端矣。顧小學淺聞，奚敢復贅，抑聞之尹氏得朱氏所抄伊川先生語，質之先生。先生曰：「若不得某之心，所記者徒彼意耳。」朱子釋之曰：「學者未知心傳之要，而滯於言語之間，則失之毫釐，其謬將有不可勝言者。」於是有主敬、立本、窮理、致知之説，以爲是可得先生之心而判疑信之傳，則今之讀朱子語類者，欲得於言傳，當得其心傳可也。其或不然，雖以近思録之十四篇類聚剖析，非不明也，而見其前説與後説不同，此説與彼説有異，或者未免猶有疑焉。朱子謂不知其中自有路陌，推尋得通，只是一理。又援伊川所云「窮理得多，理自通徹」。其示人以讀近思録之要旨，尤爲切至。然則讀語類者，亦當博學審問，謹思明辨，以盡窮理功夫，而終之以篤行，則於朱子之心庶乎有得，而於朱子之語庶乎無差矣。雖然，子洪既類朱子之語，而廉叔又類南軒張子之語，何也？蓋得濂洛之學者惟朱張二子，道同志合，相與往返議論，切磋琢磨，卒歸于一。四德之説可以合觀而類推矣。此千萬世學者之規矩準繩也。捨是而他求，夫豈無可觀者，而枝詞蔓語，易失本真，得無程子所謂彼意，朱子所謂其謬有不可勝言乎？學者其謹諸。淳祐辛亥良月望日，後學新安呂午謹序。

晦庵先生朱文公語類總目

理氣

太極、陰陽，凡形於法象者。二卷第一　第二卷

鬼神

其別有三：在天之鬼神，陰陽造化是也；在人之鬼神，人死爲鬼是也；祭祀之鬼神，神示祖考是也。三者雖異，其所以爲鬼神者則同。知其異，又知其同，斯可以語鬼神之道矣，故合爲一卷。

性理

論性不論氣，不備，故先總論人物之性第四卷，而繼以氣稟之性，爲一卷。古人之學必先明夫名義，故爲學也易，而求之不差。後世名義不明，故爲學也難。蓋有終身昧焉而不察者，又安能反而體之於身哉！故以惟情心意等之命名者爲一卷第五卷，仁義禮智等之命名者爲一卷第六卷，共三卷。

學

先之以小學爲一卷第七，總論爲學之方爲一卷第八，次論知行爲一卷第九，次專論讀書之法爲二卷第十、第十一，乃致知之一端也，次則及夫持守爲一卷第十二，又次則終以行事爲一卷第十三，共七卷。朱子教人之序如此，因敢次第之。即大學、致知，而後誠意、正心、修身。誠意正心修身，而後齊家治國平天下之道也。從上聖賢相承定法，不容變易。如近世之逞虚言而不實踐，乃學者之罪正原於知之未致，非教之失也。苟或懲此别立一法，後致知而先行事，則其始雖若有近效，而其終之弊必至廢書而流於異端。不然，所見不充，規模狹隘，不過於循默自守而已，所謂經綸大經則無矣，非理學之功用也。

大學

五卷第十四　第十五　第十六　第十七　第十八

論語

二十二卷第十九　第二十　第二十一　第二十二　第二十三　第二十四　第二十五　第二十六

第二十七　第二十八　第二十九　第三十　第三十一　第三十二　第三十三　第三十四　第三十五
第三十六　第三十七　第三十八　第三十九　第四十

孟子

二十一卷第四十一　第四十二　第四十三　第四十四　第四十五　第四十六　第四十七　第四十八
第四十九　第五十　第五十一　第五十二　第五十三　第五十四　第五十五　第五十六　第五十七
第五十八　第五十九　第六十　第六十一

中庸

三卷第六十二　第六十三　第六十四

易

十三卷。易類悉本卦爻次第，上、下繫、說、序卦亦本古注分章。惟綱領三卷則略爲義例，氣數雖並行，然有氣而後有數，故先陰陽而數始次之；物受形於氣數，故圖書次之；易本圖書而畫，故伏羲六十四卦次之；而原易之作則本教天下之占，故卜筮次之；而所以教天下之占者，則假奇偶之體以象吉凶，故象次之。此伏羲之易，朱子所謂本義也。此則爲二卷第六十五、六十六。易始無辭，更文王、周公、孔子而辭始備，故三聖之易越千有餘年，至程子而始演易之理，邵子而始明易之數，又至朱子而始推易之占。維繼以三子之易，然後總論夫讀易之方與夫卦爻等義，可以類推而通者，而復終之以人事，以明易爲人事用也。凡後世之言易者，其得失略次于後，使學者有考焉。此則爲一卷第六十七。上經四卷第六十八、六十九、七十、七十一，下經二卷七十二、七十三。上、下繫七十四三卷。說、序、雜卦一卷

書

二卷第七十八　第七十九

詩

二卷第八十　第八十一

孝經

一卷第八十二

春秋

一卷第八十三

禮

八卷第八十四　第八十五　第八十六　第八十七　第八十八　第八十九　第九十　第九十一

樂

一卷第九十二

周程張邵朱子

自孔子及曾顔弟子而至孟子，繼之以周程爲一卷第九十三。周程所以上繼孔孟也，然後分周子之書爲一卷第九十四，太極圖通書是也。程子之書爲三卷第九十五　第九十六　第九十七。凡係入近思者，皆倣卷次第别爲一卷。凡已入四書等者皆不類。其非入近思者，以類而從别爲一卷，文集附焉。張子之書爲二卷。亦别入近思者，邵子之書爲一卷第一百卷，程子門人爲一卷第百單一，楊氏尹氏門人爲一卷第百單二，羅氏胡氏門人爲一卷第百單三，朱子自論爲學工夫爲一卷第百單四，論注書爲一卷第百單五。已入諸經數者不入。外任一卷第百單六，内任一卷第百單七，論治道一卷百單八，論取士一卷百單九，論兵刑一卷第百十，論民財一卷百十一，論官一卷百十二，訓門人九卷第百十三、第百十四、第百十五、百十六、百十七、百十八、百十九、百二十、百二十一。

呂東萊

一卷第百廿二

陳葉

一卷第百廿三

陸子静

一卷第百廿四

作文

二卷第百三八　第百三九

雜類

一卷第百四十　終

右語類總成七十家，除李侯貫之已刊外，增多三十八家各具名氏于下。或病諸家所記互有重複，乃類分而考之，蓋有一時之所同聞，退各抄録，見有等差，則領其意者，斯有詳略。或能盡得於言而首尾該貫，或不能盡得於言而語脈間斷，或就其中粗得一二言而止。今惟存一家之最詳者而它皆附于下。至於一條之内，無一字之不同者，必抄録之際嘗相參校。不則非其聞而得於傳録，則亦惟存一家，而注與某人同爾。既以類分，遂可繕寫，而略爲義例，以爲後先之次第。有太極，然後有天地；有天地，然後有人物；有人物，然後有性命之名。而仁義禮智之理，則人物之所以爲性命者也，所以謂學者求得夫此理而已。故以太極天地爲始，乃及於人物性命之原與夫古學之定序；次之以群經，所以明此理者也；次之以孔孟周程朱子，所以傳此理者也，乃繼之以斥異端。異端所以蔽此理而斥之者，任道統之責也。然後自我朝及歷代君臣法度人物議論亦略具焉。此即理之行於天地設位之後，而著於治亂興衰者也。凡不可以類分者，則雜次之，而以作文終焉。蓋文以載道，理明意達，則辭自成文。後世理學不明，第以文辭爲學，固有竭終身之力，精思巧製以務名家者。然其學既非，其理不明，則其文雖工，其意多悖，故特次之於後，深明夫文爲末，而理爲本也。然始焉妄易分類之意，惟欲考其重複，及今而觀之，則夫理一而名殊，問同而答異者，淺深詳略，一目在前，互相發明，思已過半。至於群經，則又足以起或問之所未及，校本義之所未定，補書説之所未成，而大學章句所謂高入虛空、卑流功利者皆灼然知其所指，而不爲近似所陷溺矣，誠非小補者。故嘗謂孔孟之道至周程而復明，至朱子而大明。自今以後，雖斯道未能盛行于世，而誦遺書私淑艾者必不乏人，不至于千五百年之久絶不續，反復斯編，抑自信云。

新本再校正凡千有餘字。寶祐二年春正月，後學臨邛魏克愚謹識。

李侯貫之已刊三十二家

廖德明子晦　輔廣漢卿　余大雅公晦　陳文蔚才卿　李閎祖守約　李方子正叔　葉賀孫味道　潘時舉子善　董銖叔重　竇從周文卿　金去僞敬直　李季札季子　萬人傑正淳　楊道夫仲思　徐寓居父　林恪叔恭　石洪慶子餘　徐容仁父　甘節吉父　黄義剛毅然　晏淵亞夫　襲蓋卿夢錫　廖謙益仲　孫自修敬夫　潘履孫坦翁　湯泳叔永　林夔孫子武　錢木之子山　曾祖道　沈僩莊仲　郭支仁德元　李儒用仲秉

今增多三十八家

黄榦直卿　黄升卿　魏椿元壽　楊若海道夫之父　陳淳安卿　游敬仲連叔　楊與立　蔡懇行夫　林學蒙正卿　林賜聞一　黄士毅子洪　童伯羽非卿　張洽元德　劉砥　李壯祖　鄭可學子上　刘用之　周明作元興　李晦夫　李公謹　林學履　黄卓　吳雉　周謨舜弼　吳必大伯豐　潘植立之　鄭南非文振　董拱壽仁叔　楊至至之　盧淳　歐陽謙之希遜　黄罃子耕　潘柄謙之　王力行近思　楊驤子昂　王過幼觀　庚辛此係二家，無姓名　陳埴

鄱陽語録增九家

何鎬叔京　滕璘德粹　胡泳伯量　程端蒙正思　游倪　吕燾德昭　吴壽昌大年　吴琮仲方　楊長孺伯子

語類成編積百三十七卷，同志艱於傳録，而眉山史廉叔願鋟于木。士毅之類次雖犯不韙而不復固辭者，庶幾無傳録之艱也。獨池本陳埴一家惟論仁一條，按遺文乃答埴書，不當取爲語類，故今不載。又輔廣所録以先生改本校之，則去其所改而反存其所勾者，合三十餘條，今亦惟據改本。自首「連數」至「君子所貴乎道者三」注云：自此以前皆先生親改，亦傳聞之誤，當時雜改定者八十餘條耳。或有一條析爲三四條，如竇從周初見先生證之類，今則復其舊。或士毅所傳本多於刊本，如黄義剛者悉類入而不去，文異者則姑注一二條，云一本作某字。以上皆與池本異者，蓋池本雖黄侯直卿之所次輯，然李侯貫之惟據所傳以授直卿，而直卿亦據所授以加讎校，且有增改。於已讎校之後者不與焉，故近聞之直卿欲求元本刊改而未能也。至於或出於追述，或得於傳聞，則文辭之間不無差誤。凡此之類，讀者詳考四書及他記録，而折衷其所疑可也。惟學類七卷雖出於臆見，而實本先生教人之方，後學於此三復，而得夫入道之門，則能總會是編，而體之於身矣。己卯九月望日，門人莆田黄士毅謹識。

晦庵先生朱文公語類卷第一

理氣上

太極天地上

問：「太極不是未有天地之先有個渾成之物，是天地萬物之理總名否？」先生曰：「太極只是天地萬物之理。在天地言，則天地中有太極；在萬物言，則萬物中各有太極。未有天地之先，畢竟是先有此理。動而生陽亦只是理，靜而生陰亦只是理。」問：「太極解何以先動而後靜，先用而後體，先感而後寂？」曰：「在陰陽言，則用在陽而體在陰，然動靜無端，陰陽無始，不可分先後。今此只是［一］就起處言之，畢竟動前又是靜，用前又是體，感前又是寂，陽前又是陰，而寂前又是感，靜前又是動，將何者爲先後？不可只道今日動便爲始，而昨日靜更不說也。如鼻息，言呼吸則辭順，不可道吸呼。畢竟呼前又是吸，吸前又是呼。」淳。

又問：「昨謂未有天地之先畢竟是先有理，如何？」先生曰：「未有天地之先，畢竟也只是理。有理，[二]便有這[三]天地。若無理，[四]便亦無天地、無人、無物，都無該載了。有理，便有氣流行，發育萬物。」曰：「發育是理發育之否？」先生曰：「有這理，便有這氣流行發育。理無形體。」曰：「所謂體者，是强名否？」先生曰：「是。」曰：「理無極，氣有極否？」先生曰：「論其極，將那處作極？」淳。

若無太極，便不翻了天地。公謹。[五]

有是理後生是氣，自「一陰一陽之謂道」推來。此性自有仁義。德明。

先有個天理了，却有氣。氣積爲質而性具焉。敬仲。

問理與氣。曰：「有是理便有是氣，但理是本，而今且從理上説氣。如云『太極動而生陽，動極而靜，靜而生陰』，不成動已前便無靜了。程子曰『動靜無端』，蓋此亦是且自那動處説起。若論著動以前又有靜，靜以前又有動，如云『一陰一陽之謂道，繼之者善也』，這『繼』字便是動之端。若只一開一闔而無繼，便是闔殺了。」又問：「『繼』是動靜之間否？」先生曰：「是靜之終，動之始也。且如四時，到得冬月，萬物都歸窠了，若不會生，[六]來年便都息了。蓋是貞復生元，無窮如此。」又問：「元亨利貞是備個動靜陰陽之理，而易只謂[七]乾有之？」先生曰：「若論文王易，本是作『大亨利貞』，只作兩字説。孔子見這四字好，便挑開説了。所以某嘗説易難看，便是如此。伏羲自是伏羲易，文王自是文王易。孔子因文王底説，又却出入乎其間也。」又問：

「有是理而後有是氣。未有人時此理何在？」先生曰：「也只在這裏。如一海水，或取得一杓，或取得一擔，或取得一椀，都是這海水。但是他爲主，我爲客；他較長久，我得之不久耳。」夔孫。[八]

問：「先有理，抑先有氣？」曰：「理未嘗離乎氣。然理形而上者，氣形而下者。自形而上下言，豈無先後？理無形。氣便粗，有查滓。」淳。

或問：「必有是理然後有是氣，如何？」曰：「此本無先後之可言。然必欲推其所從來，則須説先有是理。又非别爲一物，[九]即存乎是氣之中。無是氣則是理亦無掛搭處。氣則爲金木水火，理則爲仁義禮智。」人傑。

或問「理在先，氣在後」。曰：「理與氣本無先後之可言，但推上去時，却如『理在先，氣在後』相似。」又問：「理在氣中發見處，如何？」曰：「如陰陽五行錯綜不失條緒便是理。若氣不結聚時理亦無所附著。故康節云：『性者，道之形體也；心者，性之郛郭也；身者，心之區宇也；物者，身之舟車也。』」又問道之體用。曰：「假如耳便是體，聽便是用；目是體，見是用。」祖道。

或問先有理後有氣之説。曰：「不消如此説。而今知得他合下是先有理後有氣耶？後有理先有氣耶？皆不可得而推究。然以意度之，則疑此氣是依傍這理行，及此氣之聚則理亦在焉。蓋氣則能凝結造作，理却無情意，無計度，無造作。只此氣凝聚處，理便在其中。且如天地間人物草木禽獸，其生也莫不有種，定不會無種子白地生出一個物事。這個都是氣。若理則只是個净潔空闊底世界，無形迹。他却不會造作。氣則能醞釀凝聚生物也，但有此氣，則理便在其中。」僩。

徐問：「天地未判時，下面許多都已有否？」曰：「只是都有此理。天地生物千萬年，古今只不離許多物。」淳。〔一〇〕

問：「天地之心亦靈否？還只是漠然無爲？」曰：「天地之心不可道是不靈，但不如人恁地思慮。伊川曰：『天地無心而成化，聖人有心而無爲。』」淳。

問：「天地之心，天地之理。理是道理，心是主宰底意否？」曰：「心固是主宰底意，然所謂主宰者即是理也，不是心外別有個理，理外別有個心。」又問：「此『心』字與『帝』字相似否？」曰：「『仁』〔一一〕字似『天』字，『心』字似『帝』字。」夔孫。〔一二〕

道夫言：「向者先生教思量天地有心無心。近思之，竊謂天地無心，仁便是天地之心。若使其有心，必有思慮，有營爲。天地曷嘗有思慮來！然其所以『四時行，百物生』者，蓋以其合當如此便如此，不待思惟，此所以爲天地之道。」曰：「如此，則易所謂『復其見天地之心』、『正大而天地之情可見』又如何？如公所說，衹說得他無心處爾。若果無心，則須牛生出馬，桃樹上發李，〔一三〕他心又却自定。〔一四〕程子曰：『以主宰謂之帝，以性情謂之乾。』他這名義自定，心便是他個主宰處，所以謂天地以生物爲心中間。欽夫以爲某不合如此說。某謂天地別無勾當，只是以生物爲心。一元之氣運轉流通，略無停間，只是生出許多萬物而已。」問：「程子謂『天地無心而成化，聖人有心而無爲』。」曰：「這是說天地無心處。且如『四時行，百物生』，天地何所容心？至於聖人，則順理而已，復何爲哉！所以明道云：『天地之常，以其心普萬物而無心；聖人之常，以其情順萬事而無情。』說得最好。」問：「普萬物，莫是以心周徧而無私否？」曰：「天地以此心普及萬物，人得之遂爲人之心，物得之遂爲物之心，草木禽獸接着遂爲草木禽獸之心，只是一個天地之心爾。今須要知得他有心處，又要見得他無心處，只恁定說不得。」道夫。

問：「所謂〔一五〕『上帝降衷於民』、『天將降大任於人』、『天祐民，作之君』、『天生物，因其才而篤』、『作善，降百祥；作不善，降百殃』、『天將降非常之禍於此世，必預出非常之人以擬之』，凡此等類是蒼蒼在上者真有主宰如是邪？抑天無心只是推原其理如此耶？」曰：「此三段只一意。這個也只是理如此。氣運從來一盛了又一衰，一衰了又一盛，只管恁地循環去，無有衰而不盛者。所以降非常之禍於世，定是必生出非常之人。〔一六〕邵堯夫經世吟云：『羲軒堯舜，湯武相〔一七〕文，皇王帝霸，父子君臣。四者之道，理限於太〔一八〕，降及兩漢，又歷三分。東西俶擾，南北紛紜，五胡十姓，天紀幾棼。非唐不濟，非宋不存，千世萬世，中原有人。』蓋一治必又一亂，一亂必又一治。夷狄只是夷狄，須是還他中原。」淳。

帝是理爲主。淳。

天地初間只是陰陽之氣。這一個氣運行，磨來磨去，磨得急了，便拶許多查滓。裏面無處出，便結成今〔一九〕地在中央。氣之清者便爲天，爲日月，爲星辰，只在外常周環運轉。地便只在中央不動，不是在下。淳。〔二〇〕

「天地始初混沌未分時，想得只有水火二者。水之滓脚便成地。今登高而望，群山皆爲波浪之狀，便是水泛如此。只不知因甚麽時凝了。初間極軟，後來方凝得硬。」問：「想得如潮水湧起沙相似？」曰：「然。水之極濁〔二一〕便成地，火之極精〔二二〕便成風霆雷電日星之屬。」僩。

山河大地初生時，須尚軟在。氣質。芳子〔二三〕。

蒼蒼之謂天。運轉周流不已便是那個。而今説天有個人在那裏批判罪惡固不可，説道全無主之者又不可。這裏要人見得。僩。

清剛者爲天，重濁者爲地。道夫。

陳安卿問：「天有質否？抑只是氣？」曰：「只是個旋風，下面軟，上面硬，道家謂之『剛風』。人嘗説天九重，分九處爲號，非也。只是旋有九重爾，但下面氣濁，較暗，上面至高處則至清且明，與天相接。」又問：「晉志論渾天，以爲天外是水，所以浮天而載地。如何？」曰：「天外

無水，地下是水載。某五六歲時便心煩個天體是如何？外面是何物？」義剛。〔二四〕

天明，則日月不明；天無明，夜半黑淬淬地，天之正色。僩。

天只是一個大底物，須是大著心腸看他始得。以天運言之，一日固是轉一匝，然又有大轉底時候，不可如此偏滯求也。僩。

地言其全體，土乃地之形質。閎祖。〔二五〕

「古今曆家只是推得個陰陽消長界分爾，如何得似康節説得那『天依地，地附天，天地自相依附，天依形，地附氣』底幾句？向嘗以此數語附於通書之後，欽夫見之，殊不以爲然，曰：『恐説得未是在。』某云：『如此，則試別説幾句來看。』」廣云：「伊川謂自古言數者，至康節方説到理上。」曰：「是如此。如揚子雲亦略見到理上，只是不似康節精。」廣。〔二六〕

天包乎地，天之氣只〔二七〕行乎地之中，故横渠云：「地對天不過。」方子。〔二八〕

地却是有空闕處。天却四方上下都周匝無空闕，逼塞滿皆是天。地之四向底下却靠着那天在。天包了地，其氣無不通。恁地看來，渾只是天了。氣却從地中迸出，又見地廣處。淵。

論陰陽五行。曰：「康節説得法密，横渠説得理透。邵伯温載伊川言曰：『向惟見周茂叔語及此，然不及先生之有條理也。』欽夫以爲伊川未必有此語，蓋伯温妄載。某則以爲此語恐誠有之。」方子。

天以氣而依地之形，地以形而附天之氣。天包乎地，地特天中之一物爾。天以氣而運乎外，故地搉在中間隤然不動。使天之運有一息停，則地須陷下。道夫。

天運不息，晝夜輥轉，故地搉在中間。使天有一息之停，則地須陷下。惟天運轉之急，故凝結得許多查滓在中間。地者，氣之查滓也，所以道「輕清爲天，重濁爲地」。道夫。

西北地至高，地之高處又不在天之中。義剛。

通鑑說，有人適外國，夜熟一羊胛〔二九〕而天明。此是地之角尖處。日入地下而此處無所遮蔽，故常光明；及從東出而爲曉，其所經遮蔽處亦不多耳。淳。〔三〇〕

問：「康節論六合之外，恐無外否？」曰：「理無内外，六合之形須有内外。日從東畔升，西畔沉，明日又從東畔升。這上面許多，下面亦許多，豈不是六合之内！曆家算氣，只算得到日月星辰運行處，上去更算不得。安得是無内外！」淳。

可幾問：「大鈞播物，還是一去便休也？還有去而復來之理？」曰：「一去便休耳。豈有散而復聚之氣！」道夫。〔三一〕

人呼氣時腹却脹，吸氣時腹却厭。論來，呼而腹厭，吸而腹脹乃是。今若此者，蓋呼氣時，此一口氣雖出，第二口氣復生，故其腹脹；及吸氣時，其所生之氣又從裏趕出，故其腹却厭。大凡人生至死，其氣只管出，盡便死。〔三二〕如吸氣時，非是吸外氣而入，只是住得一霎時，第二氣又出，若無得出時便死。老子曰：「天地之間，其猶橐籥乎，動而不屈，虛而愈出。」橐籥只是今之鞴扇耳。廣。

陰陽五行之理須常看得在目前，則自然牢固矣。人傑。

節問：「前日先生答書云：『陰陽五行之爲性，各是一氣所禀，而性則一也。』兩『性』字同否？」曰：「一般。」又曰：「同者理也，不同者氣也。」又曰：「他所以道『五行之生，各一其性』。」節復問：「這個莫是木自是木，火自是火，而其理則一？」先生應而曰：「且如這個光，也有在硯蓋上底，也有在墨上底，其光則一也。」節。

氣之精英者爲神。金木水火土非神，所以爲金木水火土者是神。在人則爲理，所以爲仁義禮智信者是也。植。

金木水火土雖曰「五行各一其性」，然一物又各具五行之理，不可不知。康節却細推出來。僩。

「天一自是生水，地二自是生火。生水只是合下便具得濕底意思。木便是生得一個軟底，金便是生出得一個硬底。五行之説，正蒙中説得好。」又曰：「木者，土之精華也。」又記曰：「水火不出於土。正蒙一段説得最好，不胡亂下一字。」按正蒙説五行惟一條：「天木曰曲直[三三]，能既屈而反伸也。金曰從革，一從革而不能自反也。水火，氣也，故炎上潤下，与陰陽升降，土不得而制焉。木金若[三四]土之華实也，其性有水火之雜，故木之爲物，水漬則生，火然而不離也，蓋得土之浮華於水火之交也。金之爲物，得火之精於土之燥，得水之精於土之濡，故水火相待而不相害，爍之反流而不耗也，蓋得土之精實於水火之際也。土也者，物之所以成始而成終也，地之質也，化之終也，水火之所以升降，物兼體而不遺者也。」〔三五〕

問：「五行之體質屬土否？」曰：「橫渠正蒙有一說好，只說金與木之體質屬土，水與火却不屬土。」問：「火附木而生，莫亦屬土否？」曰：「火自是個虛空中物事。」問：「只温熱之氣便是火否？」曰：「然。」僩。〔三六〕

正蒙中一段說五行處甚好。閎祖。〔三七〕

問五行相生之序。先生曰：「正蒙中一段說得甚好，無一字閑，添減不得，可自檢看。」銖。〔三八〕

問：「四時取火，何爲季夏又取一番？」曰：「土旺於未，故再取之。土寄旺四季，每季皆十八日是土。〔三九〕四個十八日計七十二日。其他四行分四時亦各得七十二日。五個七十二日，共轃〔四〇〕成三百六十日也。」僩。

土無定位，故今曆象〔四一〕以四季之月十八日爲土，分得七十二日。若說播五行於四時，以十干推之，亦得七十二日。方子。〔四二〕

天只有五行，不可問他因甚只有五行。淵。〔四三〕

陰以陽爲質，陽以陰爲質。水内明而外暗，火内暗而外明。横渠曰「陰陽之精，互藏其宅」，正此意也。道夫。［四四］

火中有黑，陽中陰也。水外黑洞洞地而中却明者，陰中之陽也。故水謂之陽，火謂之陰，亦得。伯羽。

日火外影，金水内影。道夫。［四五］

清明内影，濁明外影；清明金水，濁明火日。僩。

天有春夏秋冬，地有金木水火，人有仁義禮智，皆以四者利［四六］爲用也。季札。

春爲感，夏爲應；秋爲感，冬爲應。若統論，春夏爲感，秋冬爲應。明歲春秋［四七］又爲感。可學。［四八］

晦庵先生朱文公語類卷第二

理氣下

天地下

天秉陽，垂日星；地秉陰，竅於山川。播五行於四時，和而後月生也。陰陽變化，一時撒出，非今日生此，明日生彼，但論其先後之序，則當如此耳。横渠云：「神爲不測，故緩辭不足以盡神；化爲難知，故急辭不足以體化。」因説雷斧，舉横渠云：「其來也，幾微易間；其究也，廣大堅固。」閎祖。

正蒙中「地純陰，天浮陽」一段，説日月五星甚密。閎祖。按正蒙云：「地純陰凝聚於中，天浮陽轉[一]旋於外，此天地之常體也。恒星不動，純繫乎天，與浮陽運旋而不窮者也。日月五星逆天而行者，并繫[二]乎地者也。地在氣中，雖順天左旋，其所繫辰象隨之，少遲則反移徙而右，其[三]間有緩急[四]不齊者，七政之性殊也。月陰精，反乎陽者也，故其右行最速。日爲陽精，然其質本陰，故其右行雖緩，亦不純繫乎天，如恒星之[五]不動。金水附日，前後進退而行者，其理精深，存乎物感而已〔六〕矣。鎮星地類，然根本五行，雖其行最緩，亦不純繫乎地也。火者亦陰質，爲陽萃焉，然其氣此〔七〕日而微，故其遲倍日。惟木乃歲一盛一〔八〕衰，故歲歷一辰。辰者，日月一交之次，有歲之象也。」〔九〕

論五峰説極星。「有三個極星不動，殊不可曉。若以天運譬如輪盤，則極星只是中間帶子，恐〔一〇〕所以不動。若是三個不動則不可轉矣。」又言：「雖形器之事，若未見得盡，亦不可輕立議論，須是下學工夫。〔一一〕雖天文地理，亦須看得他破，方可議之。」又曰：「明仲嘗畏五峰議論精確，五峰亦嘗不有其兄，嘗欲焚其論語解并讀史管見。以今觀之，殊不然。如論語、管見中雖有粗處，亦多明白。至五峰議論，反以好高之過，得一説便説，其實與這物事都不相平涉〔一二〕，便説得無着落。〔一三〕」僩。

居甫問：「上蔡謂北極爲天之機也，以其居中，故謂之北極；以其周建於十二辰之舍，故謂之北辰。不知然否？」曰：「以其居中不動，衆星環向，爲天極軸。天形如雞子旋轉，極如一物横亘在中。兩頭秤定，一頭在北上，是爲北極；一頭在南下，是爲南極。」又問太一。曰：「太一是帝座，即北極也。以星辰位言之，謂之太一；以其所居之處言之，謂之北極。太一如人主，北極如帝都也。」道夫。〔一四〕

王子通〔一五〕當〔一六〕設一問云：「極星只在天中，而東西南北皆取正於極，而極星皆在其上，何也？」某無以答。後思之，只是極星便是北，而天則無定位。義剛。

「周髀法謂極當天中，日月遶天而行，遠而不可見者爲盡。此說不是。」問：「論語或問中云『南極低入地三十六度，北極高出地三十六度』，如何？」曰：「圓徑七十二度，極正居。某〔一七〕堯典疏義甚詳。」德明。

緯星是陰中之陽，經星是陽中之陰。蓋五星皆是地上木火土金水之氣上結而成，却受日光。經星却是陽氣之餘凝結者，疑得也受日光，但經星則閃爍開闔，其光不定。緯星則不然，縱有芒角，其本體之光亦自不動，細視之可見。僩。

「東有啓明，西有長庚。」庚，續也。啓明，金星；長庚，水星。金在日西，故日将出則東見；水在日東，故日将没則西見。〔一八〕

莫要說水星。蓋水星貼著日行，故半月日見。泳。

范某，蜀公族人。入宜州見魯直，又見張懷素，甚愛之。一夜與之觀星，曰：「熒惑如貫索，東南必有獄。」范以告，得官。湯東野資之入京，亦得官。可學。

天文有半邊在上面，須有半邊在下面。淵。

如何見得天有三百六十度？甚麼人去量來？只是天行得過處爲度。天之過處，便是日之退處。日月會爲辰。節。

有一常見不隱者爲天之蓋，有一常隱不見者爲天之底。節。

分野之說始見於春秋時，而詳於漢志。然今左傳所載大火辰星之說，又却只因其國之先曾主二星之祀而已，而是時又未有所謂趙魏韓〔一九〕者。然後來占星者又却多驗，殊不可曉。廣。

董叔重〔二〇〕問星圖。曰：「星圖甚多，只是難得似。圓圖說得頂好。天彎，紙却平。方圖又却兩頭放小不得。」又曰：「那個物事兩頭小，中心漲。」又曰：「三百六十五度四分度之一，想見只是說赤道。兩頭小，必無三百六十五度四分之一。」節。

胡叔器〔二一〕問：「天有幾道？」先生曰：「據曆家說有五道，而今且將黃赤道說。赤道正在天之中，如合子縫模樣。黃道是横過〔二二〕在那赤道之間。」義剛。

問同度同道。曰：「天有黃道，有赤道。天正如一圓匣相似，赤道是那匣子相合縫處，在天之中。黃道一半在赤道之內，一半在赤道之外，東西兩處與赤道相交。度，却是將天横分爲許多度數。會時是日月在那黃道赤道十字路頭相交處厮撞着。望時是月與日正相向。如一個在子，一個在午，皆同一度。謂如月在畢十一度，日亦在畢下〔二三〕一度。雖同此一度，却南北相向。日所以蝕於朔者，月常在下，日常在上，既是相會，被月在下面遮了日，故日蝕。望將〔二四〕月蝕，固是陰敢與陽敵，然曆家又謂之暗虛。蓋火日外影，其中實暗，到望時恰當着其中暗處，故月蝕。僩。

日之行，月退一度；月之行，日退十三度。人傑。〔二五〕

天行，一日差一度。行只是如此，却定。月行，遲十三度有奇。泳。〔二六〕

天道左旋，日月星並左旋。星不是貼天。天是陰陽之氣在上面，下人看，見星隨天去耳。〔二七〕

天道左旋，日月亦只左旋，但天行健，一日一夜而周，常差過一度。日月違天而退，日是一日退一度，月則退十三度有奇。德明。〔二八〕

先生曰：「竊恐所謂日月右轉者不是如此。〔二九〕天行至健，一日一夜一周，天必差過一度。日一日一夜周恰好，月却不及十三度有奇。只是天行極速，日稍遲一度，月又遲十三度有奇耳。」因舉陳元滂云：「只以在員〔三〇〕地上走，一人過急一步，一人差不及一步，又一人甚緩，差數步也。」天行只管差過，故曆法亦只管差。堯時昏旦星中於午，月令差於未。漢晉以來又差，今比堯舜〔三一〕時似差及四分之一。古時冬至日在牽牛，今却在斗。德明。

天道與日月五星皆是左旋。天道日一周天而常過一度。日亦日一周天，起度端，終度端，故比天道常不及一度。月行不及十三度四分度之一。今人却云月行速，日行遲。此錯說也，但曆家以右旋爲說，取其易見日月之度耳。至。

天左旋，日月亦左旋，但天行過一度，日只在此，當卯而卯，當午而午。某看得如此，後來得禮記說，暗與之合。泳。

禮記：「日窮於次，月窮於紀。星回於天，數將幾終。」注言：「日月星辰，運行於此，皆周匝於故處也。」泳。按月令季冬之月云：「是月也，日窮於次，月窮於紀，星回於天，數將幾終。」注云：「言日月是辰運行，於此月皆周匝於故處也。次，舍也。紀，會也。」正義云：「『日窮於次』者，謂去年季冬，日次於玄枵。從此以來，每月移次他辰，至此月窮盡，還次玄枵，故云『日窮於次』。『月窮於紀』者，紀猶會也。去年季冬，月與日相會於玄枵。自此以來，月與日相會在於他辰，至此月窮盡，還復會於玄枵，故云『月窮於紀』。『星回於天』者，謂二十八宿隨天而行。每日雖用[三二]天一匝，早晚不同，至於此日，復其故處，與去年季冬早晚相似，故云『星回於天』。『數將幾終』者，幾，近也。以去年季冬至今年季冬三百五十四日，未滿三百六十五日，未得正終，唯近於終，故云『數將幾終』。」[三三]

天左旋，日月星辰亦左旋，但天運一日一周天，又行過一度。日一日一周天，不及此一度。至歲終，天運復周，方與日會。禮記「星回於天」，正義有此說。刘叔文疑之。方子。[三四]

義剛歸有日。先生曰：「公這數日也莫要閑。」義剛言：「伯靖在此數日，因與之理會天度。」問：「伯靖之說如何？」義剛言：「伯靖以爲天是一日一周，日則不及一度，非天過一度也。」先生曰：「此說不是。若以爲天是一日一周，則四時中星如何解不同？更是如此，則日日一般，却如何紀歲？把甚麽時節做定限？若以爲天不過而日不及一度，則趲來趲去，將次午時便打三更矣。」因取禮記月令疏，指其中說「早晚不同」及「更行一度」兩處，曰：「此說得甚分明。其他曆書都不如此說。蓋非不曉，但是說滑了口後信口說，習而不察，更不去子細檢點。

而今若〔三五〕就天裏看時，只是行得三百六十五度四分度之一。若把天外來説，則是一日過了一度。季通嘗〔三六〕有言：『論日月則在天裏，論天則在太虚空裏。若去太虚空裏觀那天，自是日月衮得不在舊時〔三七〕了。』」先生至此，以手畫輪子，曰：「謂如今日在這一處，明日自是又衮動着〔三八〕些子，又不在舊時處了。」又曰：「天無體，只二十八宿便是天體。日月皆從角起，天亦從角起。日則一日運一周，依舊只在〔三九〕那角上。天則一周了，又過角些子。日月〔四〇〕累上去，則一年便與日會。」次日，仲默附至天説曰：「天體至圓，周圍三百六十五度四分度之一，繞地左旋，常一日一周而過一度。日麗天而少遲，故日行一日，亦繞地一周，而在天爲不及一度。積三百六十五日九百四十分日之二百三十五而與天會，是一歲日行之數也。月麗天而尤遲，一日常不及天十三度十九分度之七。積二十九日九百四十分日之四百九十九而與日會。十二會，得全日三百四十八，餘分之積又五千九百八十八。如日法，九百四十而一，得六，不盡三百四十八。通計得日三百五十四，九百四十分日之三百四十八，是一歲月行之數也。歲有十二月，月有三十日。三百六十日者，一歲之常數也。故日與天會，而多五日九百四十分日之二百三十五者爲氣盈。月與日會，而少五日九百四十分日之五百九十二者爲朔虚。合氣盈朔虚而餘〔四二〕生焉。故一歲〔四三〕率則十日九百四十分日之八百二十七。三歲一閏則三十二日九百四十分日之六百單一，五歲再閏則五十四日九百四十分日之三百五〔四四〕。十有九歲七閏則氣朔分齊，是爲一章也。」先生以此示義剛，曰：「此説也分明。」仍取其書與義剛看，其中有曰：「此説比前似無病。」先生笑曰：「其自信亦不輕。」〔四五〕義剛。

淳〔四六〕問：「天道左旋，自西而東，日月右行則如何？」先生曰：「横渠説日月皆是左旋，説得好。蓋天行甚健，一日一夜周三百六十五度四分度之一，又進過一度。日行速健次於天，一日一夜周三百六十五度四分度之一，正恰好。比天進一度，則日爲退一度。一〔四七〕日天進二度，則日爲退二度。積至三百六十五日四分日之一，則天所進過之度又恰周得本數，而日所退之度，亦恰退盡本數，遂與天會而成一年。月行遲，一日夜〔四八〕三百六十五度四分度之一行不盡，比天爲退了十三度有奇。進數爲順天而左，退數爲逆天而右。曆家以進數〔四九〕難算，只以退數算之，故謂之右行，且曰『日行遲，月行速』。然則日行却得其正，故揚子太玄首便説日。云云。〔五〇〕按太元經〔五一〕首云：「馴乎元，渾行無窮正象天。」注：「渾，渾天之儀渾淪而行，晝夜不休，正取象於天也。」〔五二〕又云：「經則有南有北，緯則有西有東。巡乘六甲，與斗相逢。歷以繼歲，而百穀時雍。」注言：「日行乘六甲，周而復始，以成歲事。日右斗左，故相逢也。」向來久不曉此，因讀月令『日窮於次』疏中有天行過一度之説，推之乃知其然。又如書『齊七政』疏中二三百字，説得天之大體亦好。後漢曆志亦説得好。」黄本云〔五三〕：「前漢曆志説道理處少，不及東漢志較詳。」淳問：「月令疏『地冬上騰，夏下降』，是否？」曰：「未便理會到此。且看大綱識得後，此處用度算方知。」淳。義剛同。

南極上[五四]下七十二度，常隱不見。唐書説，有人至海上，見南極下有數大星甚明。此亦在七十二度之内。淳。義剛録同。[五五]

問：「經星左旋，緯星與日月右旋，是否？」曰：「今諸家是如此説。横渠説天左旋，日月亦左旋。看來横渠之説極是。只恐人不曉，所以詩傳只載舊説。」或曰：「此亦易見。如以一大輪外在[五六]，一小輪載日月在内，大輪轉急，小輪轉慢。雖都是左轉，只有急有慢，便覺日月似右轉了。」曰：「然。但如此則曆家『逆』字皆着改做『順』字，『退』字皆着改做『進』字。」[五七]

天最健，一日一周而過一度。日之健次於天，一日恰好行三百六十五度四分度之一，但比天爲退一度。月比日大故緩，比天爲退十三度有奇，但曆家只算所退之度，却云日行一度，月行十三度有奇。此乃截法，故有日月五星右行之説，其實非右行也。横渠曰：「天左旋，處其中者順之，少遲則反右矣。」此説最好。書疏「璣衡」，禮疏「星回於天」，漢志「天體」，沈括渾儀議，皆可參考。閎祖。按横渠此條見正蒙。[五八]

又問天道左旋，日月星辰右轉。答曰：「自疏家有此説，人皆守定。某看天上日月星不曾右轉，只是隨天轉。天行健，這個物事極是轉得速。且如今日日與月、星都在這度上，明日旋一轉，天却過了一度；日遲些，便欠了一度；月又遲些，又欠了十三度。如歲星須一轉爭了三十度。要看曆數子細，只是尚書[五九]『璇璣玉衡』疏載王蕃渾天説一段極精密，可檢看，便是説一個現成天地了。月常光，但初二三日照只照得那一邊，過幾日漸漸移得正，到十五日月與日正相望。到得月中天時節，日光在地下，迸從四邊出，與月相照，地在中間，自遮不過。今月中有影，云是莎羅樹者，乃是地形未可知。」賀孫。按尚書正義[六〇]曰：「王蕃渾天説曰：『天之形狀如鳥卵，天包地外，猶卵之裹黄，圓如彈丸，故曰渾天。言其形體渾渾然也。』其術以爲天半覆地上，半在地下。其天居地上，見有一百八十二度半强，地下亦然。北極出地上三十六度，南極入地亦三十六度，而嵩高正當天之中極，南五十五度當嵩高之上，又其南十二度爲夏至之日道，又其南二十四度爲春秋分之日道，又其南二十四度爲冬至之日道。南下去地三十一度而已是夏至日，此去極六十七度，春秋分去極九十一度，冬至去極一百五十度。此其大率也。其南北極持其兩端，其天與日月星宿[六一]斜而回轉。此必古者有其法，遭秦而滅云。」

程子言日升降於三萬里，是言黄赤道之間相去三萬里。天日月星皆是左旋，只有遲速。天行較急，一日一夜繞地一周三百六十五度四分度之一，而又進過一度。日行稍遲，一日一夜繞地恰一周，而於天爲退一度。至一年，方與天相值在恰好處，是謂一年一周天。月得[六二]又遲，一日一夜繞地不能匝，而於天常退十三度十九分度之七。至二十九日半强，恰與天相值在恰好處，是謂一月一周天。月只是受日光。月質常圓，不曾闕，如圓毬，只有一面受日光。望日，日在酉，月在卯，正相對，受光爲盛。天積氣，上面勁，只中間空，爲日月來往。地在天中，不甚大，四邊空。有時月在天中央，日在地中央，則光從四旁上受於月。其中昏暗，便是地影。望以後，日與月行便差，背面［六三］一畔，相去漸漸遠，其受光面不正。至朔，行又相遇，日與月正緊相合，日便蝕，無光。月或從上過，或從下過，亦不受光。星亦是受日光，但小耳。北辰中央一星甚小，謝氏謂「天之機」亦略有意，但不似「天之樞」較切。淳。

日月升降三萬里之中，此是主黄道相去遠近而言。若天之高則里數又煞遠。或曰八萬四千里，未可知也。立八尺之表，以候尺有五寸之景，寸當千里，則尺有五寸，恰當三萬里之半。日去表有遠近，故景之長短爲可驗也。曆家言天左旋，日月星辰右行，非也。其實天左旋，日月星辰亦皆左旋，但天之行疾如日，天一日一周，更攙過一度，日一日一周，恰無贏縮，以月受日光爲可見。月之望，正是日在地中，月在天中，所以日光到月，四伴更無虧欠，唯中心有少黶翳處，是地有影蔽者爾。及日月各在東西，則日光到月者止及其半，故爲上弦；又減其半，則爲下弦。逐夜增減，皆以此推。地在天中，不爲甚大，只將日月行度折算可知。天包乎地，其氣極緊。試登極高處驗之，可見形氣相摧［六四］，緊束而成體，但中間氣稍寬，所以容得許多品物。若一例如此氣緊，則人與物皆消磨矣。謂日月只是氣到寅上則寅上自光，氣到卯上則卯上自光者，亦未必然。既曰日月，則自是各有一物，方始各有一名。星光亦受於日，但其體微爾。五星之色各異，觀其色則金木水火之名可辨。衆星光芒閃爍，五星獨不如此。衆星亦皆左旋，唯北辰不動，在北極五星之旁一小星是也。蓋此星獨居天軸，四面如輪盤，環繞旋轉，此獨爲天之樞紐是也。日月薄蝕，只是二者交會處，二者緊合，所以其光掩沒，在朔則爲日食，在望則爲月蝕，所謂「紓前縮後，近一遠三」。如自東而西，漸次相近，或日行月之旁，月行日之旁，不相掩者皆不蝕。唯月行日外而掩日於内，則爲日蝕；日行月外而掩月於内，則爲月蝕。所蝕分數，亦推其所掩之多少而已。謨。

問「弦望」之義。曰：「上弦是月盈及一半，如弓之上弦；下弦是月虧了一半，如弓之下弦。」又問：「是四分取半否？」曰：「如二分二至，也是四分取半。」因説：「曆家謂『紓前縮後，近一遠三』。以天之圍言之，上弦與下弦時月日相看皆四分天之一。」僩。

問：「月本無光，受日而有光。季通云：『日在地中，月行天上。所以光者，以日氣從地四旁周圍空處迸出，故月受其光。』」先生曰：「恐〔六五〕不如此，月何緣受得日光？方合朔時，日在上，月在下，則月面向天者有光，向地者無光，故人不見。及至望時，月面向人者有光，向天者亦有光，故見其圓滿。若至弦時，所謂『近一遠三』，只合有許多光。」又云：「月常有一半光。月似水，日照之則水面光倒射壁上，乃月照也。」問：「星受日光否？」曰：「星恐自有光。」德明。

月受日光，常爲日所蔽，惟望日在中，則人見其明。曆家云：「日行一歲一周天，月一月一周天。」此下論日月多未曉，故録不成文。可學。〔六六〕

邵康節謂：「日，太陽也；月，少陰也；星，陽〔六七〕也；辰，大陰也。星辰，非星也。」又曰：「『辰弗集於房』。房者，舍也。故十二辰亦謂之十二舍。上『辰』字謂日月也，所謂三辰。北斗去辰争十二來度。日蝕是日月會合處，月合在日之下，或反在上，故蝕。月蝕是日月正相照。伊川謂『月不受日光』，意亦相近。蓋『陰盛亢陽』而不少讓陽故也。」又曰：「日月會合，故初一、初二月全無光。初三漸開，方微有弦上光，是哉生明也。開後漸益光，〔六八〕至望則相對，故圓。此後復漸相近，至晦則復合，故暗。月之所以虧盈者，此也。」伯羽。

問：「自古以日月之蝕爲災異。如今曆家却自預先算得，是如何？」曰：「只大約可算，亦自有不合處。有曆家以爲當食而不食者，有以爲不當食而食者。」木之。

日月交蝕。暗虚。道夫。

曆家之説，謂日光以望時遥奪月光，故月食；日月交會，日爲月掩，則日食。然聖人不言月食〔六九〕日，而以「有食」爲文者，闕於所不見。閎祖。

日景，看周禮疏與詩疏。閎祖。〔七〇〕

「土圭之法，立八尺之表，以尺五寸之圭横於地下，日中則景蔽於圭，此乃地中爲然，如浚儀是也。今又不知浚儀果爲地中否？」問：「何故以八尺爲表？」曰：「此須用勾股法算之。南北無定中，必以日中爲中，北極則萬古不易者也。北方地形尖斜，日長而夜短。骨里幹國煮羊胛骨熟，日已出矣。至鐵勒則又北矣。極北之地，人甚少。所傳有二千里松木，禁人斫伐。此外龍蛇交雜，不可去。女真起處有鴨綠江。傳云天下有三處大水：曰黃河，曰長江，并鴨綠是也。若以浚儀與潁川爲中，則今之襄漢淮西等處爲近中。」人傑。

或問周禮：「以土圭之法測土深，正日景以求地中。日南則景長[七一]，多暑；日北則景短[七二]，多寒；日東則景夕，多風；日西則景朝，多陰。」鄭注云：「日南，謂立表處太南，近日也；日北，謂立表處太北，遠日也；景夕，謂日昳[七三]景乃中，立表處太東，近日也；景朝，謂日未中而景已中，立表處太西，遠日也。」曰：「『景夕多風，景朝多陰』，此二句鄭注不可曉，疑說倒了。看來景夕者，景晚也，謂日未中而景已中。蓋立表近南則取日近，午前景短而午後景長也。景朝者，謂日已過午而景猶未中。蓋立表近北則取日遠，午前長而午後短也。」問「多風」、「多陰」之說。曰：「今近東之地自是多風。如海邊諸郡風極多，每如期而至。如春必東風，夏必南風，不如此間之無定。蓋土地曠闊，無高山之限，故風各以方至。某舊在漳泉驗之，早間則風已生，到午而盛，午後則風力漸微，至晚則更無一點風色，未嘗少差。蓋風隨陽氣生，日方升則陽氣生，至午則陽氣盛，午後則陽氣微，故風亦隨而盛衰。如西北邊多陰，非特山高障蔽之故，自是陽氣到彼處衰謝。蓋日到彼方午，則彼已甚晚，不久則落，故西邊不甚見日。古語云：『蜀之日，越之雪。』言見日少也。所以蜀有『漏天』，古語云『巫峽多漏天』。老杜云『鼓角漏天東』，言其地常雨，如天漏然。以此觀之，天地亦不甚闊。以日月所照，及寒暑風陰觀之，可以驗矣。」用之問：「天竺國去處又却極闊？」曰：「以崑崙山言之，天竺直崑崙之正南，所以土地闊，而其所生亦多異人。水經云崑崙取嵩高五萬里，看來不會如此遠。蓋中國至于闐二萬里，于闐去崑崙無緣更有三萬里。文昌雜録記于闐遣使來貢獻，使者自言其國之西千三百餘里即崑崙山。今中國在崑崙之東南，而天竺諸國在其正南。水經又云黄河自崑崙東北流入中國，如此，則崑崙當在西南上，或又云西北，不知如何。恐河流曲折多，入中國後方見其東北[七四]爾。佛經所説阿耨山，即崑崙也，云山頂有阿耨大池，池水分流四面去，爲四大水，入中國者爲黄河，入東海；其三面各入南、西、北海，如弱水、黑水之類。大抵地之形如饅頭，其撚尖處則崑崙也。」問：「佛家『天地四洲』之説，果有之否？」曰：「佛經有之。中國爲南潬部洲，天竺諸國皆在南潬部内。東弗于逮，西瞿耶尼，北鬱單越，亦如鄒衍所説『赤縣』之類。四洲統名『娑婆世界』。如是世界凡有幾所，而娑婆世界獨居其中。其形正圓，故所生人物亦獨圓，正象其地形，蓋得天地之中氣。其他世界則形皆偏側尖闕，而環處娑婆世界之外，緣不得天地之正氣，故所生人物亦多不正。此説便是『蓋天』之説。横渠亦主蓋天，不知如何。但其言日初生時先照娑婆世界，故其氣和，其他世界則日之所照或正或昃，故氣不和。只他説，便自可破。彼言日之所照必經歷諸世界了，然後入地，則一日之中須歷照四處，方得周匝。今纔照得娑婆一處，即已曛黑[七五]；若更照其他三處，經多少時節！如此，則夜須極長。何故今中國晝夜有均停時，而冬夏漏刻長短相去亦不甚遠？其説於是否［七六］通矣。」僩。

周禮注云：「土圭一寸折一千里，天地四遊升［七七］降不過三萬里。土圭之影尺有五寸，折一萬五千里，以其在地之中，故南、北、東、西相去各三萬里。」問：「何謂『四遊』？」曰：「謂地之四遊升降不過三萬里，非謂天地中間相去止三萬里也。春遊過東三萬里，夏遊過南三萬里，秋遊過西三萬里，冬遊過北三萬里。今曆家算數如此，以土圭測之皆合。」僩曰：「譬以大盆盛水，而以虚器浮其中，四邊定四方。若器浮過東三寸，以一寸折萬里，則去西三寸，亦如地之浮於水上，蹉過東方三萬里，則遠去西方三萬里矣。南北亦然。然則冬夏晝夜長短，［七八］非日晷出没之所爲，乃地之遊轉四方而然爾。」曰：「然。」用之曰：「人如何測得如此？恐無此理。」曰：「雖不可知，然曆家推算，其數皆合，恐有此理。」僩。

伊川云：「測景以三萬里爲準，［七九］若有窮。然有至一邊已及一萬五千里者，而天地之運蓋始初［八〇］也。」此言蓋誤。所謂「升降一萬五千里中」者，謂冬夏日行南陸北陸之間，相去一萬五千里耳，非謂周天只三萬里。閎祖。

「大司徒以土圭求地中，今人都不識土圭，鄭康成解亦誤。圭，只是量表影底，尺長［八一］一尺五寸，以玉爲之。夏至後立表，視表影長短，以玉圭量之。若表影恰長一尺五寸，此便是地之中。晷長則表影短，晷短則表影長。冬至後，表影長一丈三尺餘。今之地中與古已不同。漢時陽城是地之中，本朝嶽臺是地之中，嶽臺在浚儀，屬開封府。已自差許多。」問：「地何故有差？」曰：「想是天運有差，地隨天轉而差。今坐於此，但知地之不動耳，安知天運於外，而地不隨之以轉耶？天運之差，如古今昏旦中星之不同是也。」又問：「曆所以數差，古今豈無人考得精者？」曰：「便是無人考得精細而不易，所以數差。若考得精密，有個定數，永不會差。伊川説康節曆不會差。」或問：「康節何以不造曆？」曰：「他安肯爲此？古人曆法疏闊而差少，今曆愈密而愈差。」因以兩手量卓邊云：「且如這許多闊，分作四段，被他界限闊便有差。不過只在一段界限之内，縱使極差出第二三段，亦只在此四界之内，所以容易推測。便有差，容易見。今之曆法於這四界内分作八界，於這八界内又分作十六界，界限愈密則差數愈遠。何故？以界限密而踰越多也。其差則一，而古今曆法疏密不同故爾。看來都只是不曾推得定，只是移來湊合天之運行，所以當年合得不差，明後年便差。元不曾推得天運定，只是旋將曆去合那天之行，不及則添些，過則減些以合之，所以一二年又差。如唐一行大衍曆，當時最謂精密，只一二年後便差。只有季通説得好，當初造曆，便合并天運所蹉之度都算在裏。幾年後蹉幾分，幾年後蹉幾度，將這蹉數都算做正數，直推到盡頭，如此庶幾曆可以正而不差。今人都不曾得個大統正，只管説天之運行有差，造曆以求合乎天而曆愈差。元不知天如何會有差，自是天之運行合當如此。此説極是，不知當初因甚不曾算在裏。但堯舜以來曆，至漢都喪失了，不可考。緣如今是這大總紀不正，所以都無是處。季通算得康節曆。康節曆十二萬九千六百分，大故密。今曆家所用只是萬分曆，萬分曆已自是多了，他如何肯用十二萬分？只是今之曆家又說季通底用不得，不知如何。」又曰：「一行大衍曆比以前曆，他只是做得個頭勢大，敷衍得闊，其實差數只一般。正如百貫錢修一料藥，與十文錢修一料藥，其不能治病一也。」僩。

霜只是露結成，雪只是雨結成。古人說露是星月之氣，不然。今高山頂上雖晴亦無露。露只是自下蒸上。人言極西高山上亦無雨雪。廣。

「高山無霜露，却有雪。某嘗登雲谷，晨起穿林薄中並無露水沾衣，但見煙霧[八二]在下，茫然如大洋海。衆山僅露峰尖，煙雲環繞往來，如移山動[八三]，天下之奇觀也。」或問：「高山無霜露，其理如何？」曰：「上面氣漸清，風漸緊，雖微有霧氣都吹散了，所以不結。若雪，則只是雨遇寒而凝，故高寒處雪先結也。道家有高處幾[八四]萬里剛風之說，便是那裏氣清緊。低處則氣濁，故緩散。想得高山更上去，立人不住了，那裏氣又緊故也。離騷有九天之說，注家妄解，云有九天。據某觀之，只是九重。蓋天運行有許多重數。以手畫圖窠，自內繞出至外，其數九。裏面重數較軟，至外面則漸硬。想到第九重，只成硬殼相似，那裏轉得又愈緊矣。」僩。

雪花所以必六出者，蓋只是霰下，被猛風拍開，故成六出。如人擲一團爛泥於地，泥必濺開成稜瓣也。又，六者陰數，太陰玄精石亦六稜，蓋天地自然之數。僩。

木之問龍行雨之説。曰：「龍，水物也。其出而與陽氣交蒸，故能成雨。但尋常雨自是陰陽氣蒸鬱而成，非必龍之爲也。『密雲不雨，尚往也』，蓋止是下氣上升，所以未能雨。必是上氣蔽蓋無發洩處，方能有雨。橫渠正蒙論風雷雲雨之説最分曉。」木之。

風只如天相似，不住旋轉。今此處無風，蓋或旋在那邊，或旋在上面，都不可知。如夏多南風，冬多北風，此亦可見。廣。

雷如今之爆杖，蓋鬱積之極而迸散者也。方子。

十月雷鳴。先生曰：「恐發動了陽氣。所以大雪爲豐年之兆者，雪非豐年，蓋爲凝結得陽氣在地，來年發達，生長萬物。」敬仲。

因説雷。曰：〔八五〕「雖只是氣，但有氣便有形。如蝃蝀本只是薄雨爲日所照成影，然尚〔八六〕有形，能吸水汲酒。人家有此，或爲妖，或爲祥。」義剛。

古今曆家只推算得個陰陽消長界分耳。人傑。

太史公曆書是説太初，然却是顓頊四分曆。劉歆作三統曆。唐一行大衍曆最詳備。五代王朴司天考亦簡嚴。然一行、王朴之曆皆止用之二三年即差。王朴曆是七百二十加去，季通所用却依康節三百六十數。人傑。

月令比堯之曆象已不同，今之曆象又與月令不同。人傑。

今之造曆者無定法，只是趕趁天之行度以求合，或過則損，不及則益〔八七〕。因言古之鍾律紐算〔八八〕寸分毫釐絲忽皆有定法，如合符契，皆自然而然，莫知所起。古之聖人，其思之如是之巧，然皆非私意撰爲之也。意古之曆書亦必有一定之法，而今亡矣。三代而下，造曆者紛紛，莫有定議，愈精愈密而愈多差，由不得古人一定之法也。季通嘗言：「天之運無常，日月星辰積氣皆動物也。其行度疾速，或過、不及，自是不齊。使我之法能運乎天，而不爲天之所運，則其疏密遲速，或過、不及之間不出乎我，此曆象〔八九〕之大數。縱有差忒，皆可推而不失矣。何者？以我法之有定而律彼之無定，自無差也。」季通言非是。天運無定，乃其行度如此。其行之差處亦是常度，但後之造曆者，其爲數窄狹而不足以包之爾。僩。

問：「曆法何以推月之大小？」曰：「只是以每月二十九日半，九百四十分日〔九〇〕之二十九計之，觀其合朔爲如何。如前月大則後月初二日月生明，前月小則後月初三日月生明。」人傑。

中氣只在本月。若趲得中氣在月盡，後月便當置閏。人傑。

五子六甲，二五爲干，二六爲支。人傑。

或說曆四廢日。曰：「只是言相勝者，春是庚辛日，秋是甲乙日。温公潛虛亦是此意。」人傑。

或問：「季通曆法未是？」曰：「這都未理會〔九一〕。而今須是也會布算，也學得似他了，把去推測，方見得他是與不是。而今某自不曾理會得，如何說得他是與不是。這也是康節說恁地。若錯時，也是康節錯了。只是覺得自古以來，無一個人考得到這處。然也只在史記、漢書上，自是人不去考。司馬遷、班固、劉向父子、杜佑說都一同，不解都不是。」賀孫。

曆法，季通說當先論天行，次及七政。此亦未善。要當先論大虛，以見三百六十五度四分度之一，一一定位，然後論天行，以見天度加損虛度之歲分。歲分既定，然後七政乃可齊耳。道夫。

沈存中欲以節氣定晦朔，不知交節之時適在亥，此日當如何分。方子。

子升問：「人言虜中曆與中國曆差一日，是否？」曰：「只如子正四刻方屬今日，子自初[九二]屬昨日。今人纔交子時，便喚做今日。如此亦便差一日。」木之。

先生嘗言：「數家有小大[九三]陽九。」道夫問：「果爾，則有國有家者何貴乎修治？」曰：「在我者過得他一二分，便足以勝之。」道夫。[九四]

天儀[九五]可取，蓋天不可用。試令主蓋天者做一樣子，如何做？只似個雨傘，不知如何與地相附着。若渾天，須做得個渾天來。賀孫。

陳得一統元曆，紹興七八年間作。又云：「蜀中暗用紀元曆，以『統元』爲名。」文蔚。

衛朴善算，作蓮花漏，其形如秤。東坡詆之。文蔚。

或問南北對境圖。先生云：「天下大川有二，止河與江。如淮亦小，只是中間起。虜混同江却是大川。」李德之問：「薛常州九域圖如何？」先生曰：「其書細碎，不是著書手段。『予決九川，距四海』了，却逐旋爬疏小江水，令至川。此是大形勢。」蓋卿。

問：「周公定豫州爲天地之中，東西南北各五千里。今北邊無極，而南方交趾便際海，道理[九六]長短敻殊，何以云各五千里？」曰：「此但以中國地段四方相去言之，未説到極邊與際海處。南邊雖近海，然地形則未盡。如海外島夷諸國[九七]則地猶連屬，彼處海猶有底，至海無底處。地刑[九八]方，蓋[九九]周公以土圭測天地之中，則豫州爲中而南北東西際天各遠許多。至於北遠而南近，則地形有偏爾，所謂『地不滿東南』也。禹貢言東西南北各二千五百里，不知周公何以言五千里。今視中國，四方相去無五千里，想他周公且恁大説教好看。如堯舜所都冀州之地，去北方甚近。是時中國土地甚狹，想只是略相羈縻。至夏商已後，漸漸開闢。如三苗只在今洞庭彭蠡湖湘之間。彼時中國已不能到，三苗所以也負固不服。」後來又否[一〇〇]先生説：「崑崙取中國五萬里，[一〇一]此爲天地之中。中國在東南，未必有五萬里。嘗見佛經説崑崙山頂有阿耨大池，水流四面去，其東南入中國者爲黄河，其三[一〇二]方流爲弱水、黑水之類。」又曰：「自古無人窮至北海，想北海只挨着天殼邊過。緣北邊地長，其於北海不甚闊。[一〇三]地之下與地之四邊皆海水周流，地浮水上與天接，天包水與地。」問：「天有形質否？」曰：「無。只是氣旋轉得緊，如急風然，至上面極高處轉得愈緊。若轉緩〔一〇四〕慢，則地便脱墜矣。」問：「星辰有形質否？」曰：「無。只是氣之精英凝聚者。」或云：「如燈光〔一〇五〕否？」曰：「然。」〔一〇六〕

人言北方土地高燥，恐梅月〔一〇七〕亦蒸濕。何以言之？月令云「是月也，土潤溽暑」、「天氣下降，地氣上騰」。〔一〇八〕想得春夏間天轉稍慢，故氣候緩散昏昏然，而南方爲尤甚。至秋冬則天轉益急，故氣候清明，宇宙澄曠，所以説天高氣清，以其轉急而氣緊也。僩。

或問：「天下之山西北最高？」曰：「然。自關中一支生下函谷，以至嵩少〔一〇九〕，東盡太山，此是一支。又自嶓冢漢水之北生下一支，至揚州而盡。江南諸山則又自岷山分一支，以盡乎兩浙、閩、廣也。」僩。

先生謂張倅云：「向於某人家看華夷圖，因指某人〔一一〇〕云：『此水將有入淮之勢。』其人曰：『今其勢也如此〔一一一〕。』」先生因言，河本東流入海，後來北流。當〔一一二〕亦有填河之議，今乃向南流矣。〔一一三〕

「某説道：『後來黄河必與淮河相并。』伯恭説：『今已如此。』問他：『如何見得？』伯恭説：『見薛某説。』」又曰：「元豐間河北流，自後中原多事；後來南流，虜人亦多事。近來又北流，見歸正人説。」〔一一四〕又曰：「神宗時行淤田策，行得甚力。差官去監那個水，也是肥。只是未蒙其利，先有衝頹廬舍之患。」潘子善問：「如何可治河决之患？」曰：「漢人之策，令兩旁不立城邑，不置民居，存留些地步與他，不與他争，放教他寬，教他水散漫，或流從這邊，或流從那邊，不似而今作堤去扞他〔一一五〕。元帝時，募善治河决者。當時集衆議，以此説爲善。」又問：「河决了，中心平處却低，如何？」曰：「不會低，他自擇一個低處去。」又問：「雍州是九州那裏高？」曰：「那裏無甚水。」又曰：「禹貢亦不可考其次第，那如經量門簿？所謂門簿者，載此一都有田若干，有山若干。」節。

御河是太行之水，出來甚清。周世宗去取三關，是從御河裏去，三四十日取了三關〔一一六〕。又曰：「御河之水清見底。後來黄河水衝來，濁了。」曰：「河北流，是禹之故道。」又曰：「不是禹之故道，近禹之故道。」節。

節問：「先生前日言水隨山行，何以驗之？」曰：「外面底水在山下，中間底水在山脊〔一一七〕上行。」因以指爲喻，曰：「外面底水在指縫中行，中間底水在指頭上行。」又曰：「山下有水。今浚井底人亦看山脈。」節。

安邑在河中府，濟水發源在此。僴。〔一一八〕

閩中之山多自北來，水皆東南流。江浙之山多自南來，水多北流，故江浙冬寒夏熱。僴。

上黨即今潞州，春秋赤狄潞氏即其地也。以其地極高，與天爲黨，故曰上黨。上黨，太行山之極高處。平陽晉州蒲坂，山之盡頭，堯舜之所都也。河東河北諸州，如太原晉陽等處，皆在山之兩邊窠中。山極高伊川云：「太行千里一塊石。」闊。山後是忻代諸州。太山却是太行之虎山。又問：「平陽蒲坂，自堯舜後何故無人建都？」曰：「其地磽[一一九]瘠不生物，人民朴陋儉嗇，故惟堯舜能都之。後世侈太[一二〇]，如何都得。」僩。

「海那岸便與天接。」或疑百川赴海而海不溢。曰：「蓋是乾了。有人見海邊作旋渦吸水下去者。」直卿云：「程子大爐鞴之説好。」方子。

海水未嘗溢者，莊周所謂「沃焦土」是也。德明。

潮之遲速大小自有常。舊見明州人説，月加子午則潮長，自有此理。沈存中筆談説亦如此。德[一二一]。

陸子静謂潮是子午月長，沈存中續筆談之説亦如此，謂月在地子午之方，初一卯，十五酉。方子。

晦庵先生朱文公語類卷第三

鬼神

因説及鬼神，曰：「鬼神事自是第二着，那個無形影是難理會底，未消去理會，且就日用緊切處做工夫。子曰：『未能事人，焉能事鬼！未知生，焉知死！』此説盡了。此便是合理會底理會得，將間鬼神自有見處。若合理會底不理會，只管去理會没緊要底，將間都没理會了。」淳。

按以下並在天鬼神。〔一〕

道夫問祭義云：〔二〕「『其氣發揚於上，爲昭明、焄蒿、悽愴，此百物之精也，神之著也。』如何？」曰：「神氣屬陽，故謂之人；精魄屬陰，故謂之鬼。然方其生也，而陰之理已附其中矣。」又曰：「今且未要理會到鬼神處。大凡理只在人心，此心一定，則萬理畢見，亦非能自見也。心苟定矣，試一察之，則是是非非自然別得耳〔三〕。如惻隱、羞惡、辭遜、是非，固是良心。苟不存養，則發不中節，顛倒錯乱，便是私心。」又問：「既加存養，則未發之際不知如何？」曰：「未發之際便是中，便是『敬以直内』，便是心之本體。」又問：「於未發之際欲加識別，使四者各有着落，如何？」曰：「如何識別也？只存得這物事在這裏，便恁地涵養將去。既熟，則其發見首[四]不差。所以伊川道[五]『德無常師，主善爲師；善無常主，協於克一。』須是協一方得。」

問：「『善』字不知主何而言？」曰：「這只主良心。」道夫。

天下大底事自有個大底根本，小底事亦自有個緊切處。若見得，天下亦無甚事。如鬼神之事，聖賢説得甚分明，只將禮熟讀便見。二程初不説無鬼神，但無而今世俗所謂鬼神耳。古來聖人所制皆是察[六]，也是得天地之理如此。去僞。

「明則有禮樂，幽則有鬼神。」禮樂是可見底，鬼神是不可見底。禮是收縮節約底，便是鬼；樂是發揚底，便是神。故云「人者鬼神之會」，説得自好。又云「至愛則存，至確則著」，亦説得好。賜。

鬼神，屈神也。[七]如風雨雷電初發時，神也；及至風止雨過，雷住電息，則鬼也。僩。[八]

有是實理而後有是物，鬼神之德所以爲物之體而不可遺也。升卿。

問：「横渠謂：『鬼神者，往來屈伸之意，故天曰神，地曰示，人曰鬼。』『示』字之義如何？」曰：「説文『示』字，以有所示爲義，故『示』[九]字從『示』。天之氣生而不息，故曰神；地之氣顯然示人，故曰示。向嘗見三舍時舉子易義[一〇]中有云：『一而大謂之天，二而小謂之地。』二而小即『示』字也，恐是字説。」又曰：「『天曰神，地曰示』者，蓋其氣未嘗或息也。人鬼則其氣

有所歸矣。」廣。[一一]

或問「鬼神者，造化之跡」。曰：「風雨霜露，四時代謝。」又問：「此是迹，可得而見。又曰『視之不可得見，聽之不可得聞』，何也？」曰：「説道無，又有；説道有，又無。物之生成，非鬼神而何？然又去那裏見得鬼神？至於『洋洋乎如在其上』是又有也。『其氣發揚于上爲昭明、焄蒿、悽愴』，猶今時惡氣中人，便[一二]得人恐懼悽愴，此百物之精爽也。」賀孫。

蕭增光問「鬼神造化之迹」。先生曰：「如日月星辰風雷皆造化之迹，天地之間只是此一氣耳。來者爲神，往者爲鬼。譬如一身，生者爲神，死者爲鬼，皆一氣耳。」雉。

問：「先生説『鬼神自有界分』，如何？」陳云：「胡問鬼神界分。」[一三]曰：「如日爲神，夜爲鬼；生爲神，死爲鬼，豈不是界分？」此五字，陳云「便是非。」按，淳同。[一四]

胡[一五]叔器問：「先生前説『日爲神，夜爲鬼，所以鬼夜出』，如何？」先生曰：「間有然者，亦不能皆然。夜屬陰，且如妖鳥皆陰類，皆是夜鳴。」義剛。[一六]

問「以功用謂之鬼神，以妙用謂之神」。曰：「鬼神者，有屈伸往來之迹。如寒來暑往，日往月來，春生夏長，秋收冬藏，皆鬼神之功用，此皆可見也。忽然而來，忽然而往，方如此又如彼，使人不可測知，鬼神之妙用也。」僩。

甾[一七]問「以功用謂之鬼神，以妙用謂之神」。曰：「功用只是論發見者，鬼神只是往來屈伸。如『鬼神者，造化之迹』，『鬼神者，二氣之良能』，二説皆妙。其發見而見於功用者謂之鬼神，至於不測者便謂之神。所謂『神也者，妙萬物而爲言』，妙處即是神，[一八]只是總陰陽説。[一九]若分別之，[二〇]則鬼是陰，神是陽。大率往爲陰，來爲陽；屈爲陰，伸爲陽。無有一物無往來屈伸之義，便皆鬼神着見者也。」又問：「鬼神之爲德也，其盛矣乎？是此鬼神否？」曰：「是。」[二一]又問：「『齊明盛服，以承祭祀』，却是如何？」曰：「亦只是此往來屈伸之義。[二二]古人到祭祀處，便是招呼得來。如天地山川先祖皆不可以形求，却是以此誠意求之。[二三]」又問：「祖先已死，以何而來[二四]？」曰：[二五]「只是以我之氣承接其氣，[二六]便是有來底道理。古人於祭祀處極重，直是便要求而得之。商人求諸陽，便先作樂，發散此[二七]以陽氣去求之；周人求諸陰，便焚燎鬱鬯，以陰静去求之。[二八]所謂『體物而不可遺』者，蓋此理於人初不相離，萬物皆然[二九]。若究其極，只是陰陽造化而已。[三〇]」僴。

功用之謂鬼神，妙用謂之神。[三一]功用是有迹底，妙用是無迹底。妙用是其所以然者。義剛。

胡叔器[三二]問：「『功用謂之鬼神，妙用謂之神』，如何？」先生曰：「功用兼精粗而言，是説造化。妙用以其精者言，其妙不可測。天地是體，鬼神是用。鬼神是陰陽二氣往來屈伸。天地間如消底是鬼，息底是神；生底是神，死底是鬼。以四時言之，春夏便爲神，秋冬便爲鬼。

又如晝便是神，〔三三〕夜便是鬼。〔三四〕以氣息言之，呼爲神，吸爲鬼。『昭明、焄蒿、悽愴，此百物之精也，神之著也。』如鬼神之露光處是昭明，其氣蒸上處是焄蒿，使人精神竦動處〔三五〕是悽愴。如武帝致李夫人『其風肅然』是也。」〔三六〕又問：「草木土石有魄而無魂否？」先生曰：〔三七〕「易言『精氣爲物』。若以精氣言，則是有精氣者，方有魂魄。陳本無「易言」以下二十一字，止云：「此不可以魂魄論。」〔三八〕但出底氣便是魂，精便是魄。譬如燒香，燒得出來便是魂，〔三九〕那成煙後香底便是魄。陳本止云：「漿便是魄，煙便是魂。」〔四〇〕魂者，魄之光燄；魄者，魂之根蒂。」陳安卿曰〔四一〕：「體與魂有分別，如耳目是體，聰明便是魄。」先生曰：「是。魂者氣之神，魄者體之神。淮南子注謂：『魂，陽神也；魄，陰神也。』此語說得好。」安卿曰：「心之精爽，是爲魂魄」。先生曰：「只是此意。」又問：「『人生始化曰魄』，如何是始化？」先生曰：「是胎中初略略成形時。」又問「哉生魄」。先生曰：「是月十六日初生那黑處。揚子言：『月未望而生魄於西，既望則終魄於東。』他錯說了。後來四子費盡氣力去解，轉不分明。温公又於正文改一字解，也說不出。」義剛。按陳淳録大同，但下兩條別録，今各附于下，云：叔器問「功用謂之鬼神，妙用謂之神。」先生曰：「功用兼精粗而言，是說造化妙用，以其精者言其妙不可測。天地是體也，鬼神是用也。鬼神只是陰陽二氣往來屈伸，如春夏是神，秋冬是鬼；晝是神，夜是鬼，所以鬼夜出。息底是神，消底是鬼；生是神，死是鬼；鼻息呼是神，吸是出；息底是神，消底是鬼；生是神，死是鬼；鼻息呼是神，吸是鬼；語是神，點是鬼。〔四二〕昭明、焄蒿、悽愴，此百物之精也，神之者也。如鬼神之露光處是昭明，其氣然上處是焄蒿，使人精神閃處，如漢武帝致李夫人，其風颯然是悽愴。」問：「鬼夜出，如何？」先生曰：「間有然者，亦不能皆然。夜屬陰，夭鳥陰類，亦多夜鳴。」[四三]

問：「南軒『鬼神，一言以蔽之，曰「誠」而已』，此語如何？」曰：「『誠』是實然之理，鬼神亦只是實理。若無這理亦便無鬼神，無萬物，都無所該載了。『鬼神之爲德』者，誠也。德只是就鬼神言，其情狀皆是實理而已。侯氏以德别爲一物，便不是。」曰：「章句謂『性情功效』，何也？」曰：「此與『情狀』字只一般。」曰：「横渠謂『二氣之良能』，何爲[四四]『良能』？」曰：「屈伸往來，是二氣自然能如此。」曰：「伸是神，屈是鬼否？」先生以手圈卓上而直指其中，曰：「這道理圓，只就中分别恁地。氣之方來皆屬陽，是神；氣之反皆屬陰，是鬼。」又曰：「日自午以前是神，午以後是鬼。月自初三以後是神，十六以後是鬼。」童伯羽曰[四五]：「日月對言之，日是神，月是鬼否？」曰：「亦是。草木方發生來是神，彫殘衰落是鬼。人自少至壯是神，衰老是鬼。鼻息呼是神，吸是鬼。」淳舉程説[四六]所謂「天尊地卑，乾坤定矣。鼓之以雷霆，潤之以風雨」。先生曰：「天地造化皆是鬼神，古人所以祭風伯雨師。」曰[四七]：「風雷鼓動是神，收斂處是鬼否？」曰：「是。魄屬鬼，氣屬神。析木[四八]烟出是氣[四九]，滋潤底是魄。人之語言動作是氣，屬神；精血是魄，屬鬼。發用處皆屬陽，是神；氣定處皆屬陰，是魄。知識處是神，記事處是魄。人初生時氣多魄少，後來魄漸盛；到老魄又少，所以耳聾目昏，精力不强，記事不定[五〇]。某今覺陽有餘而陰不足，事多記不得。小兒無記性亦是魄不足，性不定[五一]亦是魄不足。」又曰：「夫子答宰我鬼神説處甚好，『氣者，神之盛也；魄者，鬼之盛也。』人死時魂氣歸於天，魄氣[五二]歸於地，所以古人祭祀，燎以求諸陽，灌以求諸陰。」曰：「『其氣發揚於上爲昭明、焄蒿、悽愴，此百物之精也，神之著也』，何謂也？」曰：「人氣本騰上，這下面盡則只管騰上去。如火之烟，這下面薪盡，則烟只管騰上去。」曰：「終久必消了[五三]？」曰：「是。」[五四]淳。

或問鬼神，答曰：[五五]「鬼神只是氣。屈伸往來者，氣也。天地間無非氣。人之氣與天地之氣常相接，無間斷，人自不見。人心纔動，必達於氣，便與這屈伸往來者相感通。如卜筮之類皆是心自有此物，只説你心上事，纔動必應也。」恪。

鬼神不過陰陽消長而已。亭毒化育，風雨晦冥，皆是。在人則精是魄，魄者鬼之盛也。氣者是魂，魂者神之盛也。精氣聚而爲物，何物而無鬼神！「遊魂爲變」，魂遊則魄之降可知。鬼神只是消長。[五六]

論鬼神。[五七]以二氣言，則鬼者陰之靈也，神者陽之靈也。以一氣言，則至而伸者爲神，反而歸者爲鬼。一氣即陰陽運行之氣，「至則皆至，去則皆去」[五八]之謂也。二氣謂陰陽對峙，各有所屬。如氣之呼吸者爲魂，魂即神也，而屬乎陽；耳目鼻口之類爲魄，魄即鬼也，而屬乎陰。

「精氣爲物」，精與氣合而生者也；「遊魂爲變」則氣散而其魄降矣。〔五九〕謨。

雨風露雷，日月晝夜，此鬼神之迹也，此是白日公平正直之鬼神。若所謂「有嘆〔六〇〕於梁」、「觸於胸」，〔六一〕此則所謂不正邪暗，或有或無，或去或來，或聚或散者。又有所謂禱之而應，祈之而獲，此亦所謂鬼神，同一理也。世間萬事皆此理，但精粗小大之不同爾。又曰：「以功用謂之鬼神，即此便見。」道夫。

因説鬼怪，先生曰：「『木之精夔魍魎。』夔只一腳。魍魎，古有此語，若果有，必是此物。」淳。

氣聚則生，氣散則死。泳。以下並在人、鬼、神。〔六二〕

問：「死生有無之説，人多惑之。今日不合僭言及此，亦欲一言是正。」〔六三〕先生曰：「不須如此疑，且作無主張。」力行〔六四〕因問：「識環記井之事古復有此，何也？」先生曰：「此有〔六五〕別有説話。」力行。

「鬼神者，造化之迹。」神者，伸也，以其伸也；鬼者，歸也，以其歸也。人自方生，而天地之氣只管增添在身上，漸漸大，漸漸長成。極至了，便漸漸衰耗，漸漸散。言鬼神，自有迹者而言之；言神，只言其妙而不可測識。賀孫。

問：「人死時是當初稟得許多氣，氣盡則無否？」曰：「是。」曰：「如此，則與天地造化不相干。」曰：「死生有命，當初稟得氣時便定了，便是天地造化。只有許多氣，能保之亦可延。且如我與人俱有十分，俱已用出二分。我纔用出二分便收回，及收回二分時，那人已用出四分了，所以我便能少延。此即老氏作福意。老氏惟見此理，一向自私其身。」淳。

問：「鬼神生死，雖知得是一理，然未見得端的，敢問先生曰『精氣爲物，游魂爲變』便是生死底道理未達？」先生曰：「精氣凝則爲人，散則爲鬼。」又問：「精氣凝時，此理便在氣上否？」先生曰：「天道流行，發育萬物，雖是一齊都有，必竟是理爲主，人得之以生。然氣則有清濁，清者爲氣，濁者爲質；清者屬陽，濁者屬陰。知覺運動，陽之爲也；骨肉皮毛血氣，陰之爲也。氣曰魂，體曰魄。」又問：「左氏所謂『心之精爽，是謂魂魄』，其説是否？」先生曰：「高誘注淮南子曰：『魂是陽之神，魄是陰之神。』所謂神者，以其主乎形氣也。人所以生，精氣聚也。人只稟得許多氣，須有個盡時，醫家所謂『陰陽不升降』是也。人病將死，熱氣上出，下體漸冷。熱氣上出，所謂魂升；下體漸冷，所謂魄降。魂歸於天，魄降於地，而人死矣。」明作。［六六］

問「其氣發揚於上爲昭明、焄蒿、悽愴」。先生曰：［六七］「『昭明』是光耀底，『焄蒿』是衰上底，『悽愴』是凜［六八］然底。今或有人死，氣盛者亦如此。」賜。

曾見人説，有人死，其室中皆温暖，便是氣之散。禮記云：「其氣發揚於上爲昭明、焄蒿、悽愴，此百物之精也。」昭明是精光，焄蒿是暖氣，悽愴是慘慄者。如漢書李少君魂［六九］，云其氣肅然。

問：［七〇］「禮記『魂氣歸于天』，與橫渠『反原』之説何以別？」先生曰：「魂氣歸于天是消散了，正如火煙騰上去處何歸？只是消散了，論理大概固如此。然亦有死而未遽散者，亦有冤恨而未散者。然亦不皆如此，亦有冤死而魂即散者。」胡叔器問：「聖人之死如何？」先生曰：「聖人安［七一］死，便即消散。」淳。按黃義剛録同。［七二］

問：「有人死而氣不散者，何也？」曰：「他是不伏死。如自形［七三］自害者皆是未伏死，又更聚得這精神。安於死者便自無，何曾見堯舜做鬼來！」

陳才卿問鬼神云：［七四］「來而伸者爲神，往而屈者爲鬼。凡陰陽魂魄，人之呼吸［七五］皆然，不獨死者爲鬼，生者爲神。故橫渠云：『神祇者歸之始，歸往者來之終。』」先生曰：「此二句正［七六］俗語罵鬼云『你是已死我，我是未死你。』楚辭中説終古亦是此義。」「去終古之所居［七七］兮，今逍遥而來東。羌靈魂之欲歸兮，何須臾而忘處［七八］反。」用之云：「既屈之中，恐又自有屈伸。」先生曰：「祭祀致得鬼神來格，便是就既屈之氣又能伸也。」僩問：「魂氣則能既屈而伸，若祭祀來格是也。若魄既死，恐不能復伸矣。」先生曰：「也能伸，蓋他來則俱來。如祭祀報魂報魄，求之四方上下，便是皆有感格之理。」用之問：「『遊魂爲變』，聖愚皆一否？」先生曰：「然。」僩問：「『天神地祇人鬼。』地何以曰『祇』？」先生曰：「『祇』字只是『示』字。蓋天重〔七九〕三辰以着象，如日月星辰是也。地亦顯山川草木以示人，所以曰『地示』。」用之云：「人之禱天地山川，是以我之有感彼之有。子孫之祭先祖，是以我之有感他之無。」先生曰：「神祇之氣當〔八〇〕屈伸而不已，人鬼之氣則消散而無餘矣。其消散亦有久速之異。人有不伏其死者，所以既死而此氣不散，爲妖爲怪。如人之凶死，及僧道人〔八一〕，既死多不散。僧道務養精神，所以凝聚不散。若聖賢則安於死，豈有不散而爲神怪者乎！如黄帝堯舜，不聞其既死而爲靈怪也。嘗見輔漢卿說：『某人死，其氣温温然，熏蒸滿室，數日不散。』是他氣盛，所以死而〔八二〕如此。劉元城死時，風雷轟於正寢，雲霧晦冥，少頃辨色，而公已端坐薨矣。他是什麽樣氣魄！」用之曰：「莫是元城忠誠，感動天地之氣否？」先生曰：「只是元城之氣自散爾。他養得此氣剛大，所以散時如此。祭義云：『其氣發揚於上爲昭明、焄蒿、悽愴，此百物之精也。』此數句說盡了。人死時，其魂氣發揚於上。昭明是人死時自有一般光景，焄蒿即前所云『温温之氣』也，悽愴是一般肅然之氣，令人慘愴，如漢武帝時神君『來則風肅然』者是也。此皆萬物之精，既死而散也。」僩。〔八三〕

賀孫〔八四〕問：「『遊魂爲變』，間有爲妖孽者，是如何得未散？」曰：「『遊』字是漸漸散。若是爲妖孽者，多是不得其死，其氣未散，故鬱結而成妖孽。若是尫羸病死底人，這氣消耗盡了方死，豈復更鬱結成妖孽！然不得其死者，久之亦散。如今打麵做糊，中間自有成小塊核不散底，久之漸漸也自會散。又如其取精多，其用物弘。如伯有者亦是卒未散也。橫渠曰：『物之初生，氣日至而滋息；物生既盈，氣日反而遊散。至之謂神，以其伸也；反之謂鬼，以其歸也。』天下萬物萬事自古及今，只是個陰陽消息屈伸。橫渠將屈伸說得貫[八五]通。上蔡說却似不說得循環意思。宰我曰：『吾聞鬼神之名，不知其所謂。』子曰：『氣也者，神之盛也；魄也者，鬼之盛也。合鬼與神，教之至也。』注謂口鼻噓吸爲氣，耳目聰明爲魄。氣屬陽，魄屬陰，而今有人說眼光落，這便是魄降。今人將死，有云魄落。若氣，只升而散，故云『魄氣歸於天，形魄歸於地。』道家修養有這說，與此大段相合。」賀孫。

光祖問：「先生所答崧卿書云云。如伊川又云：『伯有爲厲，別是一理。』又如何？」曰：「亦自有這般底。然亦多是不得其死，故强氣未散。要之，久之亦不會不散。如漳州一件公事：婦殺夫，密埋之。後爲祟，事纔發覺，當時便不爲祟。此事恐奏裁免死，遂於中諸司[八六]狀上特批了。後婦人斬，與婦人通者絞。以是知刑獄裏面這般事，若不與決罪償命，則死者之冤必不解。」又曰：「氣久必散。人說神仙，一代說一項。漢世說甚安期生，至唐以來則不見說了。又說鍾離權呂洞賓，而今又不見說了。看得來，他也只是養得分外壽考，然終久亦散了。」賀孫。

問生死鬼神之理。先生曰：「天道流行，發育萬物，有理而後有氣。雖是一時都有，必竟以理爲主。〔八七〕按本別本注此。〔八八〕人得之以有生。氣之清者爲氣，知覺運動，陽之爲也。氣之濁者爲質。〔八九〕形體，陰之爲也。氣曰魂，體曰魄。高誘淮南子注曰：『魂者，陽之神；魄者，陰之神。』所謂神者，以其主乎形氣也。李本無「也」字，有「故曰」二字。〔九〇〕人所以生，精氣聚也。人只有許多氣，須有個盡時；盡則魂氣歸於天，形魄歸於地而死矣。人將死時熱氣上出，所謂魂升也；下體漸冷，所謂魄降也。此所以有生必有死，有始必有終也。夫聚散者，氣也。若理，則只泊在氣上，初不是凝結自爲一物，但人分上所合當然者李無「然者」二字，作「恁地處」。〔九一〕便是理，不可以聚散言也。然人死雖終歸於散，然亦未便散盡，故祭祀有感格之理。先祖雖〔九二〕李無「雖」字。〔九三〕世次遠者，氣之有無不可知。然奉祭祀者既是他子孫，必竟只是一氣，所以有感通之理。然已散者不復聚，釋氏却謂人死爲鬼，鬼復爲人。知〔九四〕此則天地之間常只是許多人來來去去，更不由造化生生，必無是理也。至如伯有爲厲，伊川謂別是一般道理。蓋其人氣未當盡而强死，自是能爲厲。李本此下有云：「因言有人在淮上早行，見無數人恍恍惚惚，旁午充斥。蓋是昔者戰場殺死之鬼，彼皆銜冤抱恨，固宜未散。」李本又注云：「別本『惚惚』下者『若有若無』四字。」〔九五〕子產爲之李本無「之」字，有「伯有」字。〔九六〕立後，使有所歸，遂不爲厲，亦可謂知鬼神之情狀矣。人言古之戰場往往有鬼，彼皆强死，銜冤抱恨，固宜未散也。」自「人言」以下至此李本却無。〔九七〕問：「伊川言『鬼神造化之跡』，此豈亦造化之跡乎？」曰：〔九八〕「若論正理，則樹似上忽生出花葉，此便是造化之跡。又如〔九九〕雷霆風雨皆是也，但人所常見，故不之怪。忽聞鬼嘯、鬼火之屬，則便以爲怪。李本曰：「下云皆是也。若論正理，則如樹上忽然生花，空中忽然有雷雹風雨，此乃造化之跡，人所常見，故不之怪，忽聞鬼叫，則以爲怪。」〔一〇〇〕不知此亦造化之跡，但不是正理，故爲怪異。如家語云：『山之怪曰夔魍魎，水之怪曰龍罔象，土之怪曰羵羊。』皆是氣之雜揉乖戾所生，非〔一〇一〕理之所無也，專李作「以必」。〔一〇二〕爲無則不可。如冬寒夏熱，此理之正也。有時忽然夏寒冬熱，豈可謂無此理哉！但既非理之常，便謂之怪。孔子所以不語，學者亦未須理會也。」因舉以〔一〇三〕南軒先生不信鬼神而言。〔一〇四〕「學者」以下八字李作「非學者所當先也」。〔一〇五〕又按林錫録一條與此微有許略，今並附於下〔一〇六〕云：「問：『民受天地之中以生，中是氣否？』先生曰：『中是理，理便是仁義禮智，曷嘗有形象來！凡無形者謂之理，若氣則謂之生也。清者是氣，濁者是形。氣是魂，謂之精；血是魄，謂之質。所謂「精氣爲物」須是此兩個相交感，便能成物。「遊魂爲變」，則所謂氣至此已盡。魂升於天，魄降於地。陽者氣也，歸於大；陰者質也，魄也，降於地，謂之死也。知生則便知死，只是此理。夫子告子路，非是〔一〇七〕之，是先後節次如此也。』因說鬼神造化之跡，且如起風微〔一〇八〕雨，震雷花生，有始便有終也。又問：『人死則魂魄升降，日漸散則〔一〇九〕不復聚矣。然人之祀祖先，却有所謂「來假來享」，此理如何？』先生曰：『若是誠心感格，彼之魂氣未便盡散，豈不來享？』又問：『且如周以后稷爲始祖，以帝嚳爲所自出之帝，子孫相去未遠，尚可感格。至於成康以後千有餘年，豈復有未散者而來享之乎？』先生曰：『夫聚散者，氣也。若理，則只泊在氣上，初不是凝結爲一物而爲性也，但人分上所合當者便是理。氣可〔一一〇〕聚散，理則不可以聚散言也。人死，氣亦未便散得盡，故祭祖先有感格之理。若世〔一一一〕次久遠，氣之有無不可知。然奉祭祀者既是他子孫，必竟只是這一氣相傳下來，若能極其誠敬，則亦有感通之理。釋氏謂人死爲鬼，鬼復爲人。如此，則天地之間只是許多人來來去去，更不由造化，生生都廢，却無是理也。』曰：『然則羊叔子識環之事非邪？』先生曰：『史傳此等事極多，要之不足信，便有也不是正理。』又問：『世之見鬼神者甚多，不審有無如何？』先生曰：『世間人見鬼神極多〔一一二〕，豈可謂無，但非正理耳。如伯有爲厲，伊川謂別是一理。蓋其人氣未當盡而强死，魂魄無所歸，自是如此。昔有人在淮上夜行，見無數形象，似人非人，旁午充斥，出没於雨〔一一三〕水之間，久之，累累不絶。此人明知其鬼，不得已，躍跳之，衝之而過足〔一一四〕下，却無礙。然亦無他。詢之，此地乃昔人戰場也。彼皆死於非命，銜冤抱恨，固宜未散。』又問：『「知鬼神之情狀」，何緣知得？』先生曰：『伯有爲厲，子産爲之立後，使有所歸，遂不爲厲，可謂「知鬼神之情狀矣」。』又問：『伊川言：「鬼神者，造化之跡。」此豈亦〔一一五〕造化之跡乎？』曰：『若論正理，如雷電風雨〔一一六〕皆是也，但人常見，故不之〔一一七〕怪。忽聞鬼叫則以爲怪，不知此亦是造化之跡，但非理之正爾。』又問：『此之〔一一八〕多爲精怪迷惑，如何？』先生曰：『家語曰：「山之怪曰夔魍魎，水之怪曰龍罔象，土之怪曰羵羊。」皆是氣之雜揉乖亂所生，專以爲無則不可。如冬寒夏熱，春榮秋枯，此理之正也。忽冬月間〔一一九〕有一朵花，豈可謂無此理，但非正耳，故謂之怪。孔子所以不語，學者未須理會也。』坐間或云：『鄉間有李三者，死而爲厲，鄉曲凡有祭祀佛事，必設此人一分。或設黄籙天〔一二〇〕醮，不曾設他一分，齋食盡爲所污。後因爲人放爆杖，焚其所依之樹，自是遂絶。』先生曰：『是他枉死，氣未散，被爆杖驚散了。設醮請天地山川神祇，却被小鬼污却，以此見設醮無此理也。』」又曰：「先知生方知死，先後之序。」〔一二一〕

問程子說「伯有爲厲之事別是一理」。曰：「非死生之常理也。」人傑。〔一二二〕

問：「鬼神便是精神魂魄，如何？」曰：「然。且就這一身看，自會笑語有許多聰明知識，這是如何得恁地？虚空之中忽然有風有雨，忽然有雷有電，這是如何得恁地？這都是陰陽相感，都是鬼神。看得到這裏，見一身只有〔一一三〕個軀殼在這裏，内外無非天地陰陽之氣，所以夜來説道『天地之塞，吾其體；天地之帥，吾其性』，思量來只是一個道理。」又云：「如魚之在水，外面水便是肚裏面水。鱖魚肚裏水與鯉魚肚裏水只一般。」仁父問：「魂魄如何是陰陽？」曰：「魂如火，魄如水。」賀孫。

問「魄也者，鬼之盛也，鬼便是精之靈」，曰：「人生在這裏，自是一半是神，一半是鬼。若以對待言，一半是氣，一半是精。以屈伸言，則來者爲神，去者爲鬼。」〔一一四〕

因言魂魄鬼神之説。曰：「只今生人，便自一半是神，一半是鬼了，但未死以前，則神爲主；已死之後，則鬼爲主。縱横在這裏。以屈伸往來之氣言之，則來者爲神，去者爲鬼；以人身言之，則氣爲神而精爲鬼。然其屈伸往來也各以漸。」云云〔一一五〕。僩。〔一一六〕

先儒言：「口鼻之噓吸爲魂，耳目之聰明爲魄。」也只説將〔一一七〕大概，都〔一一八〕更有個母子，這便是坎離水火。煖氣便是魂，冷氣便是魄。魂便是氣之神，魄便是精之神。會思量計度〔一一九〕底便是魂，會記當去底便是魄。又曰：「見於目而明，耳而聰者，是魄之用。老氏云載營魄，營是晶熒之義，魄是一個晶光堅凝物事。釋氏之地水火風，其説云，人之死也，風火先散，則不能爲祟。蓋魂先散而魄尚存，只是消磨未盡，少間自塌了。若地水先散而風火尚遲，則能爲祟，蓋魂氣猶存爾。」又曰：「無魂則魄不能以自存。今人多思慮役役，魂都與魄相離了。老氏便只要守得相合，所謂『致虚極，守静篤』，全然守在這裏，不得動。」又曰：「專氣致柔，不是『守』字，却是『專』字。便只是專在此，全不放出，氣便細。若放些子出便粗了。」

又曰：〔一三〇〕「魂散則魄便自沉了，今人説虎死則眼光入地便是如此。」

萇弘死三年而魂〔一三一〕化爲碧。此所謂魄也，如虎威之類。弘以忠死，故其氣凝結如此。廣。

死而氣散，泯然無迹者是其常，道理恁地。有托生者是偶然聚得氣不散，又怎生去湊着那生氣便再生，然非其常也。伊川云：「左傳伯有之爲厲，又别是一理。」〔一三二〕

「鬼神憑依言語，乃是依憑人之精神以發」。問：「伊川記金山事如何？」曰：「此乃婢子想出。」曰〔一三三〕：「今人家多有怪者。」曰：「此乃魑魅魍魎之爲。建州有一士人，行遇一人，只有一脚，問某人家安在。與之同行，見一脚者入某人家。數日，其家果死一子。」可學。

鄭説：「有人寤寐間見鬼通刺甚驗者。」先生曰：「如此，則是不有不無底紙筆。」淳。

論及巫人治鬼，而鬼亦效巫人所爲以敵之者。先生曰：「後世人心姦詐之甚，感得姦詐之氣，做得鬼也姦巧。」淳。按黄義剛録同。〔一三四〕

厚之問：「人死爲禽獸，恐無此理。然親見永春人家有子，耳上有猪毛及猪皮，如何？」曰：「此不足怪。向見籍溪借〔一三五〕事一兵，胸前有猪毛，睡時作猪鳴。此只是禀得猪氣。」

可學。

林一之問：「萬物皆有鬼神，何故只於祭祀言之？」曰：「以人具是理，故於人言。」又問：「體物何以引『幹事』？」曰：「體幹是主宰。」〔一三六〕可學。以下並祭祀祖考。〔一三七〕

問：「性即是理，不可以聚散言。聚而生、散而死者，氣而已。所謂精神魂魄，有知有覺者，氣也。故聚則有，散則無。若理則亘古今常存，不復有聚散消長也。」曰：「只是這個天地陰陽之氣，人與萬物皆得之。氣聚則爲人，散則爲鬼。然其氣雖已散，這個天地陰陽之理生生而不窮。祖考之精神魂魄雖已散，而子孫之精神魂魄自有些小相屬，故祭祀之禮盡其誠敬，便可以致得祖考之魂魄。這個自是難説，看既散後一似都無了。能盡其誠敬便有感格，亦緣是理常只在這裏也。」賀孫。

問：「子孫祭祀盡其誠意以聚祖考精神，不知是合他魂魄只是感格其魂氣？」曰：「焫蕭祭脂所以報氣，灌用鬱鬯所以招魂，便是合他，所謂『合鬼與神，教之至也』。」又問曰：「不知常常恁地，只是祭祀時恁地？」曰：「但有子孫之氣在則他便在，然不是祭祀時如何得他聚！」

「『至之謂神，以其伸也；反之謂鬼，以其歸也。』人死便是歸，『祖考來格』便是伸。」死時便都散了。〔一三八〕

祭祀之感格，或求之陰，或求之陽，各從其類，來則俱來。然非有一物積於空虛之中，以待子孫之求也，但主祭祀者既是他一氣之流轉[一三九]，則盡其誠敬感格之時，此氣固寓此也。僩。

汪德輔問曰：「『祖考精神便是自家精神』，故齋戒祭祀，則祖考專來格。若祭旁親及子，亦是一氣，猶可推也。至於祭妻及外親，則其精神非親之精神矣，豈於此但以心感之而不以氣乎？」先生曰：「但所祭者，其精神魂魄無不感通，蓋本從一源中流出，初無間隔，雖天地山川鬼神亦然也。」處謙[一四〇]。

人死，雖是魂魄各自飛散，要之，魄又較定。須是招魂來復這魄，要他相合。復，不獨是要他活，是要聚他魂魄，不教便散了。聖人教人子孫常常祭祀，也是要去聚得他。

蔡行夫問事鬼神。先生曰：「古人交神明之道，無些子不相接處。古人立尸，便是接鬼神之意。」時舉。

或問鬼神說。先生曰：「且類聚前輩說鬼神處看，要須自理會得。且如祭天地祖考，直是求之漠[一四一]漠。然祖考却去人未久，求之似易。」先生又笑曰：「如此說，又是作怪了也。」祖道。[一四二]

胡叔器問：「上蔡說鬼神云『道有便有，道無便無』，初看此二句與『有其誠則有其神，無其誠則無其神』一般，而先生前夜言上蔡之語未穩，如何？」先生曰：「『有其誠則有其神，無其誠則無其神』，便是合有底，我若誠則有之，不誠則無。這[一四三]『道有便有，道無便無』，便是合有底當有，合無底當無。上蔡而今都説得粗了，這合當道：合有底，從而有之，則有；那合無底，自是無了，便從而無之。今却只説『道有便有，道無便無』，則不可。」義剛。

鬼神，上蔡説得好。只覺得「陰陽交而有神」之説，與後「神」字有些不同。只是他大綱説得極好，如曰：「可者使人格之，不使人致死之。」可者，是合當祭，如祖宗父母，這[一四四]須着盡誠感格之，不要人便做死人看待他。「不可者使人遠之，不使人致生之。」不可者是不當祭，如閑神野鬼，聖人便要人遠之，不要人做生人看待他。可者格之，須要得他來；不可者遠之，我不管他，便都無事[一四五]了。「精氣爲物，遊魂爲變。」天地陰陽之氣交合便成人物，到得魂氣歸於天，體魄降於地，是爲鬼，便是變了。説魂則魄可見。賀孫。

問：「鬼神恐有兩樣：天地之間二氣氤氲，無非鬼神，祭祀交感，是以有感；有人死爲鬼，祭祀交感，是又感無。[一四六]」先生曰：「是。所以道天神人鬼，神便是氣之伸，此是常在底；鬼便是氣之屈，便是已散了底。然以精神去合他，又合得在。」問：「不交感時常在否？」曰：「若不感而常有，則是[一四七]餒鬼矣。」又曰：「先輩説魂魄多不同。左傳説魄先魂而有，看來也是。以賦形之初言之，必是先有此體象，方有陽氣來附他。」

問：「聖人凡言鬼神，皆只是以理之屈伸者言也。鬼者屈也，神者伸也，屈者往也，伸者來也，屈伸往來之謂也。〔一四八〕至言鬼神禍福吉凶等事，此亦只是以理言。蓋人與鬼神天地同此一理，而理則無有不善。人能順理則吉，逆理則凶，其於禍福亦然。此豈謂天地鬼神一一下降於人哉？且如書稱『天道福善禍淫』，易言『鬼神害盈而福謙』，亦只是這個意思。蓋盈者，逆理者也，自當得害；謙者，順理者也，自應獲福。自是道理合如此，安有所謂鬼神降之哉？某常讀禮記祭義〔一四九〕：『宰我曰：「吾聞鬼神之名，不知其所謂。」孔子曰：「神也者，氣之盛也；鬼也者，魄之盛也。〔一五〇〕」』又曰：『衆生必死，死必歸土，是之謂魄〔一五一〕。骨肉斃於下，陰爲野土。其氣揚於上，爲昭明、焄蒿、悽愴，百物之精，神之著也。』魄既歸土，此則不問。其曰氣，曰精，曰昭明，又似有物矣。既只是理，則安得有所謂氣與昭明〔一五二〕？又似有物矣。〔一五三〕及觀禮運祭祀〔一五四〕則曰：『以嘉魂魄，是謂合莫。』注謂：『莫，無也。』又曰：『上通無莫。』此說又似與祭義不合。何也？〔一五五〕」答〔一五六〕曰：「如子所論，是無鬼神也。鬼神固是以理言，然亦不可謂無氣。所以先王祭祀，或以燔燎，或以鬱鬯。以其有氣，故以類求之爾。至如禍福吉凶之事，則子言是也。」謨。

周因〔一五七〕問：「何故天曰神，地曰祇，人曰鬼？」先生曰：「此又別。氣之清明者爲神，如日月星辰之類是也，此變化不可測。『祇』本『示』字，以有迹之可示，山河草木是也，比天象又差著。至人，則死爲鬼矣。」又問：「既曰往爲鬼，何故謂『祖考來格』？」先生曰：「此以感而言。所謂來格，亦略有些神底意思。以我之精神感彼之精神，蓋謂此也。祭祀之禮全是如此。且『天子祭天地，諸侯祭山川，大夫祭五祀』，皆是自家精神抵當得他過，方能感召得他來。如諸侯祭天地、大夫祭山川，便没意思了。」雉。

陳厚[一五八]之問：「鬼神中有謂[一五九]祖宗是天地間一個統氣，因子孫祭淳[一六〇]而聚散？」先生曰：「他這説[一六一]便是上蔡所謂道[一六二]『要有時便有，若要無時便無』，是皆由乎人矣。鬼神是個有個物事。[一六三]祖宗亦只是同此一氣，但有個總腦處。子孫這身在[一六四]，祖宗之氣便在此。他是有個血脈陳本無此二字。[一六五]貫通，所以『神不歆非類，民不祀非族』，只爲這氣不相關。如『天子祭天地，諸侯祭山川，大夫祭五祀』，雖不是我祖宗，然天子者天下之主，諸侯者山川之主，大夫者五祀之主。我主得他[一六六]，便是他氣又總繞[一六七]在我身上，如此自「我主」止，陳本皆無。[一六八]便有個相關處。」義剛。按陳淳録同而略。[一六九]

問：「人之死也，不知魂魄便散否？」曰：「固是散。」又問：「子孫之祀祭，却有感格者，如何？」曰：「畢竟子孫是祖先之氣。他氣雖散，他根却在這裏；盡其誠敬，則亦能呼召得他氣聚在此。如小波[一七〇]樣，後水非前水，後波非前波，然却通只是一小波。子孫之氣與祖考之氣亦是如此。他那個當下自散了，然他根却在這裏。根既在此，又却能引聚得他那氣在此。此事難説，只要人自看得。」僩。問：「下底[一七一]詩『三后在天』，先生解云『在天，言其既没而其精神上合於天』，此是如何？」曰：「便是又有此理。」用之云：「恐只是此理上合於天耳。」曰：「既有此理，便有此氣。」或曰：「想是聖人稟得清明純粹之氣，故其死也，其氣上合於天。」曰：「也是如此。這事又微妙難說，要人自看得。世間道理有正當易見者，又有變化無常不可窺測者，如此方看得這個道理活。又如云：『文王陟降，在帝左右。』如今若說文王真個在上帝之左右，真個有個上帝如世間所塑之像，固不可。然聖人如此說，便是有此理。如周公金縢中『乃立壇墠』一節，分明是對鬼。『若爾三王有丕子之責於天，以旦代某之身。』此一段，先儒都解錯了，只有晁以道說得好。他解『丕子之責』如史傳中『責其侍子』之『責』。蓋云上帝責三王之侍子。侍子，指武王也。上帝責其來服事左右，故周公乞代其死，云『以旦代某之身。予仁若考，能多才多藝，能事鬼神。乃玄孫不若旦多材多藝，不能事鬼神，用能定爾子孫于下地，四方之民罔不祗畏。[一七二]』言三王若有侍子之責於天，則不如以我代之。我多才多藝，能事上帝。武王不若我多才多藝，不能事鬼神，不如且留他在世上，定你之子孫與四方之民。文意如此。伊川却疑周公不應自說多才多藝，不是如此，他止是要代武王之死爾。」用之問：「先生答廖子晦書云：『氣之已散者，既化而無有矣，而根於理而日生者，則固浩然而無窮也。故上蔡謂「我之精神，即祖考之精神」，蓋謂此也。』」問：「根於理而日生者浩然而無窮，此是說天地氣化之氣否？」曰：「此氣只一般。周禮所謂『天神、地示、人鬼』，雖有三樣，其實只一般。若說有子孫底引得他氣來，則不成無子孫底他氣便絶無了！他血氣雖不流傳，他那個亦自浩然日生無窮。如禮書，諸侯因國之祭，祭其國之無主後者。如齊太公封於齊，便用祭甚爽鳩氏、季萴、逢伯陵、蒲姑氏之屬。蓋他先主此國來，禮合祭他。然聖人制禮，惟繼其國者則合祭之，非在其國者，便不當祭。便是理合如此，道理合如此，便有此氣。如晉侯〔一七三〕夢康叔云『相奪予饗』，蓋晉〔一七四〕後都帝丘，夏后相亦都帝丘，則都其國，自合當祭。不祭者，宜其如此。又如晉侯夢黄熊入寢門，以爲鯀之神，亦是此類。不成説有子孫底方有感格之理！便使其無子孫，其氣亦未嘗亡也。如今祭勾芒，他更是遠。然既合當祭他，便有些〔一七五〕氣。要之，通天地人只是這一氣，所以説：『洋洋然如在其上，如在其左右！』虚空偪塞無非此理，自要人看得活，難以言曉也。所以明道答人鬼神之問云：『要與賢説無，何故聖人却説有？要與賢説有，賢又來問某討説。』只説到這裏，要人自看得。孔子曰：『未能事人，焉能事鬼！』而今且去理會緊要道理，少間看得道理通時自然曉得。上蔡所説已是煞分曉。」僩。

問：「祭天地山川而用牲幣酒醴者，只是表吾心之誠耶？抑真有氣來格也？」曰：「若道無，抑〔一七六〕來享時自家祭甚底？肅然在上，令人奉承敬畏是甚物？若道真有雲車擁定〔一七七〕而來，又妄誕。」淳。按〔一七八〕此以下並説祭祀神示。

淳問：「鬼神以祭祀而言。天地山川之屬〔一七九〕，分明是一氣流通而兼以理言之。人之先祖則大概以理爲主，而亦兼以氣魄言之。若上古聖賢，則只是專以理言之否？」曰：「有是理必有是氣，不可分説，都是理，都是氣，那個不是理？那個不是氣？」淳問：「上古聖賢所謂氣者，只是天地間公共之氣。若祖考精神否〔一八〇〕？」曰：「祖考亦只是此公共之氣。此身在天地間，便是理與氣凝聚底。天子統攝天地，負荷天地間事，與天地相關，此心便與天地相通。不可道他是虛氣，與我不相干。如諸侯不當祭天地，與天地不相關，便不能以相通。聖賢道在萬世，功在萬世。今行聖賢之道，傳聖賢之心，便是負荷這物事，此氣便與他相通。如釋奠列許多籩豆，設許多禮儀，不是〔一八一〕無此姑謾爲之耳！人家子孫負荷祖宗許多基業，此心便與祖考之心相通。祭義所謂『春禘秋嘗』者，亦以春陽來則神亦來，秋陽退則神亦退，故於是時而設祭耳。初間聖人亦只是略爲禮以達吾之誠意，後來遂加詳密。」淳。〔一八二〕

又問：「『昭明、焄蒿、悽愴』之義如何？」曰：「此言鬼神之氣所以感觸人者。昭明乃光景之屬；焄蒿，氣之感觸人者，悽愴如漢書所謂『神君至，其風颯然』之意。」廣問：「或問〔一八三〕中取鄭氏説云：『口鼻之嘘吸者爲魂，耳目之精明者爲魄。』先生謂：『此蓋指血氣之類言之。口鼻之嘘吸是以氣言之，耳目之精明是以血言之。』目之精明以血言，可也。耳之精明何故亦以血言？」曰：「醫家以耳屬腎，精血盛則聽聰，精血耗則耳聵矣。氣爲魂，血爲魄，故『骨肉歸於地，陰爲野土』，『若夫魂氣則無不之也』。」廣云：「是以易中説『遊魂爲變』。」曰：「易中又却只說一邊。『精氣爲物』，精氣聚則成物也，精氣散則氣爲魂，精爲魄。魂升爲神，魄降爲鬼。易只說那升者。」廣云：「如徂落之義，則是兼言之。」曰：「然。」廣云：「今愚民於村落杜撰立一神祠，合聚〔一八四〕以祈禱之，其神便靈，誠有此理？〔一八五〕」曰：「可知衆心之所輻湊處便自旺〔一八六〕，故便有一個虛〔一八七〕底道理。所以祭神多用血肉者，蓋要得藉他之生氣耳。聞蜀中灌口廟一年嘗殺數萬頭羊，州府亦賴此一項稅羊錢用。又如古人釁鍾、釁龜之意，皆是如此。」廣云：「人心聚處便有神，故古人『郊則天神格，廟則人鬼享』，亦是此理。」曰：「固是。但古人之意正，故其神亦正；後世人心先不正了，故所感無由得正。」因言：「古人祭山川，只是設壇位以祭之。祭時便有，祭了便無，故不褻瀆。後世却先立個廟貌如此，所以反致惑亂人心，倖求非望，無所不至。」因泛言〔一八八〕今日淫祠之非禮，與釋氏之所以能服鬼神之類。曰：「人心苟正，表裏洞達，無纖毫私意，可以對越上帝，則鬼神焉得不服？故曰：『思慮未起，鬼神莫知。』又曰：『一心定而鬼神服。』」廣。

說鬼神，舉明道先生有無之說，因斷之曰：「有。若是無時古人不如是求。『七日戒，三日齋』，或『求諸陽』，或『求諸陰』，須是見得有。如天子祭天地，定是有個天，有個地；諸侯祭境内名山、大川，定是有個名山、大川；大夫祭五祀，定是有個門、行、户、竈、中霤。今廟宇有靈底，亦是山川之氣會聚處。久之，被人掘鑿損壞，於是不復有靈，亦是這些氣子過了。」

賀孫。

問：「鬼者，陰之靈；神者，陽之靈。司命、中霤、竈與門、行，人之所用者。有動有靜，有作有止，故亦有陰陽鬼神之理，古人所以祀之。然否？」先生曰：「有此物便有此鬼神，蓋莫非陰陽之所爲也。五祀之神若細分之，則户、竈屬陽，門、行屬陰，中霤兼統陰陽。就一事之中又自有陰陽也。」處謙。〔一八九〕

或言鬼神之異。先生曰：「世間亦有此等事，無足怪。」葉味道舉似〔一九〇〕前日「魂氣歸天，體魄降地；人之出入氣即魂也，魄即精之鬼，故氣曰陽，魄曰陰，人之死則氣散於空中」之説，問曰：「人死氣散是無蹤影，亦無鬼神。今人祭祀，從何而求之？」先生曰：「如子祭祖先，以氣類而求。以我之氣感召，便是父祖〔一九一〕之氣，故想〔一九二〕之如在，此感通之理也。」味道又問：「子之於祖先，故是如此，若是祭其他鬼神，則如之何？有來享之意否？」先生曰：「子之於祖先固有顯然不易之理，若祭其他，亦祭其所當祭。『祭如在，祭神如神在。』如天子則祭天，是其當祭，亦其〔一九三〕氣類，烏得而不來歆乎！諸侯祭社稷，故今祭社亦是從氣類而祭，烏得而不來歆乎！今祭孔子必於學，其氣類亦可想。」長孺因説，祭孔子不當以塑像，只當用木主。先生曰：「向日南康〔一九四〕白鹿洞欲塑孔子像於殿祭之〔一九五〕。某謂不必，但置一空殿，臨時設席祭之。不然，只塑孔子坐於地下，則可用籩、豆、簠、簋。今塑像高高在上，而設器皿於地，甚無義理。」僴。

又曰：「個人〔一九六〕求諸陽，故尚聲；周人求諸陰，故尚臭。灌用鬱鬯。然周人亦求諸陽，如大司樂言『圜鍾爲宮，則天神可得而禮』。可見古人察得義理精微，用得樂，便是〔一九七〕他相感格。〔一九八〕此廼降神之樂。如舞雲門乃是獻神之樂。荀子謂『伯牙鼓琴而六馬仰秣，瓠巴鼓瑟而流魚出聽』。粗者亦有此理。又如虞美人草，聞人歌虞美人詞與吴詞則自動。〔一九九〕草木〔二〇〇〕亦如此。」又曰：「今有人〔二〇一〕新立底神廟，緣衆人心邪向他，他便盛。如狄仁傑廢了許多廟，亦不能爲害，只緣他見得無這物事了。上蔡云：『可者欲人致生之，故其鬼神；不可者欲人致死之，故其鬼不神。』」先生每見人說世俗神廟可怪事，必問其處形勢如何。〔二〇二〕

或問：「世有廟食之神，綿歷數百年，又何理也？」先生曰：「浸久亦能散。昔守南康，緣久旱，不免遍禱於神。忽到一廟，但有三間弊屋，狼藉之甚。彼人言，三五十年前其靈如響，因有人來，而帷中有神與之言者。昔之靈如彼，今之靈如此，亦自可見。」處謙。〔二〇三〕

「焄蒿是鬼神精氣交感處，注家一處說升騰。悽愴則漢武郊祀所謂『其風肅然』。」或問：「今人聚數百人去祭廟，必有些影響，是如何？」曰：「衆心輻湊處，這些便熱。」又問：「『郊焉而天神假，廟焉而人鬼享』，如何？」曰：「古時祭祀都是正，無許多邪誕。古人只臨時爲壇以祭，此心發處，則彼以氣感，纔了便散。今人不合做許多神像只兀兀在這裏坐，又有許多夫妻子母之屬。如今神道必有一名，或謂之『張太保』，或謂之『李太保』，[二〇四]甚可笑！」自修。[二〇五]

風俗尚鬼，如新安等處，朝夕如在鬼窟。某一番歸鄉里，其地[二〇六]有所謂五通廟，最靈怪。衆人捧擁，謂禍福立見。居民纔出門，便帶紙片入廟，祈祝而後行。士人之過者必以名紙稱「門生某人謁廟」。某初還，被宗人煎迫令去，不往。是夜會族人，往官司打酒，有灰，乍飲，遂動臟腑終夜。次日，又偶有一蛇在堦旁。衆人鬨然，以爲不謁廟之故。某告以「臟腑是食物不着[二〇七]，關他甚事！莫枉了五通」。中有某人是向學之人，亦來勸往，云：「亦是從衆。」某告以「從衆何爲？不意公亦有此語！某幸歸此，去祖墓甚近。若能爲禍福，請即葬某於祖墓之旁，甚便」。又云：「人做州郡須去淫祠，若繫勅額者，則未可輕去。」賀孫。

論鬼神之事，謂：「蜀中灌口二郎廟，當初是李冰因開離堆有功，立廟。今來現許多靈怪，乃是他第二兒子出來。初間封爲王，後來真宗[二〇八]好道，謂他是甚麼真君，遂改封爲真君。向張魏公用兵禱於其廟，云夜夢神語云：『我向來封爲王，有血食之奉，故威福用得行。今號爲「真君」，雖尊，凡祭我以素食，無血食之養，故無威福之靈。今須復我封爲王，當有威靈。』魏公遂乞復其封。不知魏公是有此夢，還復一時用兵托爲此説。今逐年人户賽祭，數[二〇九]萬來頭羊，廟前積骨如山，州府亦得此一項稅錢。利路則［二一〇］有梓潼神，極靈。今二個神似乎割據了兩川。大抵鬼神用生物祭者，皆是假此生氣爲靈。古人釁鍾、釁龜，皆此意。」漢卿云：「季通說：『有人射虎，見虎後數人隨着。乃是爲虎傷死之人，生氣未散，故結成此形。』」先生曰：「仰山廟極壯大，亦是占得山川之秀。仰山［二一一］寺在廟後，却幽靜。廟基在山邊。此山亦小，但是來遠。到此溪邊上，外面群山皆來朝。寺基亦好。大抵僧家寺基多是好處。往往佛法入中國，他們自會尋討。今深山窮谷好處只得做僧寺，若人家居必不可。」因言「僧家虛誕。向過雪峰，見一老［二一二］云：『法堂上一木毬，纔施主來做功德便會熱。』某向他道：『和尚得恁不脫灑，只要戀着這木毬要熱做甚！』」因言［二一三］：「路當可向年十歲，道人授以符印，父兄知之，取而焚之。後來又自有。」漢卿云：「後來也疏脫。」先生曰：「人只了得每日與鬼做頭底，是何如此？無心得則鬼神服。若是此心洞然，無些子私累，鬼神如何不服！」賀孫。按陳淳錄同而略。［二一四］

論及請紫姑神吟詩之事。先生曰：「亦有請得正身出見，而其家小女子見者，不知此是何物。且如衢州有一個人事一個神，只陳本自「不知」以下無，但云「亦有人」。［二一五］錄所問事目於紙，而封之祠前。少間開封，而紙中自有答語者。這個陳本無此二字。［二一六］不知是如何。」義剛。按此條與陳淳錄同而略。［二一七］

問：「道理有正則有邪，有是則有非。鬼神之事亦然。世間有不正之鬼神，謂其無此理則不可。」先生曰：「老子謂『以道莅天下者，其鬼不神』。若是王道修明，則此等不正之氣都消鑠了。」人傑。〔二一八〕

晦庵先生朱文公語類卷第四

性理一

人物之性氣禀之性

黄敬之有書，先生示人傑。人傑云：「其説名義處，或中或否。蓋彼未有實功，説得不濟事。」先生曰：「也須要理會。若實下工夫，亦須先理會名義都要着落。彼謂『易者心之妙用，太極者性之本體』，其説有病。如伊川所謂『其體則謂之易，其理則謂之道，其用則謂之神』，方説得的當。然伊川所謂『體』字，與『實』字相似，乃是該體、用而言。如陰陽動静之類，畢竟是陰爲體，陽爲用，静而動，動而静，是所以爲易之體也。」人傑云：「向見先生云，體是形體，却是着形氣説，不如説該體、用者爲備耳。」先生曰：「若作形氣説，然却只説得一邊。惟説作該體、用乃爲全備，却統得下面『其理則謂之道，其用則謂之神』兩句。」人傑。

這幾個字，自古聖賢上下數千年，呼喚得都一般。必竟是聖學傳授不斷，故能如此。至春秋時，此個道理其傳猶未泯。如劉定公論人受天地之中以生，鄭子産論伯有爲厲事，其窮理煞精。廣。

只這數個字，自古聖賢呼喚得一般，是道學傳授之本。〔一〕

天之生物也，一物與一無妄。大雅。

天下無無性之物。蓋有此物則有此性，無此物則無此性。若海。

或問：「人物之性一源，何以有異？」曰：「人之性論明暗，物之性只是偏塞。暗者可使之明，已偏塞者不可使之通也。横渠言，凡物莫不有是性，由通蔽開塞，所以有人物之別。而卒謂塞者牢不可開，厚者可以開而開之也難，薄者開之也易是也。」又問：「人之習爲不善，其溺已深者，終不可復反矣。」曰：「勢極重者不可反，亦在乎識之淺深與其用力之多寡耳。」大雅。

人物之生，天賦之以此理，未嘗不同，但人物之稟受自有異耳。如一江水，你將杓去取，只得一杓；將椀去取，只得一椀；至於一桶、一缸，各自隨器量不同，故理亦隨以異。僩。

物物運動蠢然，若與人無異，而人之仁義禮智之粹然者，物則無也。〔二〕節。

問：「性具仁義禮智？」曰：「此猶是説『成之者性』。上面更有『一陰一陽』，『繼之者善』。只一陰一陽之道，未知做人做物，已具是四者。雖尋常昆虫之類皆有之，只偏而不全，濁氣間隔。」德明。

問：「五行均得太極否？」曰：「均。」問：「人具五行，物只得一行？」曰：「物亦具有五行，只是得五行之偏者耳。」可學。

先生答黃商伯書有云：「論萬物之一原，則理同而氣異；觀萬物之異體，則氣得[三]相近，而理絶不同。」問：「『理同而氣異』，此一句是説方付與萬物之初，以其天命流行，只是一般，故理同；以其二五之氣有清濁純駁，故氣異。下句是就萬物已得之後説，以其雖有清濁之不同，而同此二五之氣，故氣相近；以其昏明開塞之甚遠，故理絶不同。中庸是論其方付之初，集注是看其已得之後。」曰：「氣相近，如知寒煖，識飢飽，好生惡死，趍[四]利避害，人與物都一般。理不同，如蜂蟻之君臣，只是他義上有一點子明；虎狼之父子，只是他仁上有一點子明；其他更推不去。恰似鏡子，其他處郁時[五]了，中間只有一兩點子光。大凡物事稟得一邊重，便占了其他底。如慈愛底人少斷制，斷制之人多殘忍。蓋仁多便遮了義，義多便遮了那仁。」問：「所以婦人臨事多怕，亦是氣偏了？」曰：「婦人之仁，只流從愛上去。」僩。

問：「人物皆稟天地之理以爲性，皆受天地之氣以爲形。若人品之不同，固是氣有昏明厚薄之異。若在物言之，不知是所稟之理便有不全耶，亦是緣氣稟之昏蔽故如此耶？」曰：「惟其所受之氣只有許多，故其理亦只有許多。如犬馬，他這形氣如此，故只會得如此事。」又問：「物物具一太極，則是理無不全也。」曰：「謂之全亦可，謂之偏亦可。以理言之則無不全，以氣言之[六]則不能無偏。故呂與叔謂物之性有近人之性者，如貓相乳之類。温公集中載他家一貓，又更差異也。人之性有近物之性者。如世上昏愚之人也。」廣。

性如日光，人物所受之不同，如隙竅之受光有大小也。人物被形質局定了，[七]也是難得開廣。如螻蟻如此小，他便只知得君臣之分而已。僩。

問：「氣質有昏濁不同，則天命之性有偏全否？」曰：「非有偏全。謂如日月之光，若在露地則盡見之，若在蔀屋之下有所蔽塞[八]，有見有不見。昏濁者是氣昏濁了，故自蔽塞，如在蔀屋之下。然在人則蔽塞有可通之理；至於禽獸亦是此性，只被他形體所拘，生得蔽隔之甚，無可通處。至於虎狼之仁、豺獺之祭、蜂蟻之義，却只通這些子，譬如一隙之光。至於獼猴，形狀類人，便最靈於他物，只不會說話而已。到得夷狄，便在人與禽獸之間，所以終難改。」㽦。

敬之問「人之所以異於禽獸者幾希」。答曰：「人與萬物都一般者，理也；所以不同者，心也。人心虛靈，包得許多道理過，無有不通，雖間有氣禀昏底，亦可克治使得[九]明。萬物之心，便包許多道理不過，雖其間有禀得氣稍正者，亦止有一兩路明。如禽獸中有父子相愛，雌雄有別之類，只有一兩路明，其他道理便都不通，便推不去。人之心便虛明，便推得去。就大本論之，其理則一，纔禀於氣便有不同。」賀孫問：「『幾希』二字，不是說善惡之間，乃是指這些好底說，故下云『庶民去之，君子存之』。」曰：「人之所以異於禽獸者，只這些子[一〇]。」賀孫。[一一]

虎之遇藥箭而死也直去不回。虎是剛勁之物，便死得也公正。僩。

有飛蟻争集於燭而死。指而示諸生曰：「此飛而亢者，便是屬陰，便是『成之者性』。莊子謂：『一受其形[一二]，不亡以待盡。』」道夫。

問：「人與物以氣稟之偏全而不同，不知草木如何？」曰：「章木之氣文別，[一三]他都無知了。」廣。

一草一木，皆天地和平之氣。人傑。

「天下之物，至微至細者，亦皆有心，只是有無知覺處爾。且如一草一木，向陽處便生，向陰處便惟悴[一四]，他有個好惡在裏。至大而天地，生出許多萬物，運轉流通，不停一息，四時晝夜，恰似有個物事積踏恁地去。天地自有個無心之心。復卦一陽生於下，這便是生物之心。又如所謂『惟皇上帝降衷於下民』，『天道福善禍淫』，這便自分明有個人在裏主宰相似。心是他本領，情是他個意思。」又問：「如何見天地之情？」曰：「人正大，便也見得天地之情正大。天地只是正大，未嘗有些子邪處，未嘗有些子小處。」又曰：「且如今言藥性熱，藥何嘗有性，只是他所主恁地。」道夫。

徐子融名昭然，鉛山人，[一五]以書問先生云[一六]：「枯槁之中，有性有氣，故附子熱，大黃寒，子融謂[一七]此性是氣質之性？」陳才卿亦鉛山人[一八]，謂即是本然之性。曰：「子融認知覺爲性，故以此爲氣質之性。性即是理。有性即有氣，是他稟得許多氣，故亦只有許多理。」才卿謂有性無仁。曰：「此說亦是，是他元不曾稟得此道理，惟人則得其全。如動物，則又近人之性矣。故呂氏云：『物有近人之性，人有近物之性。』蓋人亦有昏愚之甚者。然動物雖有知覺，纔死，則其形骸便腐壞；植物雖無知覺，然其質却堅久難壞。」廣。

問：「枯槁之物亦有性是如何？」曰：「性〔一九〕是他合下有此理，故云天下無性外之物。」因行街，云：「階磚便有磚之理。」因坐，云：「竹倚便有竹倚之理。枯槁之物謂之無生意則可，謂之無生理則不可。如朽木無所用，止可付之爨竈，是無生意矣。然燒甚麽木，則是甚麽氣，亦各不同。這是理元如此。」賀孫。

問：「物有夏秋間生者。」曰：「生得較遲，他又自有個小四時。」方子。

問：「動物有知，植物無知，何也？」曰：「動物有血氣，故能知。植物雖不可言知，然一般生意亦可默見。若戕賊之，便枯悴不復悦懌〔二〇〕，亦似有知者。嘗觀一般花樹，朝日照曜之時，欣欣向榮，有這生意，皮包不住，自迸出來；若枯枝老葉，便覺憔悴，蓋氣行已過也。」問：「此處見得仁意否？」曰：「只看戕賊之便彫悴〔二一〕，亦是義底意思。」因舉邵〔二二〕康節云：「『植物向下，頭向下。『本乎地者親下』，故濁；動物向上，人頭向上。『本乎天者親上』，故清。獼猴之類能如人立，故特靈怪，如鳥獸頭多横生，故有知、無知相半。」德明。〔二四〕

紀叟[二五]言：「枇杷具四時之氣：秋結菩蕾，冬花，春實，夏熟。纔熟後，又結菩蕾。」先生顧謂余[二六]曰：「如此看去。」「去」字疑是「生」字，恐只是「去」字。「去」字絶句，[二七]意謂生理循環也。德明。

冬間花難謝。如水仙，至脆弱，亦耐久。如梅花、蠟梅皆然。至春花則易謝。若夏間花則尤甚矣。如葵、榴、荷花，只開得一日。必竟冬時其氣貞[二八]固，故難得謝。若春夏間不[二九]發便發盡了，故不能久。又云：「大凡花頭大者易謝，果實亦然。如梨樹，極易得衰，將死時須猛結一年實了死，此亦是氣將脱也。」廣。

節[三〇]問：「見答李方叔書，[三一]以爲枯槁有理。不知枯槁瓦礫，如何有理？」答曰：「且如大黄附子亦是枯槁，然大黄不可爲附子，附子不可爲大黄。」節。

節問：「枯槁有理否？」曰：「纔有物便有理。天不曾生個筆，人把兔毫來做筆，纔有筆便有理。」節又問：「筆上如何分仁義？」曰：「小小底，不消恁仁義。[三二]」節。

問：「理是人物同得於天者，如物之無情者亦有理否？」曰：「固是有理，如舟只可行之於水，車只可行之於陸。」祖道。

問：「命之不齊，恐不是真有爲之賦予如此。只是二氣五行經緯[三三]錯綜，來得參差[三四]，而人之受之，[三五]隨其所值，用[三六]各不齊。然其所以然，亦非人力所與，故亦謂之天所命，不審是否？[三七]」曰：「只是從大原中流出來，模樣若[三八]恁地，不是真有爲之賦予者。那裏得個閑人在上面分付這個。〔三九〕詩書所説，便似有個人在上恁地，如『帝乃震怒』之類。然這個亦只是理如此。天下莫尊於理，故以帝名之。『惟皇上帝降衷於下民』，降，便有主宰意。」淳。〔四〇〕

問：「『大哉乾元！萬物資始。乾道變化，各正性命。』萬物盈乎兩間，生生不窮，日往則月來，寒往則暑來，風雷之所以鼓動，山川之所以流峙，皆是蒼蒼在上者實有以主其造化之權如此邪？〔四一〕抑只是太極爲萬化樞紐，萬物自然如此？」曰：「此與前只一意。」淳。〔四二〕

陳淳〔四三〕問：「『命』字有專以理言者，有專以氣言者。」曰：「也都相離不得。蓋天非氣，無以命於人；人非氣，無以受天所命。」道夫。

語厚之：「昨晚説『造化爲性』，不是。造化已是形而下，所以造化則理〔四四〕是形而上。」蜚卿問：「『純亦不已』，是理是氣？」曰：「是理。『天命之謂性』亦是理。天命，如君之命令；性，如受職於君；氣，如有能守職者，有不能守職者。」其〔四五〕問：「『天命之謂性』，只是主理言。纔説命，則氣亦在其間矣。非氣，則何以爲人物？理何所受？」曰：「極是，極是。子思且就總會處言，此處最好看。」可學。

因看甞等説性，曰：「論性，要須先識得個『性』是個甚麽樣物事。〔四六〕程氏〔四七〕『性即理也』，此説最好。今且以『理』言之，畢竟却無形影，只道是〔四八〕一個道理。在人却有之，便做得詳多事出來。[四九] 譬如論藥性，性寒、性熱之類，藥上亦無討處[五〇]。只是服了後，却做得冷做得熱。性便只是仁義禮智。[五一] 孟氏[五二] 説『仁義禮智根於心』，如曰『惻隱之心』，便是心上説情。」又曰：「邵堯夫説：『性者，道之形體；心者，性之郛郭。』此説甚好。蓋道無形體，只性便是道之形體。然若無個心，却將性在甚處。須是有個心，便收拾得這性，發用出來。蓋仁義禮智，便是實理。[五三] 吾儒以性爲實，釋氏以性爲空。若是指性來做心説則不可。今人往往以心來説性，須是先識得方可説。[五四] 如有天命之性便有氣質，[五五] 謂如『人心惟危，道心惟微』，都是心，不成道心只是心，[五六] 人心不是心得[五七]。」又曰：「喜怒哀樂未發之時，只是渾然，所謂氣質之性亦皆在其中。至於喜怒哀樂，却只是情。」又曰：「只管説出語言理會得。只見事多，却不如都不理會得底。」又曰：「然亦不可含糊[五八]，亦要理會得個名義著落。」㽦。[五九]

「『天命之謂性』，便是誥劄之類；[六〇] 性，便是合當做底職事。如主簿銷注，縣尉巡捕；心，便是官人；氣質，便是官人習尚[六一]，或寬或猛；情，便是當廳處斷事，如縣尉捉得賊，便是情發用處。[六二] 性只是仁義禮智，所謂天命之與氣質亦相衮同。纔有天命，便有氣質，不能相離，若闕一便生物不得。既有天命，須是有此氣，方能承當得此理。[六三] 若無此氣，則此理如何頓放！[六四] 但氣亦有偏處，有昏明厚薄之不同。[六五] 然仁義禮智亦無闕一之理，但如只惻隱多[六六] 便流爲姑息柔懦，若只羞惡多便有羞惡其所不當羞惡者。且如言光：必有鏡，然後有光；必有水，然後有光。光便是性，鏡、水便是氣質。若無鏡與水，則光亦散矣。謂如五色，若頓在黑處便黑了，入在紅裏便都紅了。〔六七〕却看你禀得氣如何，然此理却只是善。既是此理，如何得惡！所謂惡者，却是氣也。孟子之論盡是説性，只説不善是陷溺，却是説人事。後來事却似『論性不論氣』，有些不備。〔六八〕却得程氏説得〔六九〕氣質來接一接，便接得有首尾，一齊圓備了。」又曰：「纔在氣質之下。如退之説三品等，皆是論氣質之性，説得儘好。只是不合不説破個氣質之性，却只將做〔七〇〕性説時，便不可。如三品之説，便合〔七一〕將來，何止三品？雖千百可也。若荀、揚，則是『論氣而不論性』，故不明。既不論性，便却將此理來昏了。」又曰：「舜論『寬而栗』等及皐陶論九德，〔七二〕皆是論反氣質之意。〔七三〕」伯豐曰：「康衡説治性，亦是氣質。〔七四〕」僩謂：「『寬而栗』等，下一字〔七五〕便是工夫。」先生然之〔七六〕。或問：「若是氣質不善，可以變否？」曰：「須是變化而反之。如『人十己千』〔七七〕，則『雖愚必明，雖柔必强』。」僩。

人之所以生，理與氣合而已。天理固浩浩不窮，然非是氣則雖有是理而無所湊泊，故必二氣交感，凝結生聚，然後是理有所附著。凡人之能言語動作、思慮營爲，皆氣也，而理存焉。故發而爲孝弟忠信仁義禮智，皆理也。然而二氣五行，交感萬變，故人物之生，有精粗之不同。自一氣而言之，則人物皆受是氣而生；自精粗而言，則人得其氣之正且通者，物得其氣之偏且塞者。惟人得其正，故是理通而無所塞；物得其偏，故是理塞而無所知。且如人，頭圓象天，足方象地，平正端直，以其受天地之正氣，所以識道理，有知識。物受天地之偏氣，所以禽獸橫生，草木頭生向下，尾反在上。物之間有知者，不過只通得一路，如烏之知孝、獺之知祭、犬但能守禦、牛但能耕而已。人則無不知，無不能。人所以與物異者，所争者此耳。然就人之所禀而言，又有昏明清濁之異。故上知生知之資，是氣清明純粹，而無一毫昏濁，所以生知安行，不待學而能，如堯舜是也。其次則亞於生知，必學而後知，必行而後至。又其次者，資禀既偏，又有所蔽，須是痛加工夫，「人一己百，人十己千」，然後方能及亞於生知者。及進而不已，則成功一也。孟子曰：「人之所以異於禽獸者幾希。」人物之所以異，只是争些子〔七八〕。若更不能存得，則與禽獸無以異矣。某年十五六時，讀中庸「人一己百，人十己千」一章，因見吕與叔解得此段痛快，讀之未嘗不竦然警厲奮發。人若有向學之志，須是如此做工夫方得。僩。

天命之性，若無氣質，却無安頓處。且如一勺之水，非有物盛之，則水無歸着。程子云：「論性不論氣，不備；論氣不論性，不明。二之則不是。」所以發明千古聖賢未盡之意，甚爲有功。大抵此理有未分曉處，秦漢以來傳記所載，只是説夢。韓退之略近似。千有餘年，得程先生兄弟出來，此理益明。且如唐時劉知幾之子云：「注述六經之旨，世俗陶陶，知我者希。」不知其書如何説，想亦是擔當不得。如果能曉得此理，如何不與大家知。賀孫。

問氣質之性。曰：「纔説性時便有〔七九〕氣質在裏，若無氣質則這性亦無安頓處。所以繼之者只説得善，到成之者便是性。」榦。

性只是理，氣質之性亦只是這裏出。若不從這裏出，有甚歸着。如云「人心惟〔八〇〕危，道心惟微」，道心固是心，人心亦心也。横渠言：「心統性情。」其説甚當，先儒所未到。〔八一〕人傑。

性非氣質則無所寄，氣非天性則無所成。道夫。

人所稟之氣，雖皆是天地之正氣，但衮來衮去便有昏明厚薄之異。蓋氣是有形之物，才是有形之物便自有美有惡也。廣。

二氣五行始何嘗不正，只衮來衮去便有不正。如陽爲剛躁、陰爲重濁之類。〔八二〕士毅。

問：「理無不善則氣胡爲有清濁之殊？」曰：「才説著氣，便自有寒有熱，有香有臭。」儒用。

氣升降無時止息，理只附氣。惟氣有昏濁，理亦隨而間隔。德明。

問：〔八三〕「氣出於天否？」曰：「氣出於天，理亦出於天。性是這個理，氣則已屬於形象。性之善只一般，〔八四〕氣便有不齊處。」因指天曰〔八五〕：「且如清明舒豁時〔八六〕便是好底氣，稟得這般氣豈不好？到陰沉黯淡時便是不好底氣，稟得這般氣如何會好？必竟好底氣常少，不好底氣常多。〔八七〕且以一歲觀之，能得幾時好？不冬煖便夏寒，不愆陽便伏陰，要得氤氳、不寒不煖，恰好底天氣，能幾時有？所以爲聖爲賢者常少，昏昧愚很者常多。〔八八〕人之貴賤貧富壽夭之不齊，都是被此氣衮亂了，便都没理會。[八九]有清而薄者，有濁而厚者。顔夭而跖壽，亦是被氣衮亂没理會[九〇]了。堯舜是[九一]禀得清明純粹底氣，又禀得極厚，所以爲聖人，又居天子位，又做許多事業出來，又享上壽。孔子聖人，固亦是禀得清明純粹，然當氣之衰，禀得來薄，[九二]所以終身棲棲爲旅人，又僅得中壽而止[九三]。到顔子又無與了。[九四]淳。[九五]

問：「天地之性既善，則氣禀之性如何不善？」曰：「理固無不善，纔賦於氣質，便有清濁、偏正、剛柔、緩急之不同。蓋氣强而理弱，理管攝他不得。如父子本是一氣，子乃父所生；父賢而子不肖，父也管他不得。又如君臣同心一體，臣乃君所命；上欲行而下沮格，上之人亦不能一一去督責得他。」柄。[九六]

或問：「人禀天地五行之氣，然父母所生，與是氣相值而然否？」曰：「便是這氣，便須從人身上過來。今之五行枝幹推算人命，與夫地理家推擇山林向背，皆是此理。然又有異處。如磁窑中器物，聞説千百件中或有一件紅色大段好者，此是異禀。惟人亦然。瞽鯀之生舜禹，亦猶是也。」人傑。

問：「臨漳士友録先生語，論氣之清濁處甚詳。」曰：「粗説是如此，然天地之氣有多少般。」

問：「堯舜生丹均，瞽叟生舜事，恐不全在人，亦天地之氣？」曰：「此類不可曉。人氣便是天地之氣，然就人身上透過，如魚在水，水入口出腮。但天地公共之氣，人不得擅而有之。」德明。

氣質之性，便只是這個〔九七〕天地之性，却從那裏過〔九八〕。好底性如水，氣質之性如殺些醬與鹽，便是一般滋味。僩。

問：「天理變易無窮。由一陰一陽，生生不窮。『繼之者善』，全是天理，安得不善。孟子言性之本體，以爲善者是也。二氣相軋相取，相合相乖，有平易處，有傾側處，自然有善有惡，故禀氣形者有惡有善，何足怪！語其本則無不善也。」答曰：「此却無過。」丁復之曰：「先生解中庸大本謂『萬善之所自出』，以某觀之，天理大本固善矣。人欲亦不可謂無本，但小耳。」〔九九〕答曰：〔一〇〇〕「既謂之大本，只是理善而已。纔説人欲，便是氣也，亦安得無本，但大本中元無此耳。」大雅。

性如水，流於清渠則清，流入污渠則濁。氣質之清者、正者，得之則全，人是也；氣質之濁者、偏者，得之則昧，禽獸是也。氣有清濁，則人得其清者，禽獸則得其濁者。人大體本清，故異於禽獸；亦有濁者，則去禽獸不遠矣。節。

亞夫曰：「性如日月，氣濁者如雲霧。」先生以爲然。節。

問：「人有常言，某人性如何，某物性如何，某物性熱，某物性令。〔一〇二〕此是兼氣質與所禀之理而言否？」曰：「然。」僩。

問指屋柱云：「此理也。曲直，性也；所以爲曲直，命也。曲直是説氣禀。」曰：「然。」可學。

天地間只是一個道理。性便是理。人之所以有善有不善，只緣氣質之稟各有清濁。〔一〇二〕盡心是盡見得這道理，存心養性只是操之之意。〔一〇三〕心有善惡，性無不善，若論氣質之性亦有不善。節。〔一〇四〕

性即理也。當然之理無有不善者，故孟子之言性，指性之本而言。然必有所依而立，故氣質之稟不能無淺深厚薄之別。孔子曰「性相近也」，兼氣質而言。砥。

蜚卿問氣質之性。曰：「天命之性，非氣質則無所寓。然人之氣稟有清濁偏正之殊，故天命之正亦有淺深厚薄之異，要亦不可不謂之性。舊見病翁云：『伊川言氣質之性，正猶佛書所謂「水中鹽味，色裏膠青〔一〇五〕」。』」又問：「孟子言性，與伊川如何？」曰：「不同。孟子是剔出言性之本〔一〇六〕，伊川是兼氣質而言。要之，不可離也。所以程子云：『論性不論氣，不備；論氣不論性，不明。』而某於太極解亦云：『所謂太極者，不離乎陰陽而爲言，亦不雜乎陰陽而爲言。』」道夫。〔一〇七〕

「氣稟所拘，只通得一路，極多樣：或厚於此而薄於彼，或通於彼而塞於此。有人能盡通天下利害而不識義理，或工於百工技藝而不解讀書。如虎豹只知有父子，蜂蟻只知君臣。惟人亦然，或知孝於親而薄於他人。如唐明皇友愛諸弟，長枕大被，終身不變，然而爲君則殺其臣，爲父則殺其子，爲夫則殺其妻，便是有所通，有所蔽。是他性中只通得一路，故於他處皆礙，也是氣稟，也是利害昏了。」又問：「以堯爲父而有丹朱，以鯀爲父而有禹，如何？」曰：「這個又是氣〔一〇八〕、五行交際運行之際有清濁，人適逢其會，所以如此。如算命家〔一〇九〕推五行陰陽交際之氣，當其好者則質美，逢其惡者則不肖，又非人之氣所能與也。」僩。

人性雖同，稟氣不能無偏重。有得木氣重者，則惻隱之心常多，而羞惡、辭遜、是非之心爲其所寒〔一一〇〕而不發；有得金氣重者，則羞惡之心常多，而惻隱、辭遜、是非之心爲其所塞而不發。水火亦然。唯陰陽合德，五性全備，然後中正而爲聖人也。閎祖。

問：「人有强弱，由氣有剛柔，若人有技藝之類，如何？」曰：「亦是氣，如今人看五行亦推測得些小。」曰：「如才不足人，明得理，可爲否？」曰：「若明得盡，豈不可爲，所謂『克念作聖』是也，然極難。若只明得一二，如何做得。」曰：「温公論不〔一一一〕德如何？」曰：「他便重〔一一二〕把朴者爲德。殊不知聰明、果敢、正直、中和，亦是才，亦是德。」可學。

先生曰：「人有敏於外而内不敏，又有敏於内而外不敏，如何？」曰：「莫是稟氣强弱？」曰：「不然。淮南子曰：『金水内明，日火外明。』氣偏於内故内明，氣偏於外則外明。」可學。

「敬子謂：『性所發時，無有不善，雖氣稟至惡者亦然。但方發之時，氣一乘之，則有善有不善耳。』僩以爲人心初發，有善有惡，所謂『幾善惡』也。初發之時本善而流入於惡者，此固有之。然亦有氣稟昏愚之極，而所發皆不善者，如子越椒之類是也。且以中人論之，其所發之不善者，固亦多矣。安得謂之無不善耶？」曰：「不當如此説，如此説得不是。此只當以人品賢愚清濁論。有合下發得善底，也有合下發得不善底，也有發得善而爲物欲所奪，流入於不善底。極多般樣。今有一樣人，雖無事在這裏坐，他心裏也只思量要做不好事，如蛇虺相似，只欲咬人。他有甚麼發得善。明道説水處最好，皆水也，有流而至海，終無所汚；有流而未遠，固已漸濁；有流而甚遠，方有所濁。有濁之多者，有濁之少者。只可如此説。」僩。

問：「氣稟在於人身，既後天理，氣稟還去只在身。」［一一三］曰：「天理明則彼如何著得。」可學。

氣稟之偏難除。釋氏云「如水中鹽，膠中青［一一四］」，取不出也。［一一五］閎祖。

病翁愛説「水中鹽味，色裏膠清」。敬仲。［一一六］

先生言氣質之性。曰：「性譬之水，本皆清也。以净器盛之則清，不净之器［一一七］盛之則臭，以汚泥之器盛之則濁。本然之清未嘗不在，但既臭濁猝難得便清。故『雖愚必明，雖柔必强也』，煞用氣力，然後能至。某嘗謂原性一篇本好，但言三品處欠個『氣』字，欠個來歷處，却成天合下生出三般人相似。孟子『性善』似也少個『氣』字。」砥。童伯羽録同，而此後更有云：［一一八］「大抵孟子説話，也間或有些子不睹是處。只被他才高，當時無人抵得他。告子口更不曾得開。」

「理如寶珠，氣如水。［一一九］有是理而後有是氣，有是氣則必有理［一二〇］。但稟氣之清者爲聖爲賢，如珠落在清泠水中；〔一二一〕稟氣之濁者爲愚爲暗〔一二二〕，如珠落在昏濁水中。〔一二三〕所謂『明明德』者，是就昏濁〔一二四〕中揩拭此珠也。物亦是此理。〔一二五〕又如珠〔一二六〕落在污濁處，然其所稟亦間有些明處，就上面便自有不昧〔一二七〕。如虎狼之父子，蜂蟻之君臣，豺獺之報本，雎鳩之有別，曰『仁獸』、曰『義獸』是也。」又曰：「便蟣虱餓時也嘬人，捉時也解走。」〔一二八〕儒用。

問：「季通主張氣質太過。」曰：「形質也是重。且如水之氣，如何似長江大河有許多洪流。金之氣，如何似一塊鐵恁地硬。形質也是重，被他〔一二九〕生壞了後，理終是拗不轉來。」又曰：「孟子言『人之所以異於禽獸者幾希，庶民去之，君子存之〔一三〇〕』，不知人何故與禽獸異。又言『犬之性猶牛之性，牛之性猶人之性歟』，不知人何故與牛犬異。此兩處似欠中間一轉語。須着説是形氣不同，故性亦少異，始得。恐孟子見得人性同處，自是分曉直截，却於這些子未甚察。」又曰：「陳了翁〔一三一〕云：『氣質之用狹，道學之力〔一三二〕大。』與季通説底正相反。若論其至，不可只靠一邊。如了翁之説，則何故自古只有許多聖賢？如季通之説，則人皆委之於生質，更不修爲。須是看人功夫多少如何。若功夫未到則氣質之性不得不重，若功夫至到〔一三三〕則氣質豈得不聽命於義理也。須着如此説，方盡。」閎祖。

或問：「人之氣有清明時，有昏塞時，如何？」先生曰：「人當持其志，能持其志則氣當自清矣。然孟子既説『持其志』，又説『無暴其氣』，聖賢之言不偏於一類如此，蓋恐人專於志而略於氣故也。正如説『必有事焉』，又説『勿正心』，『勿忘』，又説『勿助長』，皆此意也。」問：「伊川論持其志曰：『只這個也是私，然學者不恁地不得。』」先生云：「此亦似涉於人爲。然程子之意，恐人走作，故又救之，曰：『學者不恁地不得。』」因舉程子云：「學者爲習所奪，氣所勝，只可責志。」又問：「既得後，須放開。不然，却只是守。」曰：「如『從心所欲，不踰矩』是也。然此理既熟，自是放出，但未能得如此耳。」人傑。〔一三四〕

孟子亦言氣質之性，如「口之於味也」之類是也。節。〔一三五〕

孟子未嘗説氣質之性。程氏所論〔一三六〕性所以有功於名教者，以其發明氣質之性也。以氣質論，則凡言性不同者皆水釋〔一三七〕矣。退之言性亦好，但〔一三八〕亦不知氣質之性耳。人傑。

問：「退之原性『三品』之説是否？」曰：「退之説性，只將仁義禮智來説，便是識見高處。如論三品亦是。但以某觀，人之性豈獨三品，須有百千萬品。退之所論，却少了一『氣』字。程子曰：『論性不論氣，不備；論氣不論性，不明。』此皆前所未發。如夫子言『性相近』，若無『習相遠』一句，便説不行。如『人生而静』，静固是性，只著一『生』字，便是帶着氣質言了，但未嘗明説着『氣』字。惟周子太極圖却有氣質底意思，程子之論又自太極圖中見出來也。」晦夫。〔一三九〕

又曰〔一四〇〕：孟子言性只説得本無底〔一四一〕，論才亦然，是不盡備。〔一四二〕夫下底荀子〔一四三〕只見得不好底，揚子又見得半上半下底，韓子所言却是説得稍近。蓋荀揚説既不是，韓子看來端約〔一四四〕見有如此不同，故有三品之説。然惜其言之不盡，少得一個「氣」字耳。程子曰：「論性不論氣，不備；論氣不論性，不明。」蓋謂此也。力行。

亞夫問：「氣質之説起於何人？」曰：「此起於張程。某以爲極有功於聖門，有補於後學，讀之使人深有感於張程前此未曾有人説到此。如韓退之原性中説三品，説得也是，但不曾分明説是氣質之性耳。性那裏有三品來。孟子説性善，但説得本原處，下面却不曾説得氣質之性，所以亦費分疏。諸子説性惡與善惡混，使張程之説早出，則這許多説語〔一四五〕自不用紛争，故張程之説立則諸子之説泯矣。」因舉橫渠「形而後有氣質之性，善反之則天地之性存焉，故氣質之性，君子有弗性者焉」。又舉明道云：「『論性不論氣，不備；論氣不論性，不明。二之則不是。』且如只説個仁義禮智是性，世間却有生出來便無狀底，是如何？只是氣稟如此。若不論那氣，這道理便不周匝，所以不備。若只論氣稟，這個善，這個惡，却不論那一原處只是這個道理，又却不明。此自孔子曾子子思孟子理會得後都無人説這道理。」謙之繼〔一四六〕問：「天地之氣，當其昏明駁雜之時，則其理亦隨而昏明駁雜否？」曰：「理却只恁地，只是氣自如此。」又問：「若氣如此，理不如此，則是理與氣相離矣。」曰：「氣雖是理之所生，然既生出，則理管他不得。如這理寓於氣了，日用間運用都由這個氣，只是氣强理弱。譬如大禮赦文，一時將税都放了相似，有那村知縣硬自捉縛須要他納，緣被他近了，更自叫上面不應，便見得那氣粗而理微。又如父子，若子不肖，父亦管他不得。聖人所以立教，正是要救這些子。」時舉。〔一四七〕

問：「先生説：『命有兩種：一種是貧富、貴賤、死生、壽夭，一種是清濁、偏正、智愚、賢不肖。一種屬氣，一種屬理。』以僩觀之，兩種皆似屬氣。蓋智愚、賢不肖、清濁、偏正亦氣之所爲也。」曰：「固然。性則是命之理而已。」僩。

問：「性分、命分何以别？」曰：「性分是以理言之，命分是兼氣言之。命分有多寡厚薄之不同，若性分則又都一般。此理聖愚賢否皆同。」淳。〔一四八〕

履之説「子温而厲，威而不猛，恭而安」，因問：「得清明之氣爲聖賢，昏濁之氣爲愚不肖；氣之厚者爲富貴，薄者爲貧賤，此固然也。然聖人得天地清明中和之氣，宜無所虧欠，而夫子反貧賤，何也？豈時運使然耶？抑其所稟亦有不足耶？」曰：「便是稟得來有不足。他那清明也只管得做聖賢，却管不得那富貴。稟得那高底則貴，稟得厚底則富，稟得長底則壽。貧賤夭者反是。夫子雖得清明者以爲聖人，然稟得那低底薄底，〔一四九〕所以貧賤。顔子又不如孔子，又稟得那短底，所以又夭。」又問：「一陰一陽宜若停匀，則賢不肖宜均。何故君子常少而小人常多？」曰：「自是他那物事駁雜，如何得他齊。且以撲錢譬之：純者常少，不純者常多，自是他那氣駁雜，或前或後，所以拗，不能得他恰好[一五〇]，如何得均平。且以一日言之：或陰或晴，或風或雨，或寒或熱，或清爽，或鶻突，一日之間自有許多變，便可見矣。」又問：「雖是駁雜，然畢竟不過只是一陰一陽二氣而已，如何會恁地不齊？」曰：「便是不如此。若只是兩個單底陰陽則無不齊，緣是他那物事錯揉萬變，所以不能得他恰好。」又問：「如此，則天地之生聖賢，又只是偶然，不是有意矣。」曰：「天地那裏説我特地要生個聖賢出來，也只是氣數到那裏恰相湊著，所以生出聖賢。及至生出，則若天之有意焉耳。」又問：「康節云：『陽一而陰二，所以君子少而小人多。』此語是否？」曰：「也説得來。那物事[一五一]好底少而惡底多。且如面前事，也自是少□□□事多，[一五二]其理只一般。」僩。

問：「『天命謂性』之『命』，與『死生有命』之『命』不同，何也？」曰：「『死生有命』之『命』是帶氣言之，氣便有稟得多少厚薄之不同。『天命謂性』之『命』是純乎理言之。然天之所命必竟皆不離乎氣，但中庸此句乃是以理言之。孟子謂『性也，有命焉』，此『性』是兼氣稟食色言之。『命也，有性焉』，此『命』是帶氣言之。性善又是超出氣説。中庸『率性』，[一五三]率，循也。不是人去循之，呂説未是。程子謂：『通人物而言，馬則爲馬之性，又不做牛底性；牛則爲牛之性，又不做馬之[一五四]性。』物物各有個理，即此便是道。」問：「總而言之，又只是一個理否？」曰：「是。」淳。[一五五]

問：「子罕言命。若仁義禮智與五常皆是天所命。如貴賤死生壽夭之命有不同，如何？」曰：「都是天所命。稟得精英之氣，便爲聖、爲賢，便是得理之全，得理之正。稟得清明者便英爽，稟得敦厚者便溫和，稟得清高者便貴，稟得豐厚者便富，稟得久長者便壽，稟得衰頽薄濁者一本作「衰落孤單者，便爲貧爲賤爲夭」。便爲愚、不肖，爲貧、爲賤、爲夭。天有那氣生一個人出來，便有許多物隨他來。」又曰：「天之所命固是均一，到氣稟處便有不齊。看其稟得來如何。稟得厚，道理也備。嘗謂命，譬如朝廷誥勅；心，譬如官人一般，差去做官；性，譬如職事，職事只一般，[一五六]郡守便有郡守職事，縣令便有縣令職事。職事只一般，天生人，教人做許多道理，便是付人許多職事。[一五七]氣稟，譬如俸給。貴如官高者，賤如官卑者，富如俸厚者，貧如俸薄者，壽如三兩年一任又再任者，夭者如不得終任者。朝廷差人[一五八]便有許多物一齊趁[一五九]。一作「隨」。後來橫渠云：『形而後有氣質之性，善反之則天地之性存焉，故氣質之性，君子有弗性焉。』如稟得氣清明者，這道理只在裏面；稟得昏濁者，這道理也只在裏面，只被昏濁遮蔽了。譬之水，清底裏面纖毫皆見，渾底便見不得。孟子說性善，他只見得大本處，未說得氣質之性細碎處。程子謂：『論性不論氣，不備；論氣不論性，不明。二之則不是。』孟子只論性，不論氣，便不全備。論性不論氣，這性說不盡；論氣不論性，性之本領處又不透徹。荀揚韓諸人他雖是論性，其實只說得氣。荀子只見得不好人底性，便說做惡。揚子見半善半惡底人，便說善惡混。韓子也見天下有許多般人，所以立爲三品之說。就三子中，韓子說又較近。他以仁義禮智爲性，以喜怒哀樂爲情，只是中間過接處少個『氣』字。『心一也，有指體而言者，有指用而言者』，伊川語與横渠『心統性情』說相似。」〔一六〇〕寓。〔一六一〕

聞一問：「『亡之，命矣夫！』此『命』字是就氣稟上說？」曰：「死生壽夭固是氣之所稟，只看孟子說『性也，有命焉』處便分曉。」擇之問：「『不知命』與『知天命』之『命』如何？」曰：「不同。『知天命』，謂知其理之所自來。譬之於水，人皆知其爲水，聖人則知其發源處。如『不知命』處，却是說死生、壽夭、貧富、貴賤之命也。然孟子又說當『順受其正』。若一切任其自然，而『立乎巖墻之下』，則又非其正也。」因言上古天地之氣，其極清者生爲聖人，君臨天下，安享富貴，又皆享上壽。及至後世，多反其常。衰周生一孔子，終身不遇，壽止七十有餘。其稟得清明者，多夭折；暴横者，多得志。舊看史傳，見盜賊之爲君長者，欲其速死，只是不死，爲其全得壽考之氣也。人傑。

或問：「『亡之，命矣夫！』此『命』是天理本然之命否？」曰：「此只是氣稟之命。富貴、死生、禍福、貴賤，皆稟之氣而不可移易者。」祖道曰：「『不知命無以爲君子』與『五十而知天命』，兩『命』字如何？」先生曰：「『不知命』亦是氣稟之命，『知天命』却是聖人知其性中四端之所自來。如人看水一般：常人但見爲水流，聖人便知得水之發源處。」祖道。

木之〔一六二〕問：「顔淵不幸短命；伯牛死，曰『命矣』；孔子『得之不得曰有命』。如此之『命』與『天命之謂性』之『命』無分别否？」曰：「命之正者出於理，命之變者出於氣質。要之，皆天所付予。孟子曰：『莫之致而至者，命也。』但當自盡其道，則所值之命皆正命也。」因問：「如今數家之學，如邵康節之説，謂皆一定而不可易，不知如何？」曰：「也只是陰陽盛衰消長之理，大數可見，然聖賢不曾主此説。如今人説康節之數，謂他説一事一物皆有成敗之時，都説得膚淺了。」木之。

敬子問自然之數。曰：「有之〔一六三〕。人禀得氣厚者則福厚，氣薄者則福薄。禀得氣之華美者則富盛，衰颯者則卑賤，氣長者則壽，氣短者則夭折。此必然之理。」問：「神仙之説有之乎？」曰：「誰人説無？誠有此理。只是他那工夫大段難做，除非百事棄下，辦得那般工夫方做得。」又曰：「某見名寺中所畫諸祖師人物皆魁偉雄傑，宜其傑然有立如此。所以妙喜贊某禪師有曰：『當初若非這個，定是做個渠魁。』觀之信然。其氣貌如此，則世之所謂富貴利達、聲色、貨利如何籠絡得他住！他視之亦無足以動其心者。」或問：「若非佛氏收拾去，能從吾儒之教，不知如何？」曰：「他又也未是那『無文王猶興底』，只是也須做個特立獨行底人，所爲必有可觀。若使有聖人收拾去，可知大段好。只是當時吾道黑淬淬地，只有些章句詞章之學。他如龍如虎，這些藝解都束縛他不住，必决去無疑。也煞被他引去了好人，可畏可畏！」僩。

問：「富貴有命，如後世鄙夫小人，當堯舜三代之世，如何得富貴？」曰：「當堯舜三代之世不得富貴，在後世則得富貴，便是命。」曰：「如此，則氣禀不一定。」曰：「以此氣遇此時是他命好，不遇此時便是背，所謂資適逢世是也。如長平死者四十萬，但遇白起便如此。只他相撞着便是命。」可學。

問：「前日嘗説鄙夫富貴事，今云富貴貧賤是前定，如何？」曰：「恁地時節氣亦自別，後世氣運漸乖。如古封建，畢竟是好人在上。到春秋乃生許多逆賊。今儒者多歎息封建不行，然行著亦可慮。且如天子，必是天生聖哲爲之。後世如秦始皇在上，乃大無道人；如漢高祖乃崛起田野。此豈不是氣運顛倒！」問：「此是天命否？」曰：「是。」可學。

晦庵先生朱文公語類卷第五

性理二

性情心意等名義

問：「天與命、性與理四者之別：天則就其自然者言之，命則就其流行而賦於物者言之，性則就其全體而萬物所得以爲生者言之，理則就其事事物物各有其則者言之。到得合而言之，則天即理也，命即性也，性即理也，是如此否？」曰：「然。但如今人説，天非蒼蒼之謂。據某看來，亦捨不得這個蒼蒼底。」賀孫。[一]

理者，天之體；命者，理之用。性是人之所受，情是性之用。魯叔。[二]

命猶誥敕，性猶職事，情猶設施，[三]心則其人也。公謹。[四]

天所賦爲命，物所受爲性。賦者，命也；所賦者，氣也。受者，性也；所受者，氣也。寓。

道即性，性即道，固只是一物。然須看因甚喚做性，因甚喚做道。淳。[五]

在心喚做性，〔六〕在事喚做理。僩。〔七〕

性者，理也。節。〔八〕

生之理謂性。節。

性只是此理。節。

性是天生成許多道理。節。〔九〕

性是許多理散在處爲性。節。

節〔一〇〕問：「性既無形，復言以理，理又不可見。」曰：「父子有父子之理，君臣有君臣之理。」節。

性是實理，仁義禮智皆具。德明。

淳問：「性固是理，然性之得名是就人生稟得言之否？」曰：「『繼之者善也，成之者性也。』這個理在天地間時只是善，無有不善者。生物得來方始名曰『性』，只是這個〔一一〕理。在天則曰『命』，在人則曰『性』。」淳。

性是合當底。節。〔一二〕

鄭問：「先生謂性是未發，善是已發，何也？」曰：「纔成個人影子，許多道理便都在那人上。其惻隱便是仁之善，羞惡便是義之善，到動極復靜處依舊只是理。」曰：「這善也是性中道理到此方見否？」曰：「這般〔一三〕須就那地頭看。『繼之者善也，成之者性也。』在天地言，則善在先，性在後，是發出來方生人物。發出來是善，生人物便成個性。在人言，則性在先，善在後。」或舉「孟子道性善」。曰：「此則『性』字重，『善』字輕，非對言也。文字須活看。此且就此說，彼則就彼說，不可死看。牽此合彼，便處處有礙。」淳。

器之問告子說性處甚詳。〔一四〕曰：「胡氏說善是贊美之辭，其源却自龜山，龜山語錄可見。胡氏以此錯了，故所作知言並一齊恁地說。其說〔一五〕本欲推高，反低了。蓋說高無形影，其勢遂向下去。前夜說韓子云：『何謂性？仁義禮智信。』此語自是，自是〔一六〕他已見大意，但下面便說差了。荀子但只見氣之不好，而不知理之皆善。揚子是好許多思量安排：方要把孟子『性善』之說爲是，又有不善之人；方要把荀子『性惡』之說爲是，又自有好人，故說道『善惡混』。溫公便主張揚子而非孟子。程先生發明出來，自今觀之可謂盡矣。」賀孫。〔一七〕

諸儒論性不同，非是於善惡上不明，乃「性」字安頓不着。砥。

性不是卓然一物可見者。只是窮理、格物，性自在其中，不須求，故聖人罕言性。德明。

致道謂「心爲太極」，林正卿謂「心具太極」，致道舉以爲問。先生曰：「這般處極細，難說。看來心有動静：其體則謂之易，其理則謂之道，其用則謂之神。」直卿退而發明曰：「先生道理精熟，容易說出來，須至極。」賀孫問：「『其體則謂之易』，體是如何？」曰：「『體』不是『體用』

之『體』，恰似說『體質』之『體』，猶云『其質則謂之易』。理即是性，這般所在當活看。如『心』字，各有地頭說。如孟子云：『仁，人心也。』仁便是人心，這說心是合理說。如說『顏子其心三月不違仁』，是心爲主而不違乎理，就地頭看始得。」又云：「先生太極圖解云：『動靜者，所乘之機也。』蔡季通聰明，看得這般處出，謂先生下此語最精。蓋太極是理，形而上者；陰陽是氣，形而下者。然理無形而氣却是[一八]迹，氣既有動靜，則所載之理亦安得謂之無動靜！」又舉通書動靜篇云：「『動而無靜，靜而無動，物也；動而無動，靜而無靜，神也。動而無動，靜而無靜，非不動不靜也。物則不通，神妙萬物。』動靜者，所乘之機也。」先生因云：「某向來分別得這般所在。今心力短，便是這般所在都說不到。」因云：「向要到雲谷，自下上山，半塗大雨，通身皆濕，得到地頭。因思着：『天地之塞，吾其體；天地之帥，吾其性。』時季通及某人同在那裏。某因各人解此兩句，自亦作兩句解。後來看，也自說得着，所以迤邐便作西銘等解。」賀孫。[一九]

問：「靈處是心，抑是性？」曰：「靈處只是心，不是性，[二〇]性只是理。」淳。

問：「知覺是心之靈固如此，抑氣之爲邪？」曰：「不專是氣，是先有知覺之理。理未知覺，氣聚成形，理與氣合便能知覺。譬如這燭火，是因得這脂膏，便有許多光燄。」問：「心之發處是氣否？」曰：「也只是知覺。」淳錄。

所知覺者是理。理不離知覺，知覺不離理。節。

節[二一]問：「心是知覺，性是理。心與理如何得貫通爲一？」答曰：「不須去貫通，本來貫通。」「如何本來貫通？」答曰：「理無心則無着處。」節。

又[二二]發明「心」字，曰：「一言以蔽之，曰『生』而已。『天地之大德曰生』，人受天地之氣而生，故此心之仁則生矣。」[二三]

所覺者，心之理也；能覺者，氣之灵也。節。

心者，氣之精爽。節。

節[二四]問：「先生前日以揮扇底[二五]是氣，節後思之：心之所思，耳之所聽，目之所視，手之持，足之履，似非氣之所能到。氣之所運必有以主之者。」答曰：「氣中自有個靈底物事。」節。

「心與理一，不是理在前面爲一物。理便在心之中，心包蓄不住，隨事而發。」因笑云：「説到此，自好笑。恰似那寺中[二六]藏相似，除了經函，裏面點燈，四方八面皆如此光明粲爛，但今人亦少能看得如此。」廣。

木之[二七]問：「心之爲物，衆理具足。所發之善固出於心，至所發不善皆氣稟物欲之私，亦出於心否？」曰：「固非心之本體，然亦是出於心也。」又問：「此所謂人心否？」曰：「是。」子知[二八]因問：「人心亦兼善惡否？」曰：「亦兼説。」木之。

或問：「心有善惡否？」曰：「心是動底物事，自然有善惡。且如惻隱是善也，見孺子入井而無惻隱之心便是惡矣。離着善，便是惡。然心之本體未嘗不善，又却不可說惡全不是心。若不是心，是甚麼做出來？古人學問便要窮理、知至，是[二九]下工夫消磨惡去，善自然漸次可復。操存是後面事，不是善惡時事。」又有[三〇]問：「明善、擇善如何？」曰：「能擇，方能明。且如有五件好底物事，有五件不好底物事，將來便揀[三一]擇，方解理會得好底。不擇，如何解明？」泳。[三二]

孔子不說心，只就事實上說。孟子却說心。節。[三三]

論語不曾[三四]說心，只說實事。[三五]孟子說心，後來遂有求心之病。[三六]

問：「五行在人爲五臟，然心却具[三七]得五行之理，以心虛靈之故否？」曰：「心屬火，緣他[三八]是個光明發動底物，所以具得許多道理。」僩。

問：「人心形而上下如何？」曰：「如肺肝五臟之心，却是實有一物。若今學者所論操舍存亡之心則自是神明不測，故五臟之心受病則可用藥補之，這個心則非菖蒲、茯苓所可補也。」問：「如此，則心之理乃是形而上否？」曰：「心比性則微有迹，比氣則自然又靈。」謨。

問：「先生嘗言，心不是這一塊。某竊謂滿體皆心也，此特其樞紐耳。」曰：「不然，此非心也，乃心之神明升降之舍。人有病心者，乃其舍不寧也。凡五臟皆然。心豈無運用，須常在軀殼之內。譬如此建陽知縣，須要在〔三九〕衙裏始管得這一縣也。」某曰：「然則程子言『心要在腔子裏』，謂當在舍之內，而不當在舍之外耶？」曰：「不必如此。若言心不可在脚上，又不可在手上，只得在這些子上也。」義剛。

寤寐者，心之動靜也；有思無思者，又動中之動靜也；〔四〇〕有夢無夢者，又靜中之動靜也。〔四一〕但寤陽而寐陰，寤清而寐濁，寤有主而寐無主，故寂然感通之妙必於寤而言之。〔四二〕若海。〔四三〕

性猶太極也，心猶陰陽也。太極只在陰陽之中，非能離陰陽也。然至論太極，則太極自是太極；〔四四〕陰陽自是陰陽。惟性與心亦然，所謂一而二，二而一也。韓子以仁義禮智言性，以喜怒哀樂言情，蓋愈於諸子之言性。然至分三品，却只說得氣，不曾說得性。砥。〔四五〕

問：「天之付與人物者爲命，人物之受於天者爲性，主於身者爲心，有得於天而光明正大者爲明德否？」答曰：「心與性如何分別？明如何安頓？受與得又何以異？人與物與身又何間別？明德合是心，合是性？」大雅〔四六〕曰：「性却實。以感應虛明言之，則心之意亦多。」曰：「此兩個說著一個則一個隨到，元不可相雜，〔四七〕亦自難與分別。捨心則無以見性，捨性又無以見心，故孟子言心性每每相隨說。仁義禮智是性，又言『惻隱之心，羞惡之心，辭遜、是非之心』更細思量。」大雅。

理便是心之所有之理，心便是理之所會之地。升卿。〔四八〕

問心性。〔四九〕曰：「性是理，心是包含該載敷施發用底。」夔孫。

性本是無，却是實理。心似乎有影像，然其體却虛。方子。

問心之動、性之動。曰：「動處是心，動底是性。」寓。

鄭仲履問：「先生昨日〔五〇〕説性無不善，心固有不善，然本心則元無不善。」曰：「固是本心元無不善，誰教你而今却不善了！今人外面做許多不善，却只説我本心之善自在，如何得！」蓋卿。心以性爲體，心將性做餡子模樣。蓋心之所以具是理者，以有性故也。〔五一〕

心性不可將同仁説，這自不類。節。〔五二〕

有這性便發出這情，因這情便見得這性。因今日有這情便見得本來有這性。方子。

因説：「外甥似舅，以其似母故也。」致道問：「形似母，情性須別。」曰：「情性也似。大抵形是個重濁底，占得地步較闊；情性是個輕清底，易得走作。」賜。〔五三〕

先生誨力行曰〔五四〕：「性不可言。所以言性善者，只看他惻隱、辭遜四端之善，則可以見其性之善，如見水之清則知源頭必清矣。四端，情也，性則理也。發者，情也，其本則性也，如見影知形之意。」力行。

心如水，情即〔五五〕動處，愛即流向去處。椿。

問：「仲舒以情爲人之欲，如何？」曰：「也未害。蓋欲爲善，欲爲惡，皆人之情也。」道夫。

心是具性情者。節。〔五六〕

性、情字皆從心，古人制字必是有意。方子。〔五七〕説得出，又名得出，方是見得分明。如心、性亦難説。嘗曰：「性者，心之理；情者，性之動；心者，性情之主。」德明。

「人只有個心，未動時謂之性，已動則爲情，欲又是情上發出來底。心猶水也，性則水之净，情則水之流，欲則水之波瀾。欲有好底，有不好底。如『我欲仁』之心，欲却是好底。」因問「可欲之謂善」。曰：「『可欲』不是『情欲』之『欲』，只是可愛。」明禪作。〔五八〕

因論心性情之别。〔五九〕曰：「在天爲命，禀於人爲性，既發爲情。此其脈理甚實，仍更分明易曉。唯心乃虚明洞徹，統前後而爲言耳。據性上説『寂然不動』處是心，亦得；據情上説『感而遂通』處是心，亦得。故孟子説『盡其心者，知其性也』，文義可見。性則具仁義禮智之端，實而易察。知此實理則心無不盡，盡亦只是盡曉得耳。如云盡曉得此心者，由知其性也。大雅。

景紹問心性之别。曰：「性是心之道理，心是主宰於身者。至於〔六〇〕四端便是情，是心之發見處。四者之萌雖〔六一〕出於心，而其所以然者，則是此性之理所在也。」道夫問：「程子謂〔六二〕『滿腔子是惻隱之心』，如何？」曰：「腔子是人之軀殼。」因舉云：〔六三〕「昔上蔡見明道，舉經史成千百言不錯一字，[六四]頗以自矜。明道曰：『賢却記得許多，可謂玩物喪志矣？』上蔡見明道説，遂滿面發赤，汗流浹背。明道曰：『只此便是惻隱之心。』公要見滿腔子之説，但以是觀之。」問：「玩物之説主甚事？」曰：「也只是『矜』字。」道夫。

吴伯豐[六五]論性有已發之性，有未發之性。曰：「性纔發便是情。情有善惡，性則全善也。若語及心，則又是一個包總性情底説語。[六六]大抵言性便須見得，見[六七]元受命於天，其所稟賦自有本根，非若心可以一概言也。却是漢儒如鄭康成[六八]解『天命之謂性』，云『木神仁，金神義』等語，却有意思非苟言者。學者要體會親切。」又嘆曰：「若不用明破，只恁涵養，自有到處，亦自省力。若欲立言示訓則須契勘教子細，庶不悖於古人！」大雅。

履之問未發之前心性之别。曰：「心有體用，未發之前是心之體用，[六九]如何指定説得！蓋主宰運用底便是心。性便是會恁地做底理，性則一定在這裏，到主宰運用却在心。情只是幾個路子，隨這路子恁地做去底却又是心。」道夫。

問：[七〇]「静是性，動是情？」曰：「大抵都正於心。[七一]『性』字從『心』從『生』，『情』字從『心』從『青』。性是有此理。且如『天命之謂性』，要須天命個心了方是性。」輔漢卿[七二]問：「心如個藏，四方八面都恁地光明皎潔，如佛家所謂六窗中有一猴，這邊叫也應，那邊叫也應。」曰：「佛家説心處儘有好處，前輩云勝於楊墨。」賀孫。

胡叔器[七三]問：「先生見教，謂『動處是心，動底是性』。竊推此二句，只在『底』、『處』兩字上。如穀種然，生處便是那[七四]穀，生底便是那裏面些子。是如此否？」[七五]先生曰：「若以穀譬之，則[七六]穀便是心，那爲粟、爲菽、爲禾、爲稻底便是性。康節所謂『心者，性之郛郭』也。[七七]又如喫藥，喫得會治病是藥力，或涼、或寒、或熱，便是藥性，至於喫了有寒證、有熱證便是情。」義剛。

性不是有個物事，只是理所當然者便是性。孟子説「惻隱之心，仁之端也」，這一段心、性、情皆有，與横渠『心統性情』一句最好看。從周。[七八]

舊看五峰説，只將心對性説，一個「情」字都無下落。後來看横渠「心統性情」之説，乃知此話大有功，始尋得個「情」字着落，與孟子説一般。孟子言：「惻隱之心，仁之端也。」仁，性也；惻隱，情也。此是情上見得心。又曰「仁義禮智根於心」，此是性上見得心。蓋心便是包得那性情，性是體，情是用。「心」字只一個字母，故「性」、「情」字皆從「心」。僩。

或問心情性。曰：「孟子説『惻隱之心，仁之端也』一段，極分曉。惻隱、羞惡、是非、辭遜是情之發，仁義禮智是性之體。性中只有仁義禮智，發之爲惻隱、辭遜、是非，乃性之情也。如今人説性，多如佛老説，别有一般[七九]物事在那裏，至玄至妙，一向説開去，便入虚無寂滅。吾儒論性却不然。程子云『性即理也』，此言極無病。孟子道『性善』，言[八〇]是性合有底道理。然亦要子細識得善處，不可但隨人言話説了。若子細下工夫，子細尋究，自然見得。如今人全不曾理會，纔見一庸人胡亂説〔八一〕便從他去。嘗得項平甫書云：『陳君舉門〔八二〕説：「儒釋只論其是處，不問其同異。」遂敬信其説。』此是甚説話！元來無所有底人，見人胡説話便惑將去。若果有學，如何謾得他！如舉天下説生薑辣，待我喫得真個辣方敢信。胡五峰説性，多從東坡子由門見識説去。」謙。

問性、情、心、仁。先生言：「橫渠説得心〔八三〕最好。橫渠言：〔八四〕『心，統性情者也。』孟子言：『惻隱之心，仁之端；羞惡之心，義之端；辭遜之心，禮之端；是非之心，智之端。』〔八五〕極説得性、情、心好。性無不善。心之所發爲情，却〔八六〕或有不善。説不善非是心亦不得，却只是心之本體本無不善處，〔八七〕其流而〔八八〕爲不善者皆〔八九〕情之遷於物而然也。性是理之總名，仁義禮智皆性中一理之名。惻隱、羞惡、是非、辭遜〔九〇〕是情之所發之名，此情之出於性而善者也。其端所發甚微，皆從此心出來，〔九一〕故曰：『心，統性情者也。』性不是別有一個物〔九二〕在心裏。此心〔九三〕具此性情。心失其主却有時不善。如『我欲仁，斯仁至』；我欲不仁，斯失其仁矣。『回也三月不違仁』，言不違仁，是心有時乎違仁也。『出入無時，莫知其鄉，惟心之謂歟』，〔九四〕存養主一，使之不走作〔九五〕乃善。大要全在致知，要致知只在窮理，〔九六〕理窮自然知至。如今〔九七〕要驗學問工夫，只看所知至與不至爾，不是要逐件知過，因一事研磨一理，久久自然光明。如一鏡然，今日磨些，明日磨些，不覺自光。若一些子光工夫又休歇，[九八]仍舊一舊鏡，[九九]已光處會昏，未光處不復光矣。且如『仁』之一字，上蔡只説得知仁，[一〇〇]孔子便説爲仁。却是要做工夫去爲仁，豈可説道知得了便休！[一〇一]如今[一〇二]學問流而爲禪，上蔡爲之首。今人自無實學，見得説這一般好，也投降；那一般好，也投降。許久南軒在此講學，諸公全無實得處。胡亂有一人入潭州城裏説，人便靡然從之。此是何道理！學問只理會個是與不是，不要添着[一〇三]許多無益説話。今人爲學，多是爲名，又去安排討名，全不顧義理。説苑中載證父者以爲直，及如刑，[一〇四]又請代受以爲孝。孔子曰：『父一也，而取二名！』此是宛轉取名之弊。大抵[一〇五]學問只要心裏見得分明，便從上面做去。如『殺身成仁』，『成仁』[一〇六]不是自家計較要成仁方死，只是見得此事生爲不安，死爲安，便自殺身。旁人見得便説能成仁。此旁人之言，非我之心要如此。所謂『經德不回，非所以干祿』，[一〇七]哭死而哀，非爲生也』。若有一毫爲人之心，便不是了。南軒云『爲己之學，無所爲而然』是也。」謙。

「公都子問性，[一〇八]首以情對，如曰『乃若其情，則可以爲善矣』是也。次又以才對，如曰『若夫爲不善，非才之罪』是也。繼又以心對，如曰『惻隱羞惡』之類是也。其終又結之曰『或相侶屣[一〇九]而無算者，不能盡其才者也。』所問者性，而所對者曰才、曰情、曰心，更無一語及性也？明道曰：『稟於天爲性，感爲情，動爲心。』伊川則又曰：『自性之有形者謂之心，自性之動者謂之情。』如二先生之説，則情與心皆自夫一性之所發。彼問性而對以情與心，則不可謂不切所問者。然明道以動爲心，伊川以動爲情，兄弟之説〔一一〇〕自不相侔。不知今以動爲心耶，〔一一一〕以動爲情是耶？或曰：『情對性言，静者爲性，動者爲情。』是説固然也。今若以動爲情是，則明道何得却云『感爲情，動爲心』哉？横渠云：『心，統性情者也。』既是『心統性情』，伊川何得却云『自性之有形者謂之心，自性之有動者謂之情耶』？如伊川所言，却是性統心情者也。不知以心統性情爲是耶，性統心情爲是耶？此性、情、心三者未有至當之論也。至若伊川論才，則與孟子立意不同。孟子此章言才處，有曰『非才之罪也』，故〔一一二〕曰『不能盡其才者也』，又曰『非天之降才爾殊也』，又曰『以爲未嘗有才焉』。如孟子之意，未嘗以才爲不善，而伊川却説才有善有不善。其言曰：『氣清則才善，氣濁則才惡。』又曰：『氣清則才清，氣濁則才濁。』意者，以氣質爲才也。以氣質爲才，則才固有善、不善分矣，〔一一三〕而孟子却止以才爲善者，何也？伊川又曰：『孟子言「非才之罪」者，蓋公都子正問性善，孟子且答他正意，不暇一一辨之也。』審如是説，則孟子云『非天之降才爾殊』，與夫『以爲未嘗有才焉』者，豈皆答公都子之正問哉？其後伊川又引萬章之問爲證，謂孟子嘗問象殺舜事，〔一一四〕孟子且答他這下意，未暇與他辨完廩、浚井之非。夫完廩、浚井自是萬章不能燭理，輕信。如此篇論處，〔一一五〕盡是孟子自家説得如此，即非公都子之言，其曰未暇一一辨之，却是。[一一六] 孟子既要答他正意，[一一七]亦豈容有一字之錯？若曰錯了一字，不惟啓公都子之詰難，傳之後世，豈不惑亂學者哉？此又『才』之一字，未有至當之論也。願先生子細開發蒙昧。」[一一八] 答曰：「近思録中一段云：『心，一也，有指體而言者。』注云：『「寂然不動」是也。』『有指用而言者』，注云：『「感而遂通天下之故」是也。』夫『寂然不動』是性，『感而遂通』是情。故横渠云：『心，包[一一九] 性情者也。』此説最爲穩當。如前二程[一二〇] 先生説話，恐是記録者誤耳。如明道『感爲情，動爲心』，感與動如何分得？若伊川云：『自性而有形者謂之心。』某直理會他説不得！以此知是門人記録之誤也。若孟子與伊川論才，則是。[一二一] 孟子所謂才，止是指本性而言。性之發用無有不善處。如人之有才，事事做得出來。一性之中，萬善完備，發將出來便是才也。」又云：「惻隱、羞惡，是心也。能惻隱、羞惡者，才也。如伊川論才，却是指氣質而言也。氣質之性，古人雖不曾與人[一二二] 説着，考之經典，却有此意。如書云『人惟萬物之靈，亶聰明，作元后』，與夫『天乃錫王勇智』之説，皆此意也。孔子謂『性相近也，習相遠也』。孟子辨告子『生之謂性』，亦是説氣質之性。近世被濂溪拈掇出來，而横渠、二程始有『氣質之性』之説。此伊川論才，所以云有善不善者，蓋主此而言也。如韓愈所引越椒等事，若不着個氣質説後，如何説得他通！[一二三] 韓愈論性比之荀揚最好。將性分三品，此亦是論氣質之性，但欠一個『氣』字耳。」

謨。[一二四] 按金去僞録亦作「去僞問」而微有詳略，今附於下：「問：『明道先生曰「稟於天爲性，感爲情，動爲心」，伊川先生則又曰「自性之有形者謂之心，自性之有動者謂之情」，如二先生說，則情與心皆自夫一性之所發，彼問性而對以情與心，則不可謂不切所問者。然明道以動爲心，伊川以動爲情，兄弟之說自不相侔。不知今以動爲心是耶，以動爲情是耶？或曰，「情對性言，静者爲性，動者爲情」，是說固然也。今若以動爲情是，則明道何得却云「感爲情，動爲心」哉？横渠云心統性情者也，不知以心統性情爲是邪？此性、情、心三者未有至當之論也。至若伊川論才則與孟子言意不同，孟子此篇言才處有四，如曰「非才之罪也」，又曰「不能盡其才者也」，又曰「非天之降才爾殊也」，又曰「以爲未嘗有才焉」。如孟子之意，未嘗以才爲不善，而伊川却說才有善不善，願先生子細開說啓發蒙昧。』曰：『近思録中一段云「心，一也，有指體而言者」，注云：「『寂然不動』是也。」「有指用而言者」，注云：「『感而遂通天下之故』是也。」夫「寂然不動」是性，「感而遂通」是情，故横渠云「心統性情者也」，此說最爲穩當。如前二程先生說話，恐是記録之者誤耳。如明道云，「感爲情，動爲心」，感與動如何分别得？若伊川「自性而有形者謂之心」，某直理會他不得，以此知是門人記録之誤也。若孟子與伊川論才，則皆是。孟子所謂才止是指本性而言，性之發用無有不善處。如人之有才，事事做得出來，一性之中萬善完備，發將出來便是才也。如惻隱、羞惡是心也，能惻隱、能羞惡者，才也。至伊川論才，却是指氣質而言也。氣質之性，古人雖不曾分明與人說，考之經典却有此意。如書言「人惟萬物之靈，亶聰明，作元后」，與夫「天乃錫王勇智」之說，皆此意也。孔子謂「性相近也，習相遠也」。孟子辨告子「生之謂性」，亦是說氣質之性。近世被濂溪先生拈掇出來，而横渠、二程先生始有「氣質之性」之說。此伊川論才，所以云有善有不善者，蓋主此而言也。如韓愈所引越椒等事，若不著個氣質說後，如何說得他通！韓愈論性比之荀揚儘好。將性分三品，此亦是論氣質之性，但欠一個「氣」字耳。』」[一二五] 又問：『既是孟子指本性而言，則孟子謂才無不善，乃爲至論。至伊川却云未暇與公都子一一與他辨者，何也？』曰：『此伊川一時被他門逼著，且如此說了。伊川如此等處亦多，不必泥也。』」

因言：「心、性、情之分，自程子張子合下見得定了，便都不差。如程子諸門人傳得他師見成底說，却一齊差却！」或曰：「程子張子是他自見得，門人不過只聽得他師見成說底說，所以後來一向差。」曰：「只那聽得早差了也！」〔一二六〕

心、意猶有痕跡。如性，則全無兆朕，〔一二七〕只是許多道理在這裏。砥。

寓〔一二八〕問：「意是心之運用處，是發處？」曰：「運用是發了。」問：「情亦是發處，何以別？」曰：「情是性之發，情是發出恁地，意是主張要恁地。如愛那物是情，所以去愛那物是意。情如舟車，意如人去使那舟車一般。」寓。淳録同。〔一二九〕

士毅〔一三〇〕問：「意是心之所發，又說有心而後有意，則是發處依舊是心主之，到私意盛時心也隨去。」曰：「固然。」士毅。

李夢先問情、意之別。曰：「情是會做底，意是去百般計較做底。意因有是情而後用。」義剛。〔一三一〕

士毅〔一三二〕問：「情、意，如何體認？」曰：「性、情則一。性是不動，情是動處，意則有主向。如好惡是情，『好好色，惡惡臭』便是意。」

未動而能動者，理也；未動而欲動者，意也。若海。

性者，即天理也，萬物禀而受之，無一理之不具。心者，一身之主宰；意者，心之所發；

情者，心之所動；　志者，心之所之，比於情、意尤重；　氣者，即吾之血氣而充乎體者也，比於他則有形器而較粗者也。人曰〔一三三〕：「舍心無以見性，舍性無以見心。」椿。〔一三四〕

「心之所之謂之志，日之所之謂之時。『志』字從『之』從『心』，『旹』字從『之』從『日』，如云〔一三五〕在午時，在寅時。制字之義由此。志是心之所之，一直去底。意又是志之經營往來底，是那志底脚。凡營爲、謀度、往來，皆意也。所以横渠云：『志公而意私。』」問：「情比意如何？」曰：「情又是意底骨子。志與意都屬情，『情』字較大，『性』、『情』字皆從『心』，所以説『心統性情』，心兼體用而言。性是心之理，情是心之用。」僩。

又問意志。先生云：「横渠曰：『以「意」、「志」兩字言，則志公而意私，志剛而意柔，志陽而意陰。』」卓。

志是公然主張要做底事，意是私潛行間發處多。〔一三六〕志如伐，意如侵。升卿。

砥問：「情與才何别？」曰：「情只是所發之路陌，才是會恁地去做底。且如惻隱，有懇切者，有不懇切者，是則才之有不同。」又問：「如此，則才與心之用相類？」曰：「才是心之力，是有氣力去做底。心是管攝主宰者，此心之所以爲大也。心譬水也；性，水之理也。性所以立乎水之静，情所以行乎水之動，欲則水之流而至於濫也。才者，水之氣力所以能流者，然其流有急有緩，則是才之不同。伊川謂『性禀於天，才禀於氣』是也。只有性是一定，情與心與才便合着氣了。心本未嘗不同，隨人生得來便別了。情則可以善，可以惡。」又曰：「要見得分曉，但看明道云：『其體則謂之易，其理則謂之道，其用則謂之神。』易，心也；道，性也；神，情也。此天地之心、性、情也。」砥。[一三七]

「性者，心之理；情者，心之動。才便是那情之會恁地者。情與才絶相近，但只是情是遇物而發，路陌曲折恁地去底便是，這才便是那會如此底耳。[一三八]要之，千頭萬緒皆是從心上來。」又曰：「仁、義、禮、智是心統性，惻隱、羞惡、辭遜、是非是心統情。」道夫。[一三九]

問：「情與才何别？」[一四〇]曰：「情是這裏以手指心。動[一四一]出，有個路脈曲折，隨物恁地去。才是能主張運用做事底。同這一事，有人會發揮得，有人[一四二]不會發揮得；同這一物，有人會做得，有[一四三]不會做得，此可見其才。」淳。[一四四]

道夫[一四五]問：「性之所以無不善，以其出於天也；才之所以有善、不善，以其出於氣也。要之，性出於天，氣亦出於天，何故便至於此？」曰：「性是形而上者，氣是形而下者。形而上者全是天理，形而下者只是那渣滓。至於形，又是渣滓至濁者也。」道夫。

問：「能爲善便是才。」曰：「能爲善而本善者是才。若云能爲善便是才，則能爲惡亦是才也。」人傑。

論材氣。曰：「氣是敢做底，才是能做底。」德明。

問：「『天命之謂性』，充體謂氣，感觸謂情，主宰謂心，立趨向謂志，有所思謂意，有所逐謂欲。」答云：「此語或中或否皆出臆度。要之，未可遽論。且涵泳玩索，久之當自有見。」銖。

嘗見先生云：「名義之語極難下。如説性則有天地之性，氣質之性。説仁則伊川有專言之仁，偏言之仁。此等且要默識心通。」人傑。

又問：「知與思於人身最緊要。」曰：「然。二者也只是一事。知如手相似，思是交這手去做事也，思所以用夫知也。」卓。知思附。〔一一四六〕

問魂魄之説。曰：「『魂者，陽之神；魄者，陰之神。』此是淮南子注。」恪。以下魂魄等附。〔一一四七〕

魂，陽之神也；又云「氣之神」。魄，陰之神也。又云「精之神」。僩。〔一一四八〕

又曰：「陰陽之始交，天一生水。物生始化曰魄。既生魄，煖者爲魂。先有魄而後有魂，故魄常爲主爲幹。」僩。〔一一四九〕

人生初間是先有氣，既成形，是魄在先。「形既生矣，神發知矣」，既有形後方有精神知覺。子産曰：「人生始化曰魄，既生魄，陽曰魂。」數句説得好。按此引左傳昭七年鄭子産爲伯有立義一段，云：「及子産適晉，趙景子問焉。曰：『伯有猶能爲鬼乎？』子産曰：『能。人生始化曰魄，陽曰魂，用物精多則魂魄強，是以有精爽，至於神明。匹夫匹婦強死，其魂魄猶能爲依於人，以爲淫厲。況良霄，我先君穆公之胄，子良之孫，子耳之子，故邑之卿，從政三世矣。鄭雖無腆，抑諺曰「蕞爾國」，而三世執其政柄，其用物也弘矣，其取精也多矣。其族又大，所憑厚矣，而强死，能爲鬼，不亦宜乎？』」淳。〔一五〇〕

口鼻之呼吸是氣，魄是氣之神；　耳目之聰明是精，魄是精之神。庚。〔一五一〕

釋氏地、水、火、風，粗而言之：　地便是體，水便是魄，火風便是魂。他便也是見得這魂魄。庚。〔一五二〕

魂屬木，魄屬金，所以説「三魂七魄」是金木之數也。庚。〔一五三〕

問魂魄。曰：「氣質是實底；　魂魄是半虚半實底。　鬼神是虚分數多，實分數少底。林少蘊解書『殂落』云『魂殂而魄落』，前此未有此説，覺得説得好。　便是『魂歸於天，魄降於地』底意。」又問：「祭山川鬼神是有個物，故其神可致。　如人死氣散如何致得？」曰：「只是一氣。如子孫有個氣在此，畢竟是因何有此？其生有自來，蓋自厥初生民氣化之祖相傳至此，只是一氣。」又問：「祭聖賢如何？」曰：「有功德在人，人自當報之。　古人祀五人帝，亦是如此。」賜。〔一五四〕

問魂魄。曰：「魄是一點精氣，交時〔一五五〕便有這神。　魂是發揚出來底，如氣之出入息。魄是水，〔一五六〕人之能親能聽，〔一五七〕心能强記底。　有這魄，便有這神，不是外面入來。　魄是精，魂是氣；　魄主静，魂主動。」又曰：「草木之生自有個神，他自不能生。　在人則心便是，所謂

『形既生矣，神發知矣』是也。」又問旁死魄生魂死魄。〔一五八〕曰：「古人只說『三五而盈，三五而缺』。近時人方推得是他所以圓缺，乃是魄受光處，魄未嘗無也。人有魄先衰底，有魂先衰底。如某近來覺重聽多忘，是魄先衰。」又曰：「一片底便是分做兩片底，兩片底便是分作五片底。做這萬物、四時、五行，只是從那太極中來。太極只是一個氣，迤邐分做兩個：氣裏面動底是陽，靜底是陰。又分做五氣，又散爲萬物。」植。

又曰：「動者，魂也；靜者，魄也。『動靜』二字括盡魂魄。凡能運用作爲皆魂也，魄則不能也。今人之所以能運動，都是魂使之爾。魂若去，魄則不能也。今魄之所以能運，體便死矣。月之黑暈便是魄，其光者乃日加之光耳，他本無光也，所以說『哉生魄』、『旁死魄』。莊子曰『日火外影，金水内影』，此便是魂魄之說。」僩。〔一五九〕

耳目之聰明爲魄，魄是鬼。某自覺氣盛則魄〔一六〇〕衰。童男童女死而魄未化。升卿。

又曰：「人之能思慮計畫者，魂之爲也；能記憶辨別者，魄之爲也。」僩。

「人有盡記得一生以來履歷事者，此是智以藏往否？」曰：「此是魄强，所以記得多。」德明。

直卿云：「看來『神』字本不專說氣，也可以就理上說。先生只就形而下者說。」曰：「所以某就形而下說，畢竟就氣處多，發出光彩便是神。」味道問：「神如此說，心又在那裏？」曰：「神便在心裏面爲精，發出光彩爲神。〔一六一〕精屬陰，神屬陽。說到魂魄鬼神，又是就〔一六二〕到大段

粗處。」寓。[一六三]

龍氣盛，虎魄盛，故龍能到雲，虎能嘯風也。許氏必用方首論虎睛定魄，龍齒安魂亦有理。廣。

「精神在人身上如何分？」曰：「神屬外，精在裏；神屬氣，精屬魄。」可學。[一六四]

問：「真元外氣如何？」曰：「真元是生氣在身上。」曰：「外氣入真元氣否？」曰：「雖吸入，又散出，自有界限。但論其理則相通。」可學。[一六五]

晦庵先生朱文公語類卷第六

性理三

仁義禮智等名義

道者，兼體用，該隱費而言也。節。〔一〕

問：「道與理何別？」〔二〕曰：「道是統名，理是細目。」可學。

道訓路，大概説人所共由之路。理各有條理界瓣。因舉康節云：「夫道也者，道也。道無形，行之則見於事矣。如道〔三〕之道，坦然使千億萬年行之，人知其歸者也。」閎祖。

理是有條瓣逐一路子。以各有條謂之理，人所共由謂之道。節。

理者，有條理之謂也。節。〔四〕

節問：「何謂理？」〔五〕答曰：「理是有條理，有文路子當從那裏去，〔六〕自家也從那裏去；文路子不從那裏去，自家也不從那裏去。須尋文路子在何處，只挨着理了行。」節。

「理如一把綫相似，有條理，如這竹籃子相似。」指其上行篾曰：「一條子恁地去。」又別指一條曰：「一條恁地去。又如竹木之文理相似，直是一般理，橫是一般理。有心便有〔七〕得許多理。」節。

蔡季通云：「理有流行，有對待。先有流行，後有對待。」曰：「難説先有後有。」季通舉太極説，以爲理〔八〕皆然，且執其説。人傑。

理者有條理，仁義禮智皆有之。節。

節〔九〕問：「既是一理，又謂五常，何也？」曰：「謂之一理亦可，五理亦可。以一包之則一，分之則五。」問分爲五之序。答曰：「渾然不可分。」節。

只是這個理，分做四段，又分做八段，又細碎分將去。四段者，意某爲仁義禮智。當時因〔一〇〕言文路子之説而及此。〔一一〕

先生與人書中曰：「至微之理，至者〔一二〕之事，一以貫之。」節。

理無事則無所依附。節。

問：「汎觀天地間，『日往月來，寒往暑來』，『四時行，百物生』，這是道之用流行發見處。即此而總言之，其往來生化，無一息間斷處，便是道體否？」曰：「此體、用説得是，但『總』字未當，『總』便成兼用説了。只就那骨處便是體。如水之或流，或止，或激成波浪，是用；即這水骨可流，可止，可激成波浪處便是體。如這身是體；目視，耳聽，手足運動處便是用。如這手是體，指之運動提撥[一三]處便是用。」淳舉論語集注曰：「往者過，來者續，無一息之停，乃道體之本然處。」[一四]曰：「這説[一五]即是此意。」淳。[一六]

人只是合當做底便是體，人做處便是用。譬如此扇子，有骨，有柄，用紙糊，此則體也；人摇之則用也。如尺與秤相似，上有分寸星銖[一七]則體也，將去秤量物事則用也。方子。

體是這個道理，用是他用處。如耳聽目視，自然如此，是理也；開眼看物，着耳聽聲便是用。江西人説個虚空底體，涉事物便唤做用。節。

問：「前夜説體、用無定所，是隨處説如此。若合萬事爲一體、[一八]用則如何？」曰：「體、用也定。見在底便是體，後生來底便是用。此身是體，動作處便是用。天是體，『萬物資始』處便是用。地是體，『萬物資生』處便是用。就陽言，則陽是體，陰是用；就陰言，則陰是體，陽是用。」淳。[一九]

蜚卿問「敬爲體，和爲用」。曰：「自心而言，則心爲體，敬和爲用；以敬對和而言，則敬爲體，和爲用。大抵用無盡時，只管恁地移將去。如兩儀對太極而言，則太極爲太極；四象對兩儀，則兩儀爲太極；八卦對四象，則四象又爲太極。又如自南而視北，則北爲北；自北而視之，則北中又自有南北也。道理都如此。」又問：「異用同體，不言同出於一理，而曰出於一心，

何耶？」曰：「理也説得，而心較分明。」道夫。〔二〇〕

節〔二一〕問：「去歲聞先生曰：『只是一個道理，其分不同。』所謂分者，莫只是理一而其用不同？如君之仁、臣之敬、子之孝、父之慈，與國人交之信之類是也。」答曰：「其體已略不同。君臣、父子、國人是體，仁敬慈孝與信是用。」問：「體、用皆異？」答曰：「如這片板，只是一個道理。這一路子恁地去，那一路子恁地去。如一所屋，只是一個道理，有廳，有堂。如草木，只是一個道理，有桃，有李。如這衆人，只是一個道理，有張三，有李四。李四不可爲張三，張三不可爲李四。如陰陽，西銘言『理一分殊』亦是如此。」又曰：「分得愈見不周，〔二二〕愈見得理大。」節。

節〔二三〕問：「先生昔曰『禮是體』，今乃曰『禮者，天理之節文，人事之儀則』，似非體而是用。」答曰：「公江西有般鄉談，纔見分段子，便説道是用，不是體。如説尺時，無寸底是體，有寸底不是體，便是用。如秤，無星底是體，有星底不是體，便是用。且如扇子，有柄，有骨子，用紙糊，此便是體；人摇之便是用。」楊至之問體。先生曰：「合當底是體。」節。

孔子説仁，多説體；孟子説仁，多説用。如「克己復禮」、「惻隱之心」之類。閎祖。〔二四〕

又問適間説數段。「皆是要緊説話。仁是體，義是用，道是個總括處，推説仁義禮智只謂之理。」寓。〔二五〕

仁兼義言者，是言體；專言仁者，是兼體〔二六〕而言。節。

學者疑問中謂：「就四德言之，仁却是動，智却是靜。」曰：「周子太極圖中乃是如此說。」又曰：「某前日答一朋友書云：『仁體剛而用柔，義體柔而用剛。』」人傑。

直卿曰：「五常中說知有兩般：就知識處看，用着知識者是知；就理上看，所以爲是爲非者亦知也。一屬理，一屬情。」曰：「固是。道德皆有體有用。」寓。

問仁義禮智體用之別。曰：「自陰陽上看下來，仁禮屬陽，義智屬陰；仁禮是用，義智是體。春夏是陽，秋冬是陰。只將仁義說，則『春作夏長』，仁也；『秋斂冬藏』，義也。若將仁義禮智說，則春，仁也；夏，禮也；秋，義也；冬，智也。仁禮是敷施出來底，義是肅殺果斷底，智便是收藏底。如人肚藏有許多事，如何見得！其智愈大，其藏愈深。正如易中說：〔二七〕『立天之道曰陰與陽，立地之道曰柔與剛，立人之道曰仁與義。』解者多以仁爲柔，以義爲剛，非也。〔二八〕却是以仁爲剛，義爲柔。蓋仁是個發出來了，便硬而强；〔二九〕義便是收斂向裏底，外面見之便是柔。」僩。

忠是體，恕是用，只是一個物事。如口是體，說出話便是用。不可將口做一個物事，說話底又做一個物事。淳。〔三〇〕

問誠是「五常之本」。曰：「誠是通體地盤。」方子。〔三一〕

誠者，實有此理。〔三一〕

誠只是實。又云：「誠是理。」〔三二〕去僞。

誠，實理也，亦誠慤也。由漢以來，專以誠慤言誠。至程子乃以實理言，然而後學又皆棄誠慤之説不觀。〔三四〕中庸亦有言實理爲誠處，亦有言誠慤爲誠處，不可只以實爲誠，而以誠慤爲非誠也。砥。

問性、誠。曰：「性是實，誠是虚。性是理底名，誠是好處底名。性，譬如這個扇子相似；誠，譬則是這個扇子〔三五〕做得好。」又曰：「胡五峰〔三六〕曰：『誠者，命之道乎！中者，性之道乎！仁者，心之道乎！』此語分得輕重。扇子〔三七〕虚實底處却好。某以爲『道』字不若改做『德』字更親切，『道』字却較疏。」植。

問誠、敬之説多不同。曰：「須逐處理會。中庸説誠處作中庸看，孟子説誠處作孟子看，將來自相發明。」賜。〔三八〕

先生嘗問在坐者：「誠、敬如何分？」對者未有分曉之説。先生曰：「誠是不敢忘〔三九〕底意思，敬是不敢放肆底意思。」過。〔四〇〕

妄誕欺詐爲不誠，怠惰放肆爲不敬，此誠、敬之别。幹。

「謹」字未如「敬」，「敬」又未如「誠」。程子曰：「主一之謂敬，一者之謂誠。」「敬」尚是着

力。銖。〔四一〕

問誠、信之别。曰：「誠者〔四二〕是自然底實，信是人做底實，故曰『誠者，天之道』。這是聖人之信。若衆人之信，只可唤做信，未可唤做誠。誠是自然無妄之謂。如水只是水，火只是火，仁徹底是仁，義徹底是義。」夔孫。

胡叔器〔四三〕問：「誠與信如何分？」曰：「誠是個自然之實，信是個人所爲之實。中庸説『誠者，天之道也』便是誠，若『誠之者，人之道也』便是信。信不足以盡誠，猶愛不足以盡仁。〔四四〕」可學。

「盡心之謂忠，一心之謂誠，存於中之謂孚，見諸事之謂信。」問「中孚」之義，先生引伊川語。「孚」字〔四五〕從「爪」從「子」，取鳥抱卵之義。言人心之所存者，實有是物也。僩。〔四六〕

問：「仁與誠何别？」曰：「仁自是仁，誠自是誠，何消合理會？理會這一件也看到極處，理會那一件也看到極處，便都自見得。」淳。

「一與中、〔四七〕與誠、浩然之氣爲一體事否？」曰：「一〔四八〕只是不雜，不可將做一事。中與誠、與浩然之氣固是一事，然其分各别：誠是實有此理，中是狀物之體段，浩然之氣只是爲氣而言。」〔四九〕

問：「仁、義、禮、智、誠、中庸，以知[五〇]如何看？」曰：「仁議[五一]禮智乃未發之性，所謂誠。中庸皆已發之理。人之性本實，而釋氏以性爲空也。」晦夫。[五二]

理一也，[五三]以其實有，故謂之誠。以其體言，則有仁義禮智之實；以其用言，則有惻隱、羞惡、恭敬、是非之實，故曰：「五常百行非誠，非也。」蓋其無實矣，[五四]又安得有是名乎？植。

德者，[五五]得於天者。講學而得之，得自家本分底物事。節。

存之於中謂理，得之於心爲德，發見於行事爲百行。心者，統性情而言也。[五六]節。

因有援引比類講[五七]忠恕者。曰：「今日浙[五八]中之學正坐此弊，多强將名義比類牽合而說。要之，[五九]學者須是將許多名義如忠恕、仁義、孝弟之類各分析區處。如經緯相似，使一一有個着落。將來這個道理熟，自然有個合處，譬如大概。舉南康而言，皆長[六〇]南康人也，却須去[六一]其間識得某人爲誰，某人在甚處，然後謂之識南康人也。」人傑。[六二]

在天只是陰陽五行，在人得之只是剛柔五常之德。泳。[六三]

大而天地萬物，小而起居食息，皆太極陰陽之理也。又曰：「仁木，義金，禮火，智水，信土。」[六四]

問：「『木之神爲仁，火之神爲禮』，如何見得？」曰：「『神』字猶云意思也。且如一枝柴，

却如何見得他是仁？只是他意思却是仁。火那裏見得是禮？却是他意思是禮。」僩。〔六五〕

以仁屬陽，以義屬陰。仁主發動而言，義主收斂而言。若揚子云：「於仁也柔，於義也剛。」又自是一義。便是這個物事不可一定名之，看他用處如何。正淳問：「集注云：『剛者，勇之體；勇者，剛之發。』何也？」曰：「春秋傳云：『使勇而無剛者，嘗寇而速去之。』勇只是發用於外者。」〔六六〕榦。〔六七〕

「仁禮屬陽，屬健；義知屬陰，屬順。」問：「義則截然有定分，有收斂底意思，自是屬陰順。不知智如何解？」曰：「智更是截然，更是收斂。如知得是，知得非，知得便了，更無作用，不似仁、義、禮三者有作用。知只是知得了，便交付惻隱、羞惡、辭遜三者。他那個更收斂得快。」僩。

仁禮屬陽，義智屬陰。袁機仲却說：「義是剛底物，合屬陽；仁是柔底物，合屬陰。」殊不知舒暢發達便是那剛底意思，收斂藏縮便是那陰底意思。他只念得「於仁也柔，於義也剛」兩句便如此說，殊不知正不如此。又云：「以氣之呼吸言之，則呼爲陽，吸爲陰，吸便是收斂底意。鄉飲酒義云：『温厚之氣盛於東南，此天地之仁氣也；嚴凝之氣盛於西北，此天地之義氣也。』」僩。

若說得本源，則不犯「仁」字。禪家曹洞有「五位法」，固可笑。以黑爲正位，白爲偏位。若說時，只是形容個黑白道理，更不得犯「黑」、「白」二字，皆是要從心中流出，不犯紙上語。從周。

節問：「先生以爲一分爲二，二分爲四，四分爲八，又細分將去。程子説『性中只有個仁義禮智四者而已』，只分到四便住，何也？」曰：「周先生亦止分到五行住。若要細分，則如易樣分。」節。〔六八〕

嘗言仁義禮智而以手指畫扇中心，曰：「只是一個道理，分爲兩個。」又横畫一畫，曰：「兩個分爲四個。」又以手指逐一指所分爲四個處，曰：「一個是仁，一個是義，一個是禮，一個是智。這四個便是個種子，惻隱、羞惡、恭敬、是非，便是種子所生底苗。」節。

「今且要誠〔六九〕得仁之意思是如何。聖賢説仁處最多，那邊如彼説，這處如此説，文義各不同。看得個意思定了，將聖賢星散説體看，處處皆是這意思，初不相背，始得。集注説：『愛之理，心之德。』愛是惻隱，惻隱是情，其理則謂之仁。心之德，德又只是愛，謂之心之德却是愛之本柄。人之所以爲人，其理則天地之理，其氣則天地之氣。理無迹，不可見，故於氣觀之。要識仁之意思，是一個渾然温和之氣，其氣則天地陽春之氣，其理則天地生物之心。今只就人身己上看有這意思是如何。纔有這意思便自恁地好，便不恁底乾燥。將此意看聖賢許多説仁處，都只是這意。告顏子以『克己復禮』，克去己私以復於禮，自然都是這意思。這不是待人旋安排，自是合下都有這個渾全流行物事。此意思纔無私意間隔，便自見得人與己一，物與己一，公道自流行。須是如此看。孔門弟子所問都只是問做工夫，若是仁之體段意思，也各各自理會得了。今却是這個未曾理會得，如何説要做工夫！且如程先生云『偏言則一事，專言則包四者』，云〔七〇〕『四德之元，猶五常之仁』。恰似有一個小小底仁，有一個大大底仁。『偏言則一事』是小小底仁，只做得仁之一事；『專言則包四者』是大大底仁，又是包得禮義智底仁。〔七一〕若如此説，是有兩樣仁。不知仁只是一個，雖是偏言，那許多道理也都在裏面；雖是專言，那許多道理也都在裏面。」致道云：「如春是生物之時，已包得夏長、秋成、冬藏意思在。」曰：「春是生物之時，到夏秋冬也只是這氣流注去，但春則是方始生榮意思，到夏便是結裏〔七二〕定了，是這生意到後只漸老了。」賀孫曰：「如温和之氣固是見得仁。若就包四者意思看，便自然有節文，自然得宜，自然明辨。」答曰：「然。」賀孫。

問仁。曰：「將仁、義、禮、智四字求。」又問：「仁是統體底否？」曰：「且理會義禮智令分明，其空缺一處便是仁。」又曰：「看公時一般氣象如何，私時一般氣象如何。」德明。

先生曰：「『仁』字須兼義、禮、智看，方看得。〔七三〕仁者，仁之本體；禮者，仁之節文；義者，仁之斷制；知者，仁之分別。猶春夏秋冬雖不同，而同出於春。春則生意之生也，夏則生意之長也，秋則生意之成也，冬則生意之藏也。自四而兩，兩而一，則統之有宗，會之有元，故曰『五行一陰陽，陰陽一太極』。」又曰：「仁爲四端之首，而智則能成終。〔七四〕猶元爲四德之長，然元不生於元而生於貞。蓋〔七五〕天地之化，不翕聚則不能發散也。仁、智交際之間乃萬化之機軸。此理循環不窮，吻合無間。〔七六〕」又曰：「貞而不固則非貞。貞如板築之有幹，不貞則無以爲元。」又曰：「文言上四句説天德之自然，下四句説人事之當然。元者乃衆善之長也，亨者乃嘉之會也。嘉會，猶言一齊好也。會猶齊也，言萬物至此通暢茂盛，一齊皆好也。利者義之和處也；貞者乃事之楨幹也。下文〔七七〕『體仁足以長人』，以仁爲體而温厚慈愛之理由此發出也。體猶所謂『公而以人體〔七八〕』之『體』。嘉會者，嘉其所會也。一一以禮文節之，使之無不中節乃嘉其所會也。『利物足以和義』，言〔七九〕義者事之宜也，利物則合乎事之宜矣。此句乃翻轉『義』字愈明白，不利物則非義矣。貞固以貞爲骨子，則堅定不可彩易。〔八〇〕」銖。

仁、義、禮、智便是元、亨、利、貞。若春間不曾發生得，到夏無緣得長，秋冬亦無可收藏。泳。

仁、義、禮、智，性之大目，皆是形而上者，豈可分也。人傑。

「仁、義、禮、智纔去尋討他時便動了，便不是本來底。」又曰：「心之所以會做許多，蓋是得許多道理。」又曰：「何以見得有此四者？因其惻隱，知其有仁；因其羞惡，知其有義。」又曰：「伊川穀種之説最好。」又曰：「冬飲湯是宜飲湯，夏飲水是宜飲水。冬飲水、夏飲湯便不宜。人之所以羞惡者，是觸着這宜。如兩個物事樣，觸着宜便羞惡。羞惡只是一事。〔八一〕」節。

晏亞夫問仁義禮智裏面次序。先生指其掌曰：「論輕重，則仁禮春夏，義智秋冬。」節。〔八二〕

生底意思是仁，殺底意思是義，發見會通是禮，收〔八三〕藏不測是智。節。

節問："仁義禮智，立名還有意義也無？"答曰："說仁便有慈愛底意思，說義便有剛果底意思，也不可謂無意義。"節。[八四]

或問："仁義禮智，性之四德。又添'信'字，謂之'五性'如何？"曰："信是誠實。此四者實有，是仁實有，是義與禮、智皆然。[八五]如五行之有土，非土則不足以載四者。又如土於四時各寄王十八日，或謂王於戊己。然季夏乃土之本宮，故尤王夏末。[八六]月令載'中央土'者，以此故也。"人傑。

自[八七]行皆仁義禮智中出。節。

前輩教人求仁，只說是淵深溫粹，義理飽足。榦。

說仁，只看孺子將入井時，尤好體認。季札。[八八]

子元翰[八九]云："存得此心即便是仁。"先生深然之。道夫。[九〇]

或問"存得此心便是仁"。曰："且要存得此心，不爲私欲所勝，遇事每每着精神照管，不可隨物流去，須要緊緊守着，若常存得此心，應事接物。雖不中不遠，思慮紛擾於中，都是不能存此心。此心不存，合視處也不知視，合聽處也不知聽。"或問："莫在於敬否？"曰："敬非別是一物事，常喚醒此心便是。人每日只如此體，鶻突突過了，心都不曾收拾得在這裏面。[九一]"

又曰："仁雖似有剛直意，畢竟本是個溫和之物，但出來發用時有許多般，須[九二]是非、辭遜、斷制三者，方成仁之事。及至事定，三者各退，仁仍舊温和，緣是他本性分[九三]如此。人但見有是非、節文、斷制，却謂都是仁之本意則非也。春本温和，故能生物，所以説仁如春。」[九四]

道夫[九五]問：「向者以書言仁，雖蒙賜書有進教之意，然仁道至大，而道夫所見只以存心爲要，恐於此當更有恢廣功夫。」曰：「也且只得恁做去，久之自見利病。[九六]」頃之，復曰：「這功夫忙不得。只常將上來思量，自能有見。横渠云：『蓋欲學者存意之不忘，庶游心浸熟，有一日脱然如大寐之得醒耳。』」道夫。[九七]

百行萬善，固是都合着力，然如何件件去理會得！百行萬善總於五常，五常又總於仁，所以孔孟只教人求仁。求仁只是「主敬」、「求放心」，若能如此，道理便在這裏。從周。[九八]

學者須是求仁。所謂求仁者，不放此心。聖人亦只教人求仁，蓋仁義禮智四者，仁是[九九]以包之。若是存得仁，自然頭頭做着，不用逐事安排，故曰「苟志於仁矣，無惡也」。今看大學亦要識此意，所謂「顧諟天之明命」，「無他，求其放心而已」。銖。[一〇〇]

做一方便事，也是仁；不殺一蟲，也是仁；「三月不違」，也是仁。節。

耳之德聰，目之德明，心之德仁，且將這意去思量體認。泳。

將愛之理在自家心上體，自體認思量，[一〇一]便見得仁。

仁是個温和柔軟底物事。老子說：「柔弱者，生之徒；堅强者，死之徒。」見得自是。看石頭上如何種物事出！「藹乎若春陽之温，汎乎若醴酒之醇」，此是形容仁底思意。〔一〇二〕當來得於天者只是個仁，所以爲心之全體。却自仁中分四界子：一界〔一〇三〕上是仁之仁，一界子是仁之義，一界子是仁之禮，一界子是仁之智。一個物事，四脚撑在裏面，唯仁兼統之。心裏只有此四物，萬物萬事皆自此出。

天之春夏秋冬最分曉：春生，夏長，秋收，冬藏。雖分四時，然生生意〔一〇四〕味〔一〇五〕嘗不貫，縱霜雪之慘亦是生意。

以「生」字說仁，生自是上一節事。當來天地生我底意，我而今須要自體認得。

試自看一個物堅硬如頑石，成得甚物事！此便是不仁。

試自看温和柔軟時如何，此所以「孝弟爲仁之本」。若如頑石，更下種不得，俗說「硬心腸」，可以見。硬心腸，如何可以與他說話？

惻隱、羞惡、辭遜、是非，都是兩意：惻是初頭子，隱是痛；羞是羞己之惡，惡是惡人之惡；辭在我，遜在彼；是、非自分明。

才仁，便生出禮，所以仁配春，禮配夏；義是裁制，到得智便了，所以配秋、配冬。

既認得仁如此分明，到得做工夫須是「克己復禮」，「出門如見大賓，使民如承大祭」，「己所不欲，勿施於人」，方是做工夫處。泳云〔一〇六〕：「先生令思『仁』字，至窮〔一〇七〕三夜方説前三條，以從〔一〇八〕八條又連三四夜所説，故今依次第，不敢夜〔一〇九〕動。」

公不可謂之仁，但公而無私便是仁。敬不可謂之中，但敬而無失便是中。道夫。

公是仁之方法，人身是仁之材料。銖。

無私以間之故曰寶本「故曰」作「則」。公，公則仁。譬如水，着寶本「着」作「若一」。些子礙便成兩截，須是打併了寶本「了」作「他」。障塞，使寶本作「便」。滔滔地去。銖。〔一一〇〕

問「公者仁之理」。曰：「『理』字未安，上下文却皆好。」可學。〔一一一〕

公在前，恕在後，中間是仁。公了方能仁，私便不能仁。可學。

王景仁問仁。曰：「無以爲也。須是試去屏疊了私欲，然後子細體驗本心之德是甚氣象，無徒講其文義而已也。」處謙。〔一一二〕

做到私欲浄盡，天理流行，便是仁。道夫。

周明作謂「私欲去則爲仁」。曰：「謂私欲去後仁之體見則可，謂私欲去後便爲仁則不可。譬如日月之光，雲霧蔽之，固是不見。若謂雲霧去則便指爲日月亦不可。如水亦然。沙石雜之間〔一一三〕，非水之本然，然沙石去後自有所謂水者，不可便謂無沙無石。〔一一四〕」雉。

余正叔謂「無私欲是仁」。曰：「謂之無私欲然後仁則可，謂無私便是仁則不可，蓋無〔一一五〕欲而後仁始見，如無所壅底而後水方行。」方叔曰：「與天地萬物爲一體是仁。」曰：「無私是仁之前事，與天地萬物爲一體是仁之後事。惟無私，然後與天地萬物爲一體。〔一一六〕要在二者之間識得八字〔一一七〕。畢竟仁是甚模樣？欲曉得仁名義，須共〔一一八〕『義』、『禮』、『智』三字看。欲真個見得仁底模樣，須是從『克己復禮』做工夫去。今人説仁如糖，皆道是甜底；不曾喫着，不知甜是甚滋味。聖人都不説破，在學者以身體之而已矣。」閎祖。

上蔡説仁，只從知覺上説，不就爲仁處説。聖人分明説「克己復禮爲仁」，不曾説知覺底意。上蔡一變而張子韶，上蔡所不敢衝突者，張子韶出來盡衝突了。近來陸子静又衝突張子韶之上。〔一一九〕

仁固有知覺，喚知覺做仁却不得。閎祖。

以名義言之，仁自是愛之體，覺自是智之用，本不相同，但仁包四德。苟仁矣，安有不覺者乎！道夫。

問：「上蔡以覺訓仁，莫與佛氏説異？若張子韶之説，則與上蔡不同。」曰：「子韶本無定論，只是迅筆便説，不必辨其是非。其云佛氏説覺，却只是説識痛癢。」曰：「上蔡亦然。」又問：「上蔡説覺，乃是覺其理。」曰：「佛氏亦云覺理。」此一段説未盡，客至，起。可學。〔一二〇〕

問：「先生答湖湘學者書，以『愛』字言仁，如何？」曰：「緣上蔡説得『覺』字太重，便相似說禪。」問：「龜山却推『惻隱』二字。」曰：「龜山言『萬物與我爲一』云云，說亦太寬。」問：「此還是仁之體否？」曰：「此不是仁之體，却是仁之量。仁者固能覺，謂覺爲仁不可；仁者固能與物爲一，謂萬物爲一爲仁亦不可。譬如說屋，不論屋是木做柱，竹做壁，却只說屋如此大，容得許多物。如萬物爲一，只是說得仁之量。」因舉禪語是說得量邊事云云。德明。

器之問韓文公〔一二一〕「博愛之謂仁」。曰：「程先生之說最分明，只是不子細看。要之，仁便是愛之體，愛便是仁之用。」〔一二二〕

湖南學者說仁，舊來都是架空〔一二三〕說出一片。頃見王日休解孟子中有〔一二四〕云：「麒麟者，獅子也。」所謂仁者，〔一二五〕本是惻隱温厚底物事，却被他們說得抬虛打險，瞠眉努眼，却似說麒麟做獅子，有吞伏百獸之狀，蓋自「知覺」之說起之。麒麟不食生肉，不踐生草；獅子則一草不踐，〔一二六〕百獸聞之而腦裂。僩。

義是個毅然說話，如利刀着物。季札。

義似一柄快刀相似。人傑。〔一二七〕

不可執定，隨他理去。理〔一二八〕如此，自家行之便是義。節。

又曰：「天下之物未嘗無對，有陰便有陽，有仁便有義，有善便有惡，有語便有默，有動便有静，然又却只是一個道理。如人行出去是這脚，行歸亦是這脚。譬如口中之氣，噓則爲温，吸則爲寒耳。」僩。

仁義如陰陽，只是一氣。陽是正長底氣，陰是方消底氣；仁便是方生底意，〔一二九〕義便是收回頭底仁。要之，仁未能盡得道體，道則平鋪地散在裏，仁固未能盡得，然仁却是足以該道之體。若識得陽便識得陰，識得仁便識得義，識得一個便曉得其餘個。道夫。

「尋常人施恩惠底心便發得易，當刑殺時，此心便疑。可見仁屬陽、屬剛，義屬陰、屬柔。」直卿云：「只將『舒』『斂』二字看便見。喜則舒，怒則斂。」〔一三〇〕

又曰：「仁義，其體亦有先後。」節。

義之嚴肅，即是仁底收斂。淳。

「克己復禮爲仁」，善善惡惡爲義。道夫。〔一三一〕

問：「義者仁之質？」曰：「義有裁制割斷意，是把定處，便發出許多仁來。如非禮勿視聽言動，便是把定處；『一日克己復禮，天下歸仁』，便是流行處。」淳。

禮者，節文也。禮數。節。

熟底是仁，生底是恕；自然底是仁，勉强底是恕；無計較、無覩當底是仁，有計較、有覩當底是恕。〔一三二〕

或問：「『恕則仁之施，愛則仁之用』，施與用如何分明？〔一三三〕」曰：「恕之所施，施其愛

爾。不恕，則雖有愛而不能及人也。」銖。〔一三四〕

問：「『恕則仁之施，愛則仁之用』，施與用何以别？」曰：「施是從這裏流出，用是就事説。『推己爲恕』，是從己流出去及那物，愛是才調恁地。愛如水，恕如水之流。」淳。

問：〔一三五〕「先生謂『愛如水，恕如水之流』，淳退而思，有所未合。竊謂仁如水，愛如水之潤，恕如水之流，不審如何？」曰：「説得好。昨日説過了。」淳。〔一三六〕

敬硬，恭軟。節。〔一三七〕

恭主容，敬主事。有事則著心做，不易其心而爲之是敬。恭形於外，敬主於中。自誠身而言則恭較緊，自行事而言則敬爲切。淳。

因言「恭敬」二字如忠信，或云：「敬，主於中者也；恭，發於外者也。」曰：「凡言發於外，比似主於中者較大。蓋必充積盛滿而後發於外，則發於外者豈不如主於中者？然主於中者却是本，不可不知。」卓。〔一三八〕

又問：「『恭敬』二字，以謂恭在外，功夫猶淺；敬在内，功夫大段細密。」曰：「二字不可以深淺。『恭敬』，猶『忠信』兩字。〔一三九〕」文蔚謂：「恭即是敬之發見。」先生默然良久，曰：「本領雖在敬上，若論那大處，恭反大。如敬〔一四〇〕若不是裏面積盛，無緣發出來做得恭。」文蔚。

忠信者，真實而無虚僞也，無些欠缺，無些間斷，樸實頭做去無停住也。敬者，收斂而不放縱也。祖道。

因言勇而無剛。曰：「剛與勇不同：勇只是敢爲，剛有堅强之意。」〔一四一〕

晦庵先生朱文公語類卷第七

學一

小學

古者初年入小學，只是教之以事，如禮、樂、射、御、書、數及孝悌、忠信之事。自十六七入大學，然後教之以理，如致知、格物及所以爲忠信孝弟者。道夫。〔一〕

古人自入小學時已自知許多事了，至入大學時只要做此工夫，今人全未曾知此。古人只去心上理會，至去治天下，皆自心中流出，今人只去事上理會。泳。

古者小學已自養得小兒子這裏，〔二〕已自是聖賢坯璞了，但未有聖賢許多知見。及其長也，令入大學，使之格物、致知，長許多知見。節。

王問大學、小學之別。〔三〕曰：「小學是直理會那事；大學是窮究那理，因甚恁地。」寓。

小學者，學其事；大學者，學其小學所學之事之所以。節。

問小學、大學之別。〔四〕先生曰：「小學是事，如事君、事父、事兄、處友等事，只是教他依此規矩做去。大學是發明此事理。〔五〕」銖。

古人便都從小學中學了，所以大來都不費力，如禮、樂、射、御、書、數，大綱都學了。及至長大，也不更大段學，〔六〕便只理會窮理、致知工夫。而今是自少〔七〕失了，要補填，實是難，但須莊敬誠實，立其基本，逐事逐物理會道理。待此通透，意誠心正了，就切身處理會，旋旋去理會禮、樂、射、御、書、數。今則無所用乎御。如禮、樂、射、書、數，也是合當理會底，皆是切用，但不先就切身處理會得道理，便教考究得些禮文制度，又干自家身己甚事！賀孫。

「古者小學已自暗養成了，到長來已自有聖賢坯模，只就上面加光飾。如今全失了小學工夫，只得教人且把敬爲主，收斂身心，却方可下工夫。」又曰：「古人小學教之以事，便自養得他心，不知不覺自好了。到得漸長，漸更歷通達事物，將無所不能。今人既無本領，只去理會許多閑汨董，百方措置思索，反以害心。」賀孫。

淳〔八〕問：「大學與小學不是截然爲二。小學是學其事，大學是窮其理以盡其事否？」曰：「只是一個事。小學是學事親、學事長，且直理會那事。大學是就上面委曲詳究那理，其所以事親是如何，所以事長是如何。古人於小學存養已熟，根基已深厚，到大學只就上面點化出些精彩。古人自能食能言便已教了，一歲有一歲工夫，至二十時聖人資質已自有十分，徐〔九〕作

「三分」。大學只出治光彩。今都蹉過，不能轉去做，只據而今當去聲。〔一〇〕地頭立定脚做去，補塡前日欠闕，栽種後來合做底。〔一一〕如二十歲覺悟，便從二十歲立定脚力做去；三十歲覺悟，便從三十歲立定脚力做去；縱待八九十歲覺悟，也當據見定劄住硬寨做去。」淳。寓同。

器遠前夜說「敬當不得小學」。某看來，小學却未嘗得敬，敬已是包得小學。敬是徹上徹下工夫。雖做得聖人田地，也只放下這敬不得。如堯舜也只終始是一個敬。如說「欽明文思」頌堯之德，四個字獨將這個「敬」做擗初頭。如說「恭己正南面而已」，如說「篤恭而天下平」，皆是。賀孫。

陸子壽言：「古者教小子弟，自能言能食即有教，以至灑掃應對之類皆有所習，故長大則易語。今人自小子即教做小字對，〔一二〕稍大即教作虛誕之文，皆壞其性質。某嘗思欲做一小學規，使人自小教之便有法，如此亦須有益。」先生曰：「只做禪苑清規樣做亦自好。」大雅。

天命非所以教小兒，教小兒只說個理義大概，只眼前事，或以灑掃應對之類作段子亦可。每嘗疑曲禮「衣毋撥，足毋蹶；將上堂，聲必揚；將入户，視必下」等叶韻處，皆是古人初教小兒語。列女傳孟母又添兩句曰：「將入門，問孰存。」淳。義剛同。

先生初令義剛訓二三小子，見教曰：「授書莫限長短，但文理斷處便住。若文勢未斷者，雖多授數行亦不妨。蓋兒時讀書，終身改口不得。嘗見人教兒讀書限長短，後來長大後都念不轉。如訓詁則當依古注。」至是[一三]義剛又問曰：[一四]「向來承教，謂小兒子讀書，未須把近代解説底音訓教之，却不知解與他時如何？若依古注，恐他不甚曉。」先生曰：「解時却須正説始得，若大段小底又却只是粗義，自與古注不相背了。」義剛。

小童添炭，撥開，火散亂。先生曰：「可拂殺了，我不愛人恁地，此便是燒火不敬。所以聖人教小兒灑掃應對，件件要謹。某外家子姪未論其賢否如何，一出來便齊整，緣是他家長上元初教誨得如此。只一人外居，氣習便不同。」義剛。淳同。[一五]

淳[一六]問：「女子亦當有教。自孝經之外，如論語，只取其面前明白者教之，如何？」曰：「亦可。如曹大家女戒、温公家範亦好。」淳。義剛同。[一七]

和之問小學所疑。先生曰：「且看古之聖人教人之法如何，而今全無這個。且『天佑下民，作之君，作之師』，蓋作之君便是作之師也。」時舉。

或問：「某今看大學，如小學中有未曉處亦要理會。」先生曰：「相兼看亦不妨。學者於文爲度數，不可存個終理會不得之心。須立個大規模，都要理會得。至於其明其暗則係乎人之才如何耳。」人傑。

後生初學，且看小學之書，那個是做人底樣子。廣。

先生下學，親[一八]説小學。曰：「前賢之言須是真個躬行佩服，方始有功，不可只如此説過，不濟事。」淳。

問：「小學載樂一段，不知今人能用得否？」先生曰：「姑使知之。古人自小即以樂教之，乃是人執手提誨。到得大來涵養已成，稍能自立便可。今人既無此，非志大有所立，因何得成立！」可學子。〔一九〕

因論小學。曰：「古者教必以樂，後世不復然。」某問：「此是作樂使之聽，或其自作？」先生曰：「自作？若自理會不得，自作何益。古者國君備樂士，無故不去。琴瑟，日用之物，無時不列於前。」某問：「鄭人賂晉以女樂，乃有歌鍾二肆，何故？」先生曰：「所謂『鄭聲』，特其聲異耳，其器則同。今之教坊樂乃胡樂。此等事，久則亡。歐陽文忠〔二〇〕公集古録載寇萊公好舞柘枝，有五十曲。文忠時其亡已多，舉此可見。舊見升朝官以上，前導一物，用水晶爲之，謂之『主斧』，今亦無之。」某云：「今之籍妓，莫是女樂之遺否？」先生曰：「不知當時女樂如何。」通老問「左手執籥，右手秉翟」。先生曰：「所謂文舞也。」又問：「古人舞不回旋？」曰：「既謂之舞，安得不回旋？」某問：「『漢家周舞』，注云：『此舜舞』。」先生曰：「遭秦之暴，古帝王樂盡亡，惟韶樂獨存，舜舞乃此舞也。」又問：「通老太學祭孔子樂，渠云亦分堂上堂下，但無大鍾。」先生曰：「竟未知今之樂是何樂。」可學。

問小學「舞勺舞象」。曰：「勺是周公樂，象是武王樂。」曰：「注『勺，籥也』是如何？」曰：

「而今也都見不得。」淳。〔二一〕

「和之所問小學『方物』之義乃是第二條，莫只且看到此，某意要識得下面許多事。」和之因問「五御」中「逐水曲」及「過君表」等處。先生既答，乃曰：「而今便治禮記者，他也不看。蓋是他將這個不干我事，無用處，便且鹵莽讀過了。」和之云：「後當如先生所教，且將那頭放輕。」先生曰：「便放輕也不得，須是見得這頭有滋味時，那頭自輕。」時舉。〔二二〕

問：「小學舉内則篇『四十始仕，方物出謀、發慮』，先生注云：『方物出謀則謀不過物，方物發慮則慮不過物。』請問『不過物』之義？」先生曰：「方物謀慮，大概只是隨事隨慮。」〔二三〕」植。〔二四〕

問：「小學『恪，非以事親』，注何以『恪』爲『恭敬』？」曰：「恭敬較寬，都包許多，解『恪』字亦未盡。『恪』是恭敬中樸實緊要處，今且如此解。若就恭敬説，則恭敬又別。恭主容，敬主事，如『居處恭，執事敬』之類。」淳問：「恪非所以事親，只爲有嚴意否？」曰：「太莊、太嚴了。」淳。〔二五〕

弟子職「所受是極」，云受業去後須窮究道理到盡處也。「毋驕恃力」如恃氣力欲胡亂打人之類。蓋自小便教之以德，教之以尚德不尚力之事。卓。〔二六〕

弟子職一篇若不在管子中，亦亡矣。此或是他存得古人底亦未可知，或是自作亦未可知。

竊疑是他作内政時，士之子常爲士，因作此以教之。想他平日這樣處都理會來，然自身又却在規矩準繩之外。義剛。

問：「小學實明倫篇何以無『朋友』一條？」曰：「當時是衆編類來，偶無此爾。」淳。〔二七〕

元興問：「禮、樂、射、御、書、數，其中『書』是只學字法否？〔二八〕」先生曰：「此類有數法：如『日』、『月』字是象其形也，『江』、『河』字是諧其聲也，『考』、『老』字是假其類也。如此數法，若理會得，則天下之字皆可通矣。」時舉。〔二九〕

晦庵先生朱文公語類卷第八

學二

總論爲學之方

這道體[一]浩浩無窮。

道體用雖極精微，聖賢之言則甚明白。若海。

聖人之道如饑食渴飲。人傑。

聖人教人，大概只是説孝弟忠信日用常行底語。[二]人能就上面做將去，則心之放者自收，性之昏者自著。如「心」、「性」等字，到子思孟子方説得詳。夔孫。[三]

聖人教人有定本。舜「使契爲司徒，教以人倫：父子有親，君臣有義，夫婦有别，長幼有序，朋友有信」。夫子對顔淵曰：「克己復禮爲仁。」「非禮勿視，非禮勿聽，非禮勿言，非禮勿動。」皆是定本。人傑。

聖賢所說工夫都只一般，只是一個「擇善固執」。論語則說「學而時習之」，孟子則說「明善誠身」，只是隨他地頭所說不同，下得字來，各自精細。其實工夫只是一般，須是盡知其所以不同，方知其所謂同也。僩。

這個道理各自有地頭，不可只就一面說。在這裏時是恁地說，在那裏時又如彼說，其賓主彼此之勢各自不同。僩。

聖人之道有高遠處，有平實處。道夫。

大[四]道若大路然，豈難知哉！人病不由耳。道夫。

道未嘗息而人自息之，非道亡也，幽厲不由也。[五]

學者工夫但患不得其要，若是尋究得這個道理，便自然頭頭有個着落，貫通浹洽，各有條理。如或不然，則處處窒礙。學者常談，多說持守未得其要，不知持守甚底。說廣充，說體驗，說涵養，皆是揀好底言語做個說話，必有實得力處方可。所謂要於本領上理會者，蓋緣如此。謨。

爲學須先立得個大腔當了，却旋去裏面修治壁落教綿密。今人多是未曾知得個大規模，先去修治得一間半房，所以不濟事。僩。

識得道理原頭便是地盤。如人要起屋，須是先築教基址堅牢，上面方可架屋。若自無好基址，空自今日買得多少木去起屋，少間只起在別人地上，自家身己自没頓放處。賀孫。

須就源頭看教大底道理透，闊開基，廣開址。如要造百間屋，須着有百間屋基；要造十間屋，須着有十間屋基。緣這道理本同，甲有許多，乙也有許多，丙也有許多。賀孫。

今來朋友相聚都未見得大底道理，還且謾恁地逐段看，還要直截盡理會許多道理，教身上没些子虧欠。若只恁地逐段看，不理會大底道理，依前不濟事。這大底道理如曠闊底基址，須是開墾得這個了，[六]方始架造安排，有頓放處。見得大底道理，方有立脚安頓處。若不見得大底道理，如人無個居着，趁得百十錢歸來也無頓放處，況得明珠至寶安頓在那裏？自家一身都是許多道理，人人有許多道理。蓋自天降衷，萬理皆具，仁義禮智，君臣父子兄弟朋友夫婦，自家一身都擔在這裏。須是理會了，體認教一一周足，略欠闕些子不得；須是[七]緩心，直要理會教盡；須是大作規模，闊開其基，廣闢其地，少間到逐處，即看逐處都有頓放處。日用之間只在這許多道理裏面轉，喫飯也在上面，上床也在上面，下床也在上面，脱衣服也在上面，更無些子空闕處。堯舜禹湯也只是這道理。如人刺繡花草，不要看他繡得好，須看他下針處。如人寫字好，不要看他寫得好，只看他把筆處。賀孫。[八]

學須要先理會那大底。理會得大底了，將來那裏面小底自然通透。今人却是理會那大底不得，只去搜尋裏面小小節目。植。

或問：「氣質之偏如何救得？」曰：「纔説偏了，又着一個物事去救他偏，越見不平正了，越見討頭不見。要緊只是看教大底道理分明，偏處自見得。如暗室求物，把火來便照見。若只管去摸索，費盡心力，只是摸索不見。若見得大底道理分明，有病痛處也自會變移不自知，自不消得費力。」賀孫。

「成己方能成物，成物在成己之中，須是如此推出，方能合義理。聖賢千言萬語，教人且從近處做去。如灑掃大廳大廊，亦只是如灑掃小室模樣，掃得小處净潔，大處亦然。若有大處開拓不去，即是於小處便不曾盡心。學者貪高慕遠，不肯從近處做去，如何理會得大頭項底！而今也有不曾從裏做得底，外面也做得好。此只是才高，以智力勝將去。中庸説細處只是謹獨、謹言、謹行；大處是武王、周公達孝，經綸天下，無不載。小者便是大者之驗。須是要謹行、謹言，從細處做起，方能充得如此大。」又曰：「如今爲學甚難，緣小學無人習得，如今却是從頭起。古人於小學小事中便皆存個大學大事底道理在，大學便只是推將開闊去。向來小時做底道理存其中，正似一個坯素相似。」明作。

學者做工夫，無説道只要得一個頓段大項目工夫後方做得，即今逐些零碎積累將去。纔等待大項目後方做，即今便蹉過。從周。[九]

「如今學問未識個入路，就他自做倒不覺。惟既識得個入頭，却事事須着理會。且道世上多多少少事！」江文卿云：「只先生一言一語，皆欲爲一世法，所以須着如此。」先生曰：「不是説要爲世法。既識得路頭，許多事都自是合着如此，不如此不得。自是天理合下當然。」賀孫。

若不見得入頭處，緊也不可，慢也不得。若識得些路頭，須是莫斷了。若斷了便不成，待得再新整頓起來，費多少力！如雞抱卵，看來抱得有甚煖氣，只被他常常恁地抱得成。若把湯去湯便死了，若抱纔住了便冷了。然而實是見得入頭處，也自不解住了，自要做去，他自得些滋味了。如喫果子相似，未識滋味時，喫也得，不消喫也得；到識滋味了，要住自住不得。賀孫。

佛家一向撤去許多事，只理會自身己。其教雖不是，其意思却是要自理會。所以他那下常有人，自家這下自無人。今世儒者能守經者，理會講解而已；看史傳者計較利害而已。那人直是要理會身己，從自家身己做去。不理會自身己，説甚别人長短！明道先生曰：「不立己，後雖向好事猶爲化物。不得以天下萬物撓己，己立後自能了當得天下萬物。」只是從程先生後不再傳而已衰，所以某嘗説自家這下無人。佛家有三門：曰教，曰律，曰禪。禪家不立文字，只直截要識心見性。律本法，甚嚴，毫髮有罪。如云不許飲水，纔飲水便是［一〇］罪過。如今小院號爲律院，乃不律之尤者也。教自有三項：曰天台教，曰慈恩教，曰延壽教。延壽教南方無傳，有此文字，無能通者。其學近禪，故禪家以此爲得。天台教專理會講解，慈恩教亦只是講解。

吾儒家若見得道理透，就自家身心主〔一一〕理會得本領便自兼得禪底，講説辨訂便自兼得教底，動由規矩便自兼得律底。事事是自家合理會。顔淵問爲邦。看他陋巷簞瓢如此，又却問爲邦之事，只是合當理會，看得是合做底事。君〔一二〕理會得入頭，意思一齊都轉；若不理會得入頭，少間百事皆差錯。若差了路頭底亦多端：看〔一三〕纔出門便錯了路底，有行過三兩條路了方差底，有略差了便轉底，有一向差了煞遠終於不轉底。賀孫。

誨力行曰：「若有人云孔孟天資不可及，便知此人自暴自棄，萬劫千生無緣見得！〔一四〕所謂『九萬里則風斯在下』。」力行。〔一五〕

「凡人須以聖賢爲己任。世人多以聖賢爲高而自視爲卑，故不肯進。抑不知使聖賢本自高，而己別是一樣人，如此則早夜孜孜。別是分外事，不爲亦可，爲之亦可。然聖賢稟性與常人一同，既與常人一同，又安得不以聖賢爲己任？自開闢以來，生多少人來，其盡己者，〔一六〕千萬人中無一二人，〔一七〕只是衮同，枉過一世！詩曰：『天生烝民，有物有則。』今世學者往往有物而不能有其則。中庸曰『尊德性而道問學』、『極高明而道中庸』，此數句乃是徹首徹尾。人性本善，只爲嗜慾所述，〔一八〕利害所逐，一齊昏了。聖賢能盡其性，故耳極天下之聰，目極天下之明，爲子極其孝，爲臣極其忠。」某問：「明性須以敬爲先？」答曰：「固是，但敬亦不可混淪就，〔一九〕須是每事上檢點。論其大要，只是不放過耳。大抵爲己之學，於他人無一毫干預。聖賢千言萬語，只是使人反其固有而復其性耳，更於此看。〔二〇〕可學。

信道篤。如何得他信得篤？須是你自去理會始得。而今人固有與他説，他信不篤者須要你自信始得。僩。〔二一〕

學者大要立志。所謂志者，不是道將這些意氣去蓋他人，只是直截要學堯舜。「孟子道性善，言必稱堯舜」，此是真實道理。「世子自楚反，復見孟子。孟子曰：『世子疑吾言乎？夫道一而已矣。』」這些道理更無走作，只是一個性善可至堯舜，别没去處了。下文引成覸、顏子、公明儀所言，便見得人人皆可爲也。學者立志，須教勇猛，自當有進。志不足以有爲，此學者之大病。謨。

世俗之學所以與聖賢不同者亦不難見。聖賢直是真個去做，説正心直要心正，説誠意直要意誠，修身齊家皆非空言。今之學者説正心，但將正心吟詠一餉；説誠意，又將誠意吟詠一餉；説修身，又將聖賢許多説修身處諷誦而已。或掇拾言語，綴緝時文。如此爲學，却於自家身上有何交涉？這裏須用着意理會。今之朋友，固有樂聞聖賢之學而終不能去世俗之陋者，無他，只是志不立爾。學者大要立志，纔學，便要做聖人是也。謨。

學者須是立志。今人所以悠悠者，只是把學問不曾做一件事看，遇事則且胡亂恁地打過了。此只是志不立。雉。

立志要如飢渴之於飲食，才有悠悠便是志不立。祖道。

政和有客同侍坐。先生曰：「這下人全不讀書。莫説道教他讀別書，只是要緊如六經、漢書、唐書、諸子，也須着讀始得。又不是大段直錢了，不能得他讀。只問人借將來讀也得。如何一向只去讀時文，如何擔當個秀才名目在身己上。既做秀才，未説道要他理會甚麽高深道理，也須知得古聖賢所以垂世立教之意是如何，〔二二〕從古來人物議論是如何，這許多眼前底都全不識，如何做士人？須是識得許多方始成得個人。」又云：「向來人讀書爲科舉計，已自是末了。如今又全不讀而赴科舉，又末之末者。若以今世之所習，雖做得官，貴窮公相，也只是個没見識底人。若依古聖賢所教做去，雖極貧賤，身自躬耕，而胸次亦自浩然，視彼污濁卑下之徒曾犬彘之不若。」又曰：「如今人也須先立個志趣始得。還當自家要做甚麽人？是要做聖賢？是只要苟簡做個人？天教自家做人，還只教恁地便是了？閑時也須思量着聖賢還是元與自家一般，還是有兩般？天地交付許多與人，不獨厚於聖賢而薄於自家，自家是有這四端，是無這四端？只管在塵俗裏面衮，還曾見四端頭面？還不曾見四端頭面？且自去看。最難説是意趣卑下，都不見上面許多道理。公今如只管去喫魚鹹，不知有芻豢之美。若去喫芻豢，自然見魚鹹是不好喫物事。」又云：「如論語説『學而時習之』，公且自看平日是曾去學，不曾去學？曾去習，不曾去習？學是學個甚麽？習是習個甚麽？曾有説意思是無？説意思且去做好？讀聖賢之書，熟讀自見。如孟子説『亦有仁義而已』，這也不待生解。〔二三〕如何孟子須教人舍利而就義？如今人如何只去義而趍利？」賀孫。〔二四〕

問：「人氣力怯弱，於學有妨否？」曰：「爲學在立志，不干氣禀强弱事。」又曰：「爲學何用憂惱，但令放平易去。〔二五〕」寓舉聖門弟子，唯稱顔子好學，其次方説及曾子，以此知事大難。先生曰：「固是如此。某看來亦有甚難，有甚易，只是堅立着志，順理〔二六〕做去，他無蹺欹也。」寓。

英雄之主所以有天下，只是立得志定，見得大利害。如今學者只是立得志定，講究得義理分明。賀孫。

或言：「在家衮衮，但不敢忘書册，亦覺未免間斷。」曰：「只是無志。若説家事，又如何汩没得自家？如今有稍高底人也須會擺脱得過，山間坐一年半載，〔二七〕是做得多少工夫。只恁地，且〔二八〕立得個根脚。若時往應事亦無害。較之一向在事務裏衮，是争那裏去？公今三五年不相見，又只恁地悠悠，人生有幾個三五年耶！」賀孫。〔二九〕

凡做事，須着精神。這個物事是剛，有鋒刃。如陽氣發生，雖金石也透過！學蒙。〔三〇〕

須磨厲精神去理會，天下事非燕安暇豫之可得。淳。

萬事須是有精神方做得。方子。〔三一〕

陽氣發處，金石亦透。精神一到，何事不成！道夫。〔三二〕

人氣須是剛，方做得事。如天地之氣剛，故不論甚物事皆透過。人氣之剛，其〔三三〕亦如此。若只遇着一重薄物事便退轉去，則如何做得事。從周。〔三四〕

斷以不疑，鬼神避之。「需者，事之賊也！」方子。〔三五〕

須是猛省！淳。〔三六〕

今之學者全不曾發憤。升卿。

發得早時不費力。升卿。

爲學須是痛切懇惻去做工夫，使飢忘食、渴忘飲始得。砥。

如居燒屋之下，如坐漏船之中。可學。

宗杲云：「如載一車兵器，逐件取出來弄，弄了一件又弄一件，便不是殺人手段。我只有寸鐵，便可殺人！」僴。

且如項羽救趙，既渡，沉船破釜，持三日糧，示士必死，無還心，故能破秦。若瞻前顧後，便做不成。僴。

聖賢千言萬語無非只説此事。須是策勵此心，勇猛奮發，拔出心肝與他去做。如兩邊擂起戰鼓，莫問前頭如何，只認捲將去！如此，方做得工夫。若半上落下、半沉半浮，濟得甚事！僩。

一如大片石，須是和根拔。今只於石面上薄削，濟甚事！作意向學，不十日五日又懶。孟子曰：「一日暴之，十日寒之。」可學。

先生論[三七]學者爲學譬如煉丹，須先將百十斤炭火煅一餉，方好用微微火養教成就。今人未曾將百十斤炭火去煅，便要將微火養將去，如何得會成！恪。

今語學問正如者[三八]物相似，須是爇猛火先煮，方用微火煮。若一向只用微火，何由得熟？欲復自家元來之性乃恁地悠悠，幾時會做得？大要須先立頭緒。頭緒既立，然後有所持守。書曰：「若藥弗瞑眩，厥疾弗瘳。」今日學者皆是養病。可學。

進取得失之念放輕，却將聖賢格言處研窮考究。若悠悠地似做不做，如捕風捉影，有甚長進？今日是這個人，明日也是這個人。季札。

聖門日用工夫甚覺淺近，然推之理，無有不包，無有不貫，及其充廣，可與天地同其廣大。故爲聖、爲賢，位天地，育萬物，只此一理而已。

這個物事「物事」二字，輔本作「道理」。[三九]密，分毫間便相爭。如不曾下工夫，一時去旋揣摸他，只是疏闊。真個下工夫見得底人說出來自是膠粘。旋揣摸得是亦何補？士毅。廣同。[四〇]

爲學極要求把篙處着力。到工夫要斷絶處又更增工夫，着力不放令倒，方是向進處。爲學正如撑上水船，方平穩處儘行不妨，及到灘脊急流之中，舟人來這下[四一]一篙，不可放緩。直須着力撑上，不得一步不學。[四二]放退一步，則此船不得上矣！洽。

學者須是直前做去，莫起計獲之心。如今說底恰似畫卦影一般，吉凶未應時一場鶻突，知他是如何？到應後方始知元來是如此。廣。士毅同。[四三]

天下更有大江大河，不可守個土窮[四四]子謂水專在是。力行。

小立課程，大作工夫。可學。

工夫要趲，期限要寬。從周。

嚴立功程，寬着意思，久之自當有味，不可求欲速之功。道夫。

自早至暮，無非是做工夫時節。道夫。

人多言爲事所奪，有妨講學，此爲「不能使船嫌溪曲」者也。遇富貴，就富貴上做工夫；遇貧賤，就貧賤上做工夫。兵法一言甚佳，「因其勢而利導之」也。人謂齊人弱，田單[四五]乃因其弱以取勝，今日三萬竈，明日二萬竈，後日一萬竈。又如韓信特地送許多人安於死地乃始得勝。學者若有絲毫氣在，必須進力！除非無了此氣，只口不會說話方可休也。因舉浮屠語曰：「假使鐵輪頂上旋，定慧圓明終不失。」力行。

凡人便是生知之資，也須下困學、勉行底工夫方得。蓋道理縝密，去那裏捉摸？若不下工夫，如何會了得！敬仲。

今之學者本是困知、勉行底資質，却要學他生知、安行底工夫。便是生知、安行底資質亦用下困知、勉行工夫，况是困知、勉行底資質。文蔚。

今人不肯做工夫。有是[四六]覺得難，後遂不肯做；有自知不可爲，公然遜與他人。如退産相似，甘伏批退，自己不願要。蓋卿。

大抵爲學雖有聰明之資，必須做遲鈍工夫始得。既是遲鈍之資，却做聰明底樣工夫，如何得？伯羽。

學者議論工夫，要當因其人而示以用工之實，不必費辭。使人知所適從，以入於坦易明白之域可也。若泛爲端緒，使人迫切而自求之，適恐資學者之病。人傑。

師友之功，但能示之於始而正之於終爾。若中間二[四七]十分工夫，自用喫力去做。既有以喻之於始，又自勉之於中，又其後得人商量是正之，則所益厚矣。不爾，則亦何補於事。道夫。

而今緊要且看聖人是如何，常人是如何，自家因甚便不似聖人，因甚便只是常人。就此理會得透，自可超凡入聖。淳。

今之學者多好説得高，不喜平。殊不知這個只是合當做底事。節。

孟子道「人皆可以爲堯舜」，何曾道便是〔四八〕堯舜更不假修爲耶？且如銀坑有鑛，謂鑛非銀固不可，必謂之銀又不可。〔四九〕須用烹煉，然後成銀。淳。〔五〇〕

人若以自修爲心，〔五一〕則舉天下萬物，凡有感乎前者，無非足以發吾義理之正。善者固可師，不善者這裏便恐懼修省，恐落在裏面去，是皆吾師也。夔孫。〔五二〕

切須去了外慕之心！力行。

有一分心向裏，得一分力；有兩分心向裏，得兩分力。文蔚。

凡言誠實都是合當做底事，不是説道誠實好了方去做，不誠實不好了方不做。自是合當誠實。僩。

莊敬，誠實。〔五三〕

學者不立，則一齊放倒了。升卿。

大率爲善須自有立。今欲爲善之人不可謂少，然多顧浮議。浮議何足恤！蓋彼之是非干我何事？亦是我此中不痛切耳。若自着緊，自痛切，亦何暇恤他人之議哉！大雅。〔五四〕

爲學須自覺得〔五五〕今是而昨非，日改而〔五六〕月化，方是長進。儒用。〔五七〕

須是要打疊得盡方有進。從周。

某適來因澡浴得一説：大抵揩背，須從頭徐徐用手則力省，垢可去。若於此處揩之，又於彼處揩之，用力雖然，則終日勞而無功。學問亦如此，若一番理會不了，又作一番理會，終不濟事也。蓋卿。

道不能安坐等其自至，只待別人理會來，放自家口裏！淳。

學者須是奈煩、奈辛苦，不要等待。〔五八〕方子。

自家猶不能快〔五九〕自家意，如何他人却能盡快我意！要在虚心以從善。升卿。

不可倚靠師友。方子。

須是玩味。方子。

咬得破時，正好咀味。文蔚。

只是實去做工夫。議論多，轉鬧了。德明。

只聞「下學而上達」，不聞「上達而下學」。德明。

須是心廣大似這個，方包裹得過，運動得行。方子。

着一些急不得。方子。

且於切近處加工。升卿。

道理生，便縛不住。淳。

今學者之於大道，其未及者雖肓〔六〇〕遲鈍，却須終有到時。唯過之者，便不肯復回來耳。

伯豐。〔六一〕

「虚心順理」，學者當于〔六二〕此四字。人傑。

聖人與理爲一是恰好，其他以心處這理却是未熟。要將此心處理。可學。

敬、義只是一事。如兩脚立定是敬，纔行是義；合目是敬，開眼見物便是義。從周。〔六三〕

涵養須用敬，處事須用集義。道夫。

方未有事時，只得説「敬以直内」。若事物之來，當辨别一個是非，不成只管敬去。敬、義不是兩事。德明。

今人所以事事做得不好者，緣不識之故。只如個詩，舉世之人盡命去奔去聲。做，只是無一個人做得成詩。他是不識，好底將做不好底，不好底將做好底。這個只是心裏鬧，不虚静之故。不虚不静故不明，不明故不識。若虚静而明，便識好物事。雖百工技藝做得精者，也是他心虚理明，所以做得來精。心裏鬧，如何見得？僩。〔六四〕

問：「人如何發其誠敬，消其欲？」曰：「此是極處了。誠，只是去了許多僞；敬，只是去了許多怠慢；欲，只是要窒。」去僞。〔六五〕

學者立得根脚闊便好。升卿。

須是有頭有尾成個物事。方子。

不可涉其流便休。方子。

大本不立，小規不正。可學。

刮落枝葉，栽培根本。可學。

學問須嚴密理會，銖分毫析。道夫。

因論爲學。曰：「愈細密愈廣大，愈謹確愈高明。」僩。

開闢中又着細密，寬緩中又着謹嚴。廣。

如其窄狹，則當涵泳廣大氣象；如其〔六六〕頹惰，則當涵泳振作氣象。方子。

學者須養教氣牢，〔六七〕開闊弘毅。升卿。

常使截斷嚴整之時多，膠膠擾擾之時少，方好。德明。

只有一個界分，出則便不是。廣。

有一等朋友，始初甚鋭意，漸漸疏散，終至〔六八〕忘了。如此，是當時〔六九〕不立界分去做。士毅。廣同。〔七〇〕

大凡氣俗不必問，心平則氣自和。惟心粗一事，學者之通病。横渠先生云：「顔子未至聖人，猶是心粗。」一息不存，即爲粗病。要在精思明辨，使理明義精。而操存涵養無須臾離，無毫髮間，則天理常存，人欲消去，其庶幾矣哉。大雅。〔七一〕

過問：[七二]「爲學之要[七三]只在主敬以存心，格物以覩[七四]當然之理。」曰：「『主敬以存心』却是，當云[七五]『格物以明此心』也。」過。[七六]

問：「凡人之心不存則亡，而無不存不亡之時，故一息之頃不加提省之力，則淪於亡而不自覺。天下之事不是則非，而無不是不非之處。故一事之微，不加精察之功，則陷於惡而不自知。柄近見如此，不知如何？」先生曰：「道理固是如此，然初學者[七七]亦未能便如此也。」柄。[七八]

或問：「此心未能把得定，如何？」先生曰：「且論是不是，未須論定不定。」此人曾學禪，故先生有此語。[七九]柄。

要得坐忘，便是坐馳。道夫。

人須將那不錯底心去驗他那錯底心。不錯底是本心，錯底是失其本心。廣。

人昏時便是不明，纔知那昏時便是明也。廣。

心得其正，方能知性之善。祖道。

人精神飛揚，心不在殼子裏面便害事。節。

古人瞽史誦詩之類，是規戒警誨之意，無時不然。便被他恁地炒，自是使人住不着。大抵學問須是警省。且如瑞巖和尚每日間常自問：「主人翁惺惺否？」又自答曰：「惺惺。」今時學者却不如此。文蔚。

人不自知其病者，是未嘗去體察警省也。〔八〇〕

理不是在面前別爲一物，即在吾心。人須是體察得此物誠實在我，方可。譬如修養家所謂鉛汞、龍虎，皆是我身内之物，非在外也。廣。〔八一〕

「今日得子約書，有『見未用之體』一句，此話却好。」士毅問：「『未用』，是喜怒哀樂未發時，那時自覺有個體段則是。如著意要見他，則是已發？」先生曰：「只是識認他。」士毅録云：〔八二〕「近得子約書，有『未發之本體』一句，此語甚好。人須是看得這個分曉是〔八三〕得。」〔八四〕

不可只把做面前事看了，須是向自家身上體識交分明。〔八五〕如道家存想有所謂龍虎者，亦就身上存想。士毅。

「以思窒慾，思與敬如何？」〔八六〕曰：「人於敬上未有用力處，且自思入，庶幾有個巴攬處。『思』之一字於學者有力。〔八七〕」人傑。〔八八〕

静坐久時昏困不能思，起去又鬧了，不暇思。德明。〔八九〕

因舉酒云：〔九〇〕「未嘗見有衰底聖賢。」德明。

或人性本好，不須矯揉教人一用。此極害理。又有讀書見義理，釋書義理不見亦可慮。可學。

聖賢千言萬語只要人不失其本心。夒孫。

學問是自家合做底。不知學問則是欠缺了自家底，知學問則方纔無所欠缺。今人把學問來做外面添底事看了。廣。

學之爲學，實人才盛衰、風俗厚薄之所繫，焉可不謹？道夫。[九一]

晦庵先生朱文公語類卷第九

學三

論知行

李文[一]問：「窮理、集義孰先後？[二]」先生曰：「窮理爲先，然亦不是截然有先後。」問：[三]「窮是窮在物之理，集是集處物之義否？」曰：「是。」銖。[四]

知、行常相須，如目無足不行，足無目不見。論先後，知爲先；論輕重，行爲重。閎祖。

論知之與行。曰：「方其知之而行未及之則知尚淺，既親歷其域則知之益明，非前日之意味。」公謹。

君子博學於文，約之以禮。泳。[五]

約而不博，博而不約，皆大病。約而不博，只是撰說。可學。[六]

聖賢千言萬語，只是要知得、守得。節。

只有兩件事：理會，踐行。節。

操存涵養則不可不緊，進學致知則不可不寬。祖道。

聖賢説知，便説行。大學説「如切如磋，道學也」，便説「如琢如磨，自修也」；中庸説「學問思辨」，便説「篤行」。顔子説「博我以文」謂致知、格物，「約我以禮」謂「克己復禮」，克去己私，復乎天理，便是踐履。泳。

所謂窮理，大底也窮，小底也窮，少間都成一個物事。所謂持守者，人不能不牽於物欲，纔覺得，便收將來。久之，自然成熟，非謂截然今日爲始也。夔孫。

某與一學者言，操存與窮格不解一上做了。如窮格工夫亦須銖積乎[七]累，工夫到後自然貫通。若操存工夫，豈便能常操。其始也操得一霎，旋旋到一食時或有走作，亦無如之何。能常常警覺，久久自能常存，自然光明矣。人傑。

學者以玩索、踐履爲先。道夫。

千言萬語説得只是許多事。大緊[八]在自家操守講究，只是自家存得些，存這裏便在這裏。[九]若放去便是自家放了。道夫。

務反求者，以博觀爲外馳；務博觀者，以内省爲狹隘，墮於一偏。此皆學者之大病也。道夫。

心包萬理，萬理具於一心。不能存得心，不能窮得理；不能窮得理，不能盡得心。賜。〔一〇〕

擇之問：「且涵養去，久之自明。」先生曰：「亦須窮理。涵養、窮索，二者不可廢一。如車兩輪，如鳥兩翼。如温公只恁行將去，無致知一段。」德明。

思索義理，涵養本原。儒用。

涵養中自有窮理工夫，窮其所養之理；窮理中自有涵養工夫，養其所窮之理。兩項都不相離，纔見成兩處便不得。賀孫。

李文問：〔一一〕「持敬、致知，莫是並行而不相礙否？」曰：「也不須如此，都要做將去。」浮。〔一二〕

學者工夫唯在居敬、窮理二事。此二事互相發。能窮理則居敬工夫日益進，能居敬則窮理工夫日益密。譬如人之兩足，左足行則右足止，右足行則左足止。又如一物懸空中，右抑則左昂，左抑則右昂，其實只是一事。錙。〔一三〕

人須做工夫方有礙。初做工夫時，欲做此一事，又礙彼一事，更没理會處。只如居敬、窮理兩事便相礙。居敬是個收斂執持底道理，窮理是個推尋究竟底道理。只此二者便是相妨，若是熟時，則自不相礙矣。廣。

持敬是窮理之本。窮得理明，又是養心之助。儒用。夔孫同。〔一四〕

學者若不窮理，又見不得道理。然去窮理，不持敬又不得。不持敬，看道理便都散，不聚在這裏。淳。

持敬觀理，如病人相似。自將息固是好，也要討些藥來服。泳。

爲學先要知得分曉。泳。[一五]

萬事皆在窮理後。經不正，理不明，看如何地持守，也只是空。道夫。

王子充又問曰：「某在湖南，見一先生只教人踐履。」先生曰：「義理不明，如何踐履？」王云：[一六]「他説行得便見得。」先生曰：「如人行路，不見，便如何行。[一七]」榦。

而今人只管説治心、修身。若不見這個理，心是如何地治？身是如何地修？若如此説，資質好底便養得成，只是個無能底人；資質不好便都執縛不住了。傅説云：「學于古訓乃有獲。事不師古，以克永世，匪説攸聞。」古訓何消得讀他做甚底？蓋聖賢説出，道理都在裏面，必學乎此，而後可以有得。又云：「惟學遜志，務時敏，厥修乃來。允懷於茲，道積於厥躬。惟斅學半。念終始典於學，厥德修罔覺。」自古人[一八]未有人説「學」字，説「學」字[一九]自傅説説起。他這幾句水潑不入，便是説得密。若終始典於學，則其德之進[二〇]不知不覺自進也。大學于格物誠意都鍛煉成了，到得正心修身處，只是行將去都易了。[二一]夔孫。德明同。[二二]

見無虛實，[二三]行有虛實。見只是見了，後却有行，有不行。[二四]若不見後，只要硬做便所成者窄狹。䕫。

必須端的自省，特達自肯，爾然後可以用力矣，[二五]莫如「下學而上達」也。去僞。[二六]

痛理會一番，如血戰相似，然後涵養將去。因自云：「某如今雖便静坐，道理自見得。未能識得，涵養個甚？」德明。

有人專要理會躬行，此亦是孤。去僞。

古人年三十時都理會得了，便受用行將去。今人却如此費力。只如鄧禹十三歲學於京師，已識光武爲非常人。後來杖策謁軍門，只以數言定天下大計。如云就公之身慮之，天下不足定也。是日先生疾。少間令取後漢鄧禹傳入卧内，因問，遂語及此。[二七]德明。

文字講説得行而意味未深者，正要本源上加功，須是持敬。持敬以静爲主。此意須要於不做工夫時頻頻體察，久而自熟，但是着實自做工夫，不干别人事。「爲仁由己，而由人乎哉」，此語的當。更看有何病痛，知有此病，必去其病，此便是療之之藥。如覺言語多便用簡默，意思疏闊便加細密，覺得輕浮淺易便須深沉重厚。程先生所謂「矯輕警惰」，[二八]蓋如此。謨。

或問：「致知必須窮理，持敬則須主一。然遇事則敬不能持，持敬則又爲事所惑，如何？」

曰：「孟子云：『操則存，舍則亡。』人纔一把捉，心便在這裏。如孟子之[二九]『求放心』，已是說得緩了。心不待求，只警省處便見。孔子曰[三〇]『我欲仁，斯仁至矣』，『爲仁由己，而由人乎哉』，其快如此。蓋人能知其心不在，則其心已在了，更不待尋。」祖道。

窮理以虛心靜慮爲本。淳。

虛心觀理。淳。

學者若有本領，相次千枝萬葉都來湊着這裏，看他[三一]須易曉，讀也須易記。方子。

自家既有此身，必有主宰。理會得主宰，然後隨自家力量窮理格物，而合做底事不可放過些子。因引程子言：「如行兵，當先做活計。」銖。

一心具萬理，能存心而後可以窮理。季札。

人心本明，只被物事在上蓋蔽了，不曾得露頭面，故燭理也[三二]難。且徹了蓋蔽底事，待他自出來行兩匝看。他喚做心，自然智[三三]得是非善惡。蜚卿。明作同。[三四]

心不定，故見理不得。今且要讀書，須先定其心，使之如止水，如明鏡。蜚卿。[三五]

暗鑑如何照物？[三六]蜚卿。

讀書閑暇且靜坐，教他心平氣定，見得道理漸次分明。[三七]這個却是一身總會處。且如看大學「在明明德」一句，須常常提醒在這裏。他日長進亦只在一個心做本，[三八]須存得在這裏，

識得他條理脈絡自有貫通處。賜。〔三九〕

明底人便明了，其他須是養。養，非是如何椎鑿用工，只是心虛静，久則自明。士毅。〔四〇〕

論〔四一〕人之爲學如今之雨下相似。雨既下後到處濕潤，其氣易得蒸鬱。纔略晴，被日頭略照，又蒸得雨來。前日亢旱時，只緣久無雨下，四面乾枯，縱有些少雨〔四二〕都滋潤不得，故更不能蒸鬱得成。人之於義理，若見得後又有涵養底工夫，日日在這裏面，便意思自好，理義也容易得見，正如雨蒸鬱得成後底意思。若是都不去用力者，日間只恁悠悠，都不曾有涵養工夫。設或理會得些小道理，也滋潤他不得，少間私欲起來，又間斷去，正如亢旱不能得雨相似也。時舉。

汪長孺〔四三〕德輔問：「須是先知之，然後行之？」先生曰：「不成未明理，便都不持守了。且如曾點與曾子便是兩個樣子：曾點便是理會得底而行有不揜，曾子便是合下持守，旋旋明理到一唯處。」德明。

這個道理與生俱生。今人只安頓放那空處都不理會，浮生浪老，也甚可惜！要之，理會出來亦不是差異底事。不知如何理會個得恁少，看他自是甘於無知了。今既要理會，也須理會取透，莫要半青半黃，下梢都不濟事。道夫。

人生天地間都有許多道理，不是自家硬把與他，又不是自家鑿開他肚腸白放在裏面。賀孫。

許多道理皆是人身自有底。雖説道昏，然又那曾頑然恁地暗！也都知是善好做，惡不好做。只是見得不完全，見得不的確，所以説窮理便只要理會這些子。賀孫。〔四四〕

光祖説大學首尾該貫。〔四五〕初間看，便不得如此。要知道理只是這個道理，只緣失了多年，卒急要尋討不見。待只管理會教熟，却便是〔四六〕這個道理。初間略見得些少時也似白〔四七〕生恁地，自無安頓去處。到後來理會熟了，便自合當如此。如一件器用掉在所在多年，卒乍要討，討不得。待尋來尋去，忽然討見，即是元初的定底物事。〔四八〕賀孫。〔四九〕

因説索麵。曰：「今人於飲食動使之物，日極其精巧。到得義理却不理會，漸漸昏蔽了都不知。」廣。〔五〇〕

大凡人只合講明道理而謹守之，以無愧於天之所與者。若乃身外榮辱休戚，當一切聽命而已。道夫。〔五一〕

或問：「如何是反身窮理？」曰：「反身是着實之謂，向自家體分上求。」廣。

今人口略依稀説過，不曾心曉。淳。〔五二〕

學者理會道理當深沉潛思。從周。

今日且將自家寫得出、説得出底去窮究。士毅。

以聖賢之意觀聖賢之書，以天下之理觀天下之事。人多以私見自去窮理，只是你自家所見，去聖賢之心尚遠在。祖道。

心熟後自然有見理處，熟則心精微。不見理，只緣是心麤。辭達而已矣。去僞。

須是在己見得只是欠闕，他人見之却有長進，方可。三十年前長進，三十年後長進得不多。日日[五三]將那道理來事物上與人看，就那事物上推[五四]那裏面有這道理。「微顯闡幽」。僩。[五五]

且理會去，未須計其得。德明。[五六]

義理儘無窮，前人恁地說亦未必盡。須是自把來橫看竪看，儘有。[五七]士毅。

譬如煎藥，先猛火煎，教百沸大滚，直至湧坌出來，然後却可以慢火養之。㽦。[五八]

若只是握得一個鶻淪底果子，不知裏面是酸、是鹹、是苦、是澀，須是與他嚼破，便見滋味。㽦。

思索譬如穿井，不解便得清水。先亦須是濁，漸漸刮將去，却自會清。賀孫。

講究理義，不下得工夫也不得。如舉業，不下得工夫也不解精。老蘇年已壯方學文，然[五九]用力，到所謂「若人之言固當然者」，這處便是悟。做文章合當如此，亦只是熟便如此。恰如自家門講究義理到熟處，悟得爲人父確然是止於慈，爲人子確然是止於孝。老蘇文豪傑，只是熟。子由取他便遠。淳。[六〇]

世上有一種人，心下自不分明，只是怕人道不會，不肯問人。若〔六一〕老南和尚去參慈明時，南〔六二〕已有人〔六三〕隨他了。他欲入慈明室，數次欲揭簾入去，又休。末後乃云：「有疑不決，終非大丈夫。」遂入其室。廣。〔六四〕

時舉問柳下惠爲士師。先生曰：「三黜非君子之所能免，但不去便是他失於和處。」又因諸生請問不切。〔六五〕云：「群居最有益，而今朋友乃不能相與講貫，各有疑忌自私之意。不知道問學是要理會個甚麽？若是切己做工夫底，或有所疑，便當質之朋友，同共商量。須有一人識得破者，已是講得七八分，却到某面前商量，便易爲力。今既各自東西，不相講貫，如何得會長進？欲爲學問，須要打透這些子，放令開闊，識得個『以能問於不能，以多問於寡』底意思，方是切於爲己也。」時舉。〔六六〕

質敏不學乃大不敏。有聖人之資必好學，必下問。若就自家杜撰，更不學，更不問，這便已是凡下了。聖人之所以爲聖，也只是好學下問。如舜自耕稼陶漁以至於帝，無非取諸人以爲善。孔子說，禮「吾聞諸老聃」，云這也是學於老聃，方知得這一事。賀孫。

而今人聽人說話未盡，便要爭說。亦須待他人說話〔六七〕教盡了。他人有說不出處，更須反覆問。教說得盡了，這裏方有處置在。賀孫。

或云：「某尋常所學多於優游浹洽中得之。」先生曰：「若趙熊〔六八〕便以爲有所見，亦未是。大抵於『博學、審問、謹思、明辨』，且未可說『篤行』，只這裏便是浹洽處。孔子所以『好古敏以求之』，其用力如此。」謨。

爲學勿責無人爲自家剖析出來，須是自家去裏面講究做工夫，要自見得。道夫。

看得道理熟後，只除了這道理是真實法外，見世間萬事顛倒迷妄，耽嗜戀着，無一不是戲劇，真不堪着眼也。又答人書云：「世間萬事須臾變滅，皆不足置胸中，惟有窮理修身爲究竟法耳。」僩。

今只是要理會道理。若理會得一分便有一分受用，理會得二分便有二分受用。理會得一十便是一十，[六九]一尺便是一尺。漸漸理會去，便多。賀孫。

理會道理到衆說紛然處，却好定着精神看一看。道夫。[七〇]

用之舉似：「先生向日曾答蔡文[七一]書，承喻『以禮爲先』之說，又『似識造化』之云，不免倚於一物，未是親切工夫耳。大抵濂溪先生說得的當，通書中數數拈出幾字。要當如此瞥地，即自然有個省力處，無規矩中却有規矩，未造化時已有造化。此意如何？」曰：「『幾』是要得，且於日用處省察，善便存放這裏，惡便去而不爲，便是自家切己處。古人禮儀都是自少理會了，只如今人低躬唱喏，自然習慣。今既不可考，而今人去理會，合下便別將做一個大頭項。又不道且理會切身處，直是要理會古今因革一副當，將許多精神都枉耗了，元未切自家身己在。」又曰：「只有大學教人致知、格物底，便是就這處理會，到意誠、心正處展開去，自然大。若便要去理會甚造化，先將這心弄得大了，少間都没物事説得滿。〔七二〕」賀孫。

譬如登山，人多要至高處。不知自低處不理會，終無至高處之理。德明。〔七三〕

於顯處平易處見得，則幽微底自在裏許。德明。

便是看義理難。又要寬著這心，不寬則不足以見規模之大，〔七四〕不緊則不足以察其文義〔七五〕之細密。若拘滯於文義，少間又不見他大規模處。僩。〔七六〕

問：「學者講明義理之外，亦須理會時政。凡事當一一講明，使先有一定之説，庶他日臨事不至墻面。」先生曰：「學者若得胸中義理明，從此去量度事物，自然泛應曲當。人若有堯舜許多聰明，自做得堯舜許多事業。若要一一理會則事變無窮，難以逆料，隨機應變，不可預定。今世文人才士開口便説國家利害，把筆便述時政得失，終濟得甚事？只是講明義理以淑人心，使世間識義理之人多，則何患政治之不舉耶。」柄。〔七七〕

不可去名上理會，須求其所以然。淳。〔七八〕

「事要知其所以然。」指花斛曰：「此兩個花斛，打破一個，一個在。若只恁地，是人知得、説得，須知所以破、所以不破〔七九〕如何。」從周。

道理無窮。你要去做又做不辦，極力做得三五件又倦了，蓋是不能包括得許多事。〔八〇〕

大着心胸，不可爲一説所礙。〔八一〕看教平闊，四方八面都見。方子。

只守着一些地做得甚事？須用開闊看去，天下萬事都無阻礙方可。從周。

看得一件是，未可便以爲是，且頓放一所，又窮他語。相次看得多，相比並，自然透得。德明。

光祖説：「大學〔八二〕治國、平天下皆本於致知、格物，看來只是敬。」又舉伊川説「内直則外無不方」，曰：「伊川亦只是大體如此説。看來世上有〔八三〕一般人，不解恁地内直外便方，止是只了得自身己自恁地好，待過事應物都顛顛倒倒没理會，〔八四〕故大學須是要人窮理。今來一種學問正坐此病，只説我自理會得了，其餘事皆截斷，不必理會，自會做得。更不解商〔八五〕量，更不解講究，到做出都不合義理。所以聖人説『敬以直内』，又説『義以方外』，是見得世上有這般人。如説『仁能守之』，若説『仁能守』便似了，何故又説『不莊以涖之』便了，何故又説『勤之不以禮未善也』？這都是聖人見得盡處。〔八六〕學者須是要窮理，不論小事大事都識得通透。待〔八七〕得自本至末，自頂至足，〔八八〕並無些子夾雜處。若説自家資質恁地好，只消恁地做去，更不解理會其他道理，也不消問別人，這却倒是夾雜，這却倒是私意。〔八九〕」賀孫。〔九〇〕

「大凡學問不可只理會一端。聖賢千言萬語看得雖似紛擾，然却都是這一個道理。而今只就緊要處做個固好，[九一]然别個也須一一理會，湊得這一個道理都一般方得。天下事硬就一個做，終是做不成。如莊子說：『風之積也不厚，則其負大翼也無力。』須是理會得多，方始襯簟得起。且如『籩豆之事各有司存』，非是說道[九二]籩豆之事置之度外，不用理會，只去理會[九三]『動容貌』三句，亦只是三句是自家緊要合做底，籩豆是付與有司做底，其事爲輕。而今只理會三句，籩豆之事都不理會，萬一被有司喚籩做豆，若不曾曉得，便被他瞞。又如田子方說『君明樂官，不明樂音』，他說得不是。若不明得音，如何明得官？次第被他易宮爲商，也得？所以中庸先說個『博學之』，又孟子曰『博學而詳說之』。且看孔子雖曰生知，是事去問人，若問禮、問喪於老聃之類甚多。只如官名不曉得，莫也無害，聖人亦汲汲去問郯子。蓋是我不識底，須是去問人，始得。」因說：「南軒洙泗言仁編得亦未是。聖人說仁處固是仁，然不說處不成非仁？天下只有一[九四]個道理，聖人說許多說話都要理會，豈可只去理會說仁處，不說仁處便掉了不管？子思做中庸，大段周密不易。他思量如[九五]『尊德性』五句，須是許多句方該得盡，然第一句爲主。『致廣大、極高明、温故、敦厚』，此上一截是『尊德性』事；如『道中庸、盡精微、知新、崇禮』，此下一截是『道問學』事。都要得纖悉具備，無細不盡，如何只理會一件？」或問知新之理。先生曰：「新是故中之事，故是舊時底，温起來以『尊德性』，然後就裏面討得新意，乃爲『道問學』。」明作。[九六]

爲學纖毫絲忽不可不察。若小者分明，大者越分明。如中庸説「發育萬物，峻極于天」，大也；「禮儀三百，威儀三千」，細也。「尊德性、致廣大、極高明、温故、敦厚」，此是大者管這五事；[九七]「道問學、盡精微、道中庸、知新、崇禮」，此小者五事。然不先立得大者，不能盡得小者。此理愈説愈無窮，言不可盡，如「小德川流，大德敦化」亦此理。千蹊萬壑所流不同，各是一川，須是知得，然其理則一。德明。[九八]

這個物事要得不難。如飢之欲食，渴之欲飲。如救火，如追亡。似此，年歲間有得透脱，[九九]活撥撥[一〇〇]地在這裏流轉方是。僩。[一〇一]

今之學者不曾親切見得，而臆度揣摸爲説，皆助長之病也。道理只平看，意思自見，不須先立説。僩。

只爭個知與不知，爭個知得切與知得[一〇二]不切。且如人要做好事，到得見不好事也似乎可做。方要做好事，又似乎有個做不好事底心從後面牽轉去，這是[一〇三]知不切。賀孫。

見得是，見得確定。[一〇四]

人爲學須是要知個是處千定萬定。知得這個徹底是，那個徹底不是，方纔[一〇五]是見得徹、見得是，則這心裏方有所主。且如人學射，若志在紅心上，少間有時只射得那帖上；志在帖上，少間有時只射得那垛上；志在垛上，少間却[一〇六]射在别處去了。卓。

議論中譬如常有一條綫子纏縛，所以不索性，無那精密潔白底意思。若是實見得，便自一言半句斷當分明。䥴。〔一〇七〕

看道理須是見得實方是有功效處，若於上面添些玄妙奇特，便是見他實理未透。道夫。

這道理若見得到，只是合當如此。如竹倚相似，須着有四隻脚，平平正正方可坐；若少一隻脚，決定是坐不得。若不識得時，只約摸恁地説，兩隻脚也得，三隻脚也得；到坐時只是坐不得。如穿牛鼻、絡馬首，這也是天理合當如此。若絡牛首、穿馬鼻，定是不得。如適來説克己，伊川只説個敬。今人也知道敬，只是不常如此。常常如此，少間自見得是非道理分明。若心下有些子不安穩便不做。到得更有一項心下習熟底事，却自以爲安；外來卒未相入底，却有〔一〇八〕不安。這便着將前聖所説道理、所做樣子看，教心下是非分明。賀孫。

只是見不透，所以千言萬語、費盡心力，終不得聖人之意。大學説格物都只是要人見得透。且如「楊氏爲我，墨氏兼愛」，他欲以此教人，他豈知道是不是？只是見不透。如釋氏亦設教授徒，他豈道自不是？只是不曾見得到，但知虚，而不知虚中有理存焉。此大學所以貴窮理也。賀孫。

今人凡事所以説得恁地支離，只是見得不透。

今之學者直與古異。今人只是强探向上去，古人則逐步步實做將去。廣。〔一〇九〕

常人之學多是偏於一理，主於一說，故不見四旁，以起爭辯。聖人則中正和平，無所偏倚。人傑。

道理有面前底道理。平易自在說出來底便好，說得出來崎嶇底便不好。節。

看理到快活田地，則前頭自磊落恁〔一一〇〕地去。淳。

知，只有個真與不真分別。如說有一項不可言底知，便是釋氏之惧。士毅。

明道謂曾子「竟以魯得之」。緣他質鈍，不解便理會得，故着工夫去看，遂看得來透徹，非他人之所及。有一等伶俐人見得雖快，然只是從皮膚上略過，所以不如他。且莫說義理，只如人學做文章，非是只恁地讀前人文字了便會做得似〔一一一〕他底；亦須是下工夫，始造其妙。觀韓文公與李翺書，老蘇與歐陽公書，說他學做文章時工夫甚麼細密，豈是只恁從册子上略過便做得如此文字也？廣。〔一一二〕

若曰須待見得個道理然後做去，則「利而行之，勉强而行之」，工夫皆爲無用矣。頓悟之說非學者所宜盡心也，聖人所不道也。人傑。

「待文王而後興者，凡民也。若夫豪傑之士，雖無文王猶興。」豪傑質美，生下來便見這道理，何用費力？今人至於沉迷而不反，而聖人爲之屢言之，〔一一三〕方始肯求，〔一一四〕已是下愚了。况又不知求之，則終於爲禽獸而已。蓋人爲萬物之靈，自是與物異。若迷其靈而昏之，則

是[一一五]與禽獸何別?大雅。[一一六]

聖人之學異乎[一一七]常人之學,纔略舉其端,這裏便無不昭徹,然畢竟是學。[一一八]夔孫。

人能操存此心,卓然而不亂,亦自可與入道。況加之學問探討之功,豈易量耶?蓋卿。[一一九]

晦庵先生朱文公語類卷第十

學四

讀書法上

過聞先生教人讀書之法有曰：「斂身正坐，緩視微吟，虛心涵味，切己體察。」過。[一]

爲學須是先立大本。其初甚約，中間一節甚廣大，到末梢又約。孟子曰：「博學而詳說之，將以反說約也。」故必先觀論、孟、大學、中庸，以考聖賢之意；讀史以考存亡治亂之迹；讀諸子百家以見其駁雜之病。其節目自有次序，不可以越過。[二]近日學者多喜從約，而不於博求之。不知不求於博，何以考驗其約。如某人好約，今只做得一僧，了得一身。又有專於博上求之而不反其約，今日考一制度，明日又考一制度，空於無[三]用處作工夫，其病又甚於約而不博者。要之，均是無益。可學。[四]

或問左傳疑義。曰：「公不求之於六經、語、孟之中而用功於左傳，且左傳有甚麽道理？縱有，能幾何？所謂『棄却甜桃樹，緣山摘醋梨』。天之所賦於我者如光明寶藏，不會收得，却上他人門教化一兩錢，豈不哀哉？只看聖人所說，無不是這個大本。如云：『天高地下，萬物散殊而禮制行矣；流而不息，合同而化而樂興焉。』不然，子思何故說個『天命之謂性，率性之謂道，修道之謂教』？此三句是怎生［五］如此說？是乃天地萬物之大本大根，萬化皆從此出。人若能體察得，方見得聖賢所說道理皆從自己胸襟流出，不假他求。某向嘗見呂伯恭愛與學者說左傳，某嘗戒之曰：『語、孟、六經許多道理不說，恰限說這個。縱那上有些零碎道理，濟得甚事？』伯恭不信，後來又說到漢書。若使其在，不知今又說到甚處，想益卑矣，固宜爲陸子靜所笑也。子靜底是高，只是下面空疏，無物事承當。伯恭底甚低，如何得似他？」又曰：「人須是於這大原本上看得透，自然心胸開闊，見世間事皆瑣瑣不足道矣。」又曰：「每日開眼便見這四個字在面前，仁義禮智只趯着脚指頭便是。這四個字若看得熟，於世間道理沛然若決江河而下，莫之能禦矣。若看得道理透，方見得每日所看經書，無一句一字、一點一畫不是此理之流行；見天下事無大無小、無一名一件不是此理之發見。如此方見得這個道理渾淪周遍，不偏枯，方見得所謂『天命之謂性』底全體。今人只是隨所見而言，或見得一二分，或見得二三分，都不曾見那全體，不曾到那極處，所以不濟事。」僩。［六］

大抵學者只有白紙無字處莫看，［七］有一個字便與他看一個。如此讀書三年，無長進處則如趙州和尚道：「截取老僧頭去。」節。

天下書儘多在，只恁地讀幾時得了？須大段用著工夫，無一件是今[八]少得底。而今只是那一般合看過底文字也未看，何况其他？僩。

理明後，便讀申韓書亦有得。方子。[九]

讀書乃學者第二事。方子。以下論書所以明此心之理，讀之要切己受用。[一〇]

讀書已是第二義。蓋人之生，[一一]道理合下皆完具，所以要讀書者，蓋是未曾經歷見得[一二]許多。聖人是經歷見得許多，所以寫在册上與人看。而今讀書只是要見得許多道理，及理會得了，又皆是自家合下元有底，不是外面旋添得來。從周。[一三]

聖人千言萬語只是説個當然之理。恐人不曉，又筆之於書。自書契以來，二典三謨，伊尹、武王、箕子、孔、孟都只是如此，可謂盡矣。只就文字間求之，句句皆是。做得一分便是一分工夫，非茫然不可測也，但患人不子細求索之耳。須要思量聖人之言是説個甚麽，要將何用。若只讀過便休，何必讀？明作。[一四]

凡看文字專看細密者[一五]而遺却緩急之間者固不可，專看緩急之間而遺却細密者亦不可。今日之看，所以爲他日之用。須思量所以看者何爲，非只是空就言語上理會得多而已也。譬如拭卓子，只拭中心亦不可，但拭四弦亦不可。須是切己用功，使將來自得之於心，則視言語誠如糟粕。然今不可便視爲糟粕也，但當自期向到彼田地爾。方子。

學問無賢愚，無小大，無貴賤，自是人合理會底事。且如聖賢不生，無許多書册，無許多發明，不成不去理會，也只當理會。今有聖賢言語，有許多文字，却不去做。〔一六〕「先止是致知。〔一七〕所知果至，自然透徹，不患不進。」謙請云：「知得須要踐履？」先生曰：「不真知得，如何踐履得？若是真知，自住不得。不可似他門只把來説過了。」又問：「今之言學者滿天下，家誦中庸、大學、語、孟之書，人習中庸、大學、語、孟之説。究觀其實，不惟應事接物與所學不相似，而其爲人舉足動步全不類學者所爲。或做作些小氣象，或事〔一八〕治一等誠〔一九〕論，專一欺人。此豈其學使然歟？抑踐履不至歟？抑所學之非歟？」先生曰：「此何足以言學？某與人説學問，止是説得大概，要人自去下工。譬如寶藏一般，其中至寶之物何所不有？某止能指與人説此處有寶。若不下工夫自去討，終是不濟事。今人爲學多是爲名，不肯切己。某甚不滿於長沙士友胡季隨，特地來一見，却只要相閃，不知何故。南軒許多久〔二〇〕與諸公商量，到得如今只如此，是不切己之過。」謙。〔二一〕

先看大學，次語、孟，次中庸。果然下工夫，句句字字涵泳切己，看得透徹，一生受用不盡。只怕人不下工，雖多讀古人書，無益。書只是明得道理，知〔二二〕要人做出書中所説聖賢工夫來。若果看此數書，他書可一見而決矣。全在下工，更惟勉之。〔二三〕謙。〔二四〕

讀書以觀聖賢之意，因聖賢之意以觀自然之理。節。

人之爲學固是欲得之於心，體之於身，但不讀書則不知心之所得者何事。道夫。〔二五〕

讀書不可只專就紙上求理義，須反來就自家身上以手自指。推究。秦漢以後無人說到此，亦只是一向去書册上求，不就自家身上理會。自家見未到，聖人先說在那裏，自家只借他言語來就身上推究始得。淳。

「今人讀書多不就切己上體察，但於紙上看，文義上說得去便了。如此濟得甚事！『何必讀書，然後爲學？』子曰：『是故惡夫佞者。』古人亦須讀書始得，但古人讀書將以求道。不然，讀作何用？今人不去這上理會道理，皆以涉獵該博爲能，所以有道學、俗學之別。」因提案上藥囊起，曰：「如合藥便要治病，終不成合在此看。如此於病何補！文字浩瀚，難看亦難記，將已曉得底體在身上，却是自家易曉易做底事。解經已是不得已，若只就注解上說，將來何濟！如畫那人一般，畫底却識那人，別人不識，須因這畫去求那人，始得。今便以畫喚做那人，不得。」寓。

楊至之問：「『好德如好色』，即是大學『如惡惡臭，如好好色』，要得誠如此。然集注載衛靈公事與此意不相應，恐未穩否？」曰：「書都不恁地讀。除了衛靈公，便有何發明？在衛靈公上便有何相礙？此皆没緊要，校量他作甚底？恁地讀書都不濟事，都向別處去，不入這路來。

聖人當初只是恁地歎未見好德如那好色者，意只是如此。自是當虛心去看，又要反來思量自己如何便是好德，如何便是好色，如此方有益，何必根究靈公事。若只管去校量他，與聖人意思愈見差錯。聖人言語，自家當如奴僕，只去隨他。他教住便住，他教去便去，而今却與他做師友，只是去校量他。大學之說自是大學之意，論語之說自是論語之意。論語只是說過去，尾重則首輕，這一頭低，那一頭便昂。大學是將兩句平頭，說得尤力。如何合得來做一說！淳。[二六]

向時有一截學者，貪多務得，要讀周禮、諸史、本朝典故，一向盡要理會得許多没要緊底工夫，少刻身己都自恁地顛顛倒倒没頓放處。如喫物事相似，將甚麼雜物事，不是時節，一頓都喫了，便被他撑腸拄肚，没奈何他。賀孫。[二七]

今讀書緊要敢[二八]是要看聖人教人做工夫處是如何。如用藥治病，須看這病是如何發，合用何方治之；方中使何藥材，何者幾兩，何者幾分；如何炮，如何炙，如何製，[二九]如何煎，如何喫。只如此而已。淳。

學者有所聞，須便行始得。若得一書，須便讀，便思，便行，豈可又安排停待而後下手。且如得一片紙，便求[三〇]一片紙上道理行之可也。履孫。[三一]

看經書與看史書不同：史是皮外物事，没緊要，可以劄記問人。若是經書有疑，這個是切己病痛。如人負痛在身，欲斯須忘去而不可得，豈可比之看史，遇有疑則記之紙邪？僩。

開卷便有與聖賢不相似處，豈可不自鞭策。祖道。

學須做自家底看便見切己。今人讀書只要科舉用，已及第則爲雜文用，其高者則爲古文用，皆做外面看。淳。[三二]

人惟有私意，聖賢所以留千言萬語以掃滌人私意，使人全得惻隱、羞惡之心。六經不作可也，裏面着一點私意不得。節。

許多道理，孔子恁地説一番，孟子恁地説一番，子思又恁地説一番，都恁地懸空掛在那裏。自家須自去體認，始得。賀孫。

初學於敬不能無間斷，只是纔覺間斷便提起此心，只是覺處便是接續。某只[三三]要得人只就讀書上體認義理。日間常讀書則此心不走作，或只去事物中衮，則此心易得汩没。知得如此，便就讀書上體認義理，便可喚轉來。賀孫。

某[三四]看來如今學者之病多是個好名，且如讀書都[三五]不去子細考究義理，教極分明，只是纔看過便了，只唤[三六]道自家已看得甚麽文字了，都不思量於身上濟得甚事。這個只是做名聲，其實又做得甚麽名聲？下梢只得人説他已看得甚文字了。這個非獨卓老文[三七]如此，某今[三八]看來都如此。若恁地也是枉了一生。賀孫。[三九]

或問讀書工夫。曰：「這事如今似難説。如世上一等人説道不須就書册上理會，此固是不得。然一向只就書册上理會，不曾體認着自家身己也不濟事。如說仁義禮智，曾認得自家如何是『仁』，自家如何是『義』，自家如何是『禮』，自家如何是『智』，〔四〇〕須是着身己體認得。如讀『學而時習之』，自家曾如何『學』，自家曾如何『習』，『不亦說乎』，自家〔四一〕曾見得如何是『說』？須恁地認始得。若只逐段解過去，解得了便休，也不濟事。如世上一等說話，謂不消得讀書，不消理會，別自有個覺處，有個悟處，這固〔四二〕是不得。若只恁地讀書，只恁地理會，又何益？」賀孫。〔四三〕

讀書須要切己體驗，不可只作文字看，又不可助長。方子。〔四四〕

讀六經時只如未有六經，只就自家身上討道理，其理便易曉。敬仲。

學者當以聖賢之言反求諸身，一一體察。須是曉然無疑，積日既久當自有見，但恐用意不精，或貪多務廣，或得少爲足，則無由明耳。祖道。

「凡讀書須有次序。且如一章三句，先理會上句，〔四五〕待通透；次理會第二句、第三句，待分曉；然後將全章反覆紬繹玩味。如未通透却看前輩講解，更第二番讀過，須見得身分上有長進處方爲有益。如語、孟二書，若便恁地讀過，只一二日可了。若要將來做切己事，玩味體察，一日多看得數段或一兩段耳。」又云：「看講解，不可專徇他說，不求是非，便道前賢言語皆的當。如遺書中語，豈無過當失實處？亦有說不及處。」又云：「初看時便先斷以己意，前聖之說皆不可入。此正當今學者之病，不可不知。」寓。

或人請諸經之疑，先生既答之，復曰：「今雖盡與公說，公盡曉得，不於自家心地上做工夫，亦不濟事。」道夫。〔四六〕

人常讀書，庶幾可以管攝此心，使之常存。橫渠有言：「書所以維持此心。一時放下則一時德性有懈，其何可廢！」〔四七〕

須是存心與讀書爲一事，方得。方子。

今世之〔四八〕人心不在軀殼裏，如何讀得聖人之書。盡〔四九〕是杜撰鑿空說，元與他不相似。文蔚。

昔陳烈先生苦無記性。一日讀孟子「學問之道無他，求其放心而已矣」，忽悟曰：「我心不曾收得，如何記得書？」遂閉門静坐，不讀書，百餘日以收放心去，去讀書，〔五〇〕遂一覽無遺。僩。

讀書須是有精力。楊說亦須是聰明。先生曰：「雖有聰明，亦須是静，方運得精神。昔李先生說羅先生於春秋淺，不但〔五一〕胡文定。後來過羅浮山中住兩三年。那裏静，必做得工夫有長進處。只是歸來道死，不及叩之。李先生何故如此說，蓋緣静則心虛，道理方看得出。」淳。〔五二〕

今人看文字多是以昏怠去看，所以不子細，故學者且於静處收拾教意思在裏，然後虚心去看，則其義理未有不明者也。祖道。[五三]

關了門，閉了户，把斷了四路頭，此正讀書時也。道夫。

學者只知觀書，都不知有四邊，方始有味。㽦。

讀書閑暇宜於静室安坐，庶幾心平氣和，可以思索義理。季札。[五四]

不可終日思量文字，恐成硬將心去馳逐了。亦須空閑少頃，養精神又來看。淳。[五五]

看文字有兩般病，[五六]又有一等敏鋭底人多不肯子細，易得有忽略之意，不可不戒。賀孫。

人讀書如人飲酒相似。若是愛飲酒人，一盞了又要一盞喫。若不愛喫，勉强一盞便休。泳。

讀書看義理，須是胸次放開，磊落明快，恁地去。第一不可先責效，纔責效便有憂愁底意。只管如此，胸中便結聚一餅子不散。今且放置閑事，不要閑思量，只專心去玩味義理，便會心精，心精便會熟。淳。

觀書須静著心，寬著意思，沉潛反覆，將久自會曉得去。儒用。[五七]

放寬心，以他説看他説。以物觀物，無以己觀物。道夫。

大凡看文字少看熟讀，一也；不要鑽研立説，但要反覆體驗，二也；埋頭理會，不要求效，三也。三者，學者當守此。人傑。

少看熟讀，反覆體驗，不必想像計獲。只此三事，守之有常。夔孫。

讀書須是遍布周滿。某嘗以爲寧詳毋略，寧下毋高，寧拙毋巧，寧近毋遠。方子。蓋卿同。〔五八〕

讀書不可不先立个〔五九〕程限。政如農功，如農之有畔。爲學亦然。今之始學者不知此理，初時甚鋭，漸漸懶去，終至都不理會了。此只是當初不立程限之故。廣。

曾裘父詩話中載東坡教人讀書小簡，先生取以示學者，曰：「讀書要當如是。」按裘父詩話載東坡與王郎書云：「少年爲學者，每一書皆作數次讀之。富〔六〇〕如入海，百貨皆有。人之精力不能兼收盡取，但得其所欲求者爾。故願學者每次作一意求之，如欲求古今興亡治亂、聖賢作用，且只作此意求之，勿生餘念。又別作一次求事迹文物之類，亦如之。他皆倣〔六一〕此。若學成，八面受敵，與涉獵者不可同日而語。」方子。

「誦數以貫之」，古人讀書必是記遍數，所以貫通。方子。〔六二〕以下論古人讀書有遍數。〔六三〕

司馬〔六四〕温公答一學者書，説爲學之法，舉荀子四句云：「誦數以貫之，思索以通之，爲其人以處之，除其害以持養之。」荀子此説亦好。「誦數」云者，想是古人誦書亦記遍數。「貫」字訓「熟」，如「習貫如自然」；又訓「通」，誦得熟方能通曉，若誦不熟亦無可得思索。廣。

爲人自是爲人，讀書自是讀書。凡人若讀十遍不會，則又讀二十遍。又不會，則讀三十遍至五十遍，必有見處。到〔六五〕五十遍暝然不曉便是氣質不好。今人未嘗讀得十遍，便道不可曉。力行。

讀書須是先看一件了，然後再看一件。若是蓄積處多，忽然爆開來時，自然所得者大，易所謂「何天之衢」〔六六〕是也。人傑。〔六七〕

先生問叔器：「論語讀多少？」對曰：「兩日只雜看。」先生曰：「恁地如何會長進。看此一書，且須專此一書。便待此邊冷如水，〔六八〕那邊熱如火，亦不可捨此而觀彼。」淳。〔六九〕

讀書理會一件，便要精這一件。這一件〔七〇〕看得不精，其他文字便亦都草草看了。若此〔七一〕一件看得精，其他亦易看。山谷帖説讀書法甚好。淳。

山谷與李幾仲帖云：「不審諸經、諸史，何者最熟？大率學者喜博而常病不精，汎濫百書不若精於一也。有餘力然後及諸書，則涉獵諸篇亦得其精，蓋以我觀書則處處得益，以書博我則釋卷而茫然。」先生深喜之，以爲有補於學者。若海。

學不可躐等，不可草率，徒費心力。須依次序，如法理會。一經通熟，他書亦易看。閎祖。

學者貪做工夫，便看得義理不精。讀書須是子細，逐句逐字要見去着。若用工粗鹵，不務精思，只道無可疑處。非無可疑，理會未到，不知有疑爾。大抵爲學老少不同：年少精力有餘，須用無書不讀，無不究竟其義；若年齒向晚，却須擇要用功，讀一書便覺後來難得工夫再去理會，須沉潛玩索，究極至處可也。蓋天下義理只有一個是與非而已。是便是，非便是非。既有着落，雖不再讀，自然道理浹洽，省記不忘。譬如飲食，從容咀嚼，其味必長；大嚼大咽，終不知味也。謨。

讀書須教首尾貫穿，若一番只草草看過不濟事。某記得舅氏云：「當新經行時，有一先生教人極有條理。時既禁了史書，所讀者止是荀揚老莊列子等書，他便將諸書劃定次第。初入學只看一書，讀了理會得都了，方看第二件。每件須要貫穿，從頭到尾皆有次第。既通了許多書，斯爲必取科第之計：如刑名度數也各理會得些，天文地理也曉得些，五運六氣也曉得些，如素問等書也略理會得。又如讀得聖製經，便須於諸書都曉得些。聖製經者乃是諸書節略本，是昭武一士人作，將去獻梁師成，要覓官爵。及投進，累月不見消息。忽然一日，只見内降一書云：『御製聖製經，令天下皆誦讀。』方伯模[七二]尚能記此士人姓名。」又云：「是時既禁史學，更無人敢讀史。時奉使叔祖教授鄉里，只就蒙求逐事開説本末，時人已相尊敬，謂能通古今。有一士人，以犯法被黥，在都中，因計會在梁師成手裏直書院，與之打併書册甚整齊。梁師成喜之，因問其故，他以情告，遂與之補官，令常直書院。一日，傳聖駕將幸師成家，師成遂令此人打併裝疊成册。此人以經史次第排，極可觀。師成來檢點，見諸史亦列卓上，[七三]因大駭，急移下去，云：『把這般文字將出來做甚麽。』此非獨不好此，想只怕人主取去，看見興衰治亂之端耳。」賀孫。[七四]

書宜少看，要極熟。小兒讀書記得而大人則多記不得者，〔七五〕只爲小兒心專。一日授一百字則只是一百字，二百字則只是二百字。大人一日或看百板，不恁精專。人多看一分之十，今宜看十分之一。寬着期限，緊着課程。淳。

不可都〔七六〕衮去，如人一日只喫得三碗飯，不可將十數日飯都一齊喫了。一日只看得幾段，做得多少工夫，亦有限，不可衮去都要了。淳。

讀書只恁逐段子細看，積累去，則一生讀多少書。若務貪多，則反不曾讀得。又曰：「須是緊着工夫，不可悠悠，又不須忙。只常抖擻得此心醒，則看愈有力。」道夫。

讀書只看一個册子，每日只讀一段，方始是自家底。若看此又看彼，雖從眼邊過得一遍，終是不熟。履孫。

讀書不要貪多。向見州郡納税，數萬鈔總作一結。忽錯其數，更無推尋處。其後有一某官乃立法，三二十鈔作一結。觀此，則讀書之法可見。可學。

某問：「曾子□□□，曾子爲人守約，動必本諸身。爲人謀，惟恐己之心有一毫不盡；與人交，惟恐一毫不情實。『傳不習乎』，今日聽得先生教誨，却不去習熟，如何會有諸已？」先生不應。又問：「集注云：『三者之序，又以忠信爲本。』人若不誠實，便傳也傳個甚底？」言未畢，先生繼曰：「習也習個甚底？」又曰：「公不問，一問便問許多。某與公説，公如何記得許多？」

某不敢應，揖而退。南升。[七七]

大凡讀書不要般涉，但温尋舊底不妨，不可將新底來攙。道夫。[七八]

人讀書不得攙前，下梢必無所得。如理會論語，只得理會論語，不得存心在孟子。如理會里仁，且逐章相挨理會了却，然後從公冶長理會去。人傑。[七九]

其始也，自謂百事能；其終也，一事不能。言人讀書不專一而貪多廣閲之弊。僩。

人做功課若不專一，東看西看，則此心先已散漫了，如何看得道理出。須是看論語專只看論語，看孟子專只看孟子。讀這一章更不得[八〇]看後章，讀[八一]這一句更不得看後句，這一字理會未得，更不得看下字。如此，則專一而功可成。若所看不一，汎濫無統，雖九十歲[八二]窮年無有透徹之期。某舊時看[八三]文字只是守此拙法，以至於今。思之，只有此法，更無他法。僩。[八四]

仲思問：「遺書云看雞雛可以觀仁，如何？」曰：「既通道理後，這般個久久自知之。記曰：『善問者如攻堅木，先其易者，而後其節目。[八五]』所以游先生問『陰陽不測之謂神』，而程子問之曰：『公是揀難底問？是疑後問？』故昨日與公説，讀書須看一句後又看一句，讀一章後又讀一章。格物，格一物後[八六]又格一物。見這個物事道理既多，則難者道理自然識得。」道夫。[八七]

木之〔八八〕問：「孟子言『羞惡之心，義之端也』，又曰『義之實，從兄是也』，不知『羞惡』與『從兄』之意，如何相似？」曰：「不要如此看。且理會一處上義理教通透了，方可別看。如今理會一處未得，却又牽一處來衮同説著，少間愈無理會處。〔八九〕聖賢説話各有旨歸，且與他就逐句逐字上理會將〔九〇〕去。」木之。〔九一〕

泛觀博取，不若熟讀而精思。道夫。

學者只是要熟，工夫純一而已。讀時熟，看時熟，玩味時熟。如孟子詩書全在讀時工夫，孟子每章説了，又自解了。蓋他直要説得盡方住，其言一大片，故後來老蘇亦把〔九二〕他來做文章説。須熟讀之，便得其味。今觀詩，既未寫得傳，且除了小序而讀之。亦不要將做好底看，亦不要將做惡底看，只認本文語意亦須得八九。僩。〔九三〕

讀書不可貪多，且要精熟。如今日看得一板，且看半板，將那個精力來更看前半板兩遍，〔九四〕如此方看得熟。直須看得古人意思出，方好。洽。

書須熟讀。所謂書，只是一般。然讀十遍時與讀一遍時終別，讀百遍時與讀十遍又自不同也。履孫。

「大凡讀書須是熟讀。熟讀了自精熟，精熟後理自見得。如喫果子一般，劈頭方咬開，未見滋味便喫了。須是細嚼教爛，則滋味自出，方始識得這個是甜，〔九五〕是甘，是辛，始爲知味。」又云：「園夫灌園，善灌之夫隨其蔬果，株株而灌之。少間灌溉既足，則泥水相和而物得其潤，自然生長。不善灌者，忙急而沽[九六]之，擔一擔之水，澆滿園之蔬。人見其治園矣，而物未嘗沽[九七]足也。」又云：「讀書之道，用力愈多收功愈遠。『先難而後獲，先事而後得』，皆是此理。」又云：「讀書之法須是用工去看。先一書許多工夫，[九八]後則無許多工夫。[九九]始初一書費十分工夫，後一書費八九分工夫，[一〇〇]後則費六七分，又後則費四五分矣。」卓。

「講學切忌研究一事未得，又且放過別求一事。如此則有甚了期？須是逐件打結，久久通貫。」力行退讀先生「格物」之說，見李先生所以教先生有此意。力行。[一〇一]

書也只是熟讀，常常[一〇二]記在心頭便得。雖孔子教人，也只是「學而時習之」。若不去時習，則人都不奈你何。這是孔門弟子編集，只把這個作第一件。若能時習，將次自曉得。若十分難曉底也解曉得。義剛。[一〇三]

某向時與朋友説讀書，也教他去思索，求所疑。近方見得讀書只是且恁地虛心就上面熟讀，久之自有所得，亦自有疑處。蓋熟讀後自有窒礙不通處，是自然有疑，方好較量。今若先去尋個疑便不得。又曰：「這般也有時候。舊日看論語，合下便有疑。蓋自有一様事，被諸先生説成數様，所以便着疑。今却有集注了，且可傍本看教心熟。少間或有説不通處，自見得疑，只是今未可先去疑着。」賀孫。[一〇四]

讀書之法先要熟讀。須是正看背看，左看右看。看得是了，未可使［一〇五］説道是，更須反覆玩味。時舉。

凡人看文字，初看時心尚要走作，道理尚見得未定，猶没奈他何。到看得定時方入規矩，又只是在印板上面説相似，都不活。不活則受用不得，須是玩味反覆，到得熟後方始會活，方始會動，方有得受用處。若只恁生記去，這道理便死了。時舉。［一〇六］

「看文字只就本句，固是見得古人本意，然不推廣之則用處又不浹洽，［一〇七］如何？」曰：「須是本句透熟，方可推。若本句不透熟，不惟推便錯，於未推時已自［一〇八］錯了！」淳。［一〇九］

精舍朋友退，義剛及黄直卿、范益之侍坐。先生各有評論，語畢，顧義剛云：［一一〇］「公前日看那『知我者，其天乎』，説得也未分曉。這個也只管去思量不得，但當時［一一一］復把起來看。若不曉，又且放下。只管恁地，久後自曉。解曉得這個，也無甚説。須是自家曉得這個，十分着説不得。［一一二］」義剛。［一一三］

晦庵先生朱文公語類卷第十一

學五

讀書法下

問讀諸經之法。曰：「亦無法，只是虛心平讀去。」淳。義剛同。〔一〕

讀書有個法，只是刷刮净了那心後去看。若不曉得，又且放下，待他意思好時又將來看。而今却説要虛心，心如何解虛得。而今正要將心在那上面。義剛。

讀書遇難處，且須虛心搜討意思。有時有思繹底事，却去無思量處得。敬仲。

「問：如先生所言，推求經義〔二〕將來到底還别有見處否？」曰：「若説如釋氏之言有他心通，則無也。但只見得合如此爾。」再問所説「尋求義理，仍須虛心觀之」。〔三〕

問：「如何是虛心？」曰：「須退一步思量。」又問〔四〕退一步思量之旨。曰：「從來不曾如此做工夫，後亦自難説。今人觀書，先自立了意後方觀，盡率古人語言入做自家意思中來。如此，只是推廣得自家意思，如何見得古人意思？須得退步者，不要自作意思，只虛此心將古人語言放前面，看他意思倒殺向何處去。如此玩心，方可得古人意，有長進處。且如孟子說詩，要『以意逆志，是爲得之』。逆者，等待之謂也。如前途等待一人，未來時且須耐心等待，將來自有來時候。他未來，其心急切，又要進前尋求，却不是『以意逆志』，是以意捉志也。如此，只是牽率古人言語入做自家意中來，終無進益。」大雅。

誨力行曰：〔五〕「看文字須是退步看方可見得。若一向近前迫看，反爲所遮蔽，轉不見矣。」力行。

某嘗見人云：「大凡心不公底人讀書不得。」今看來是如此。如解說聖經，一向都不有自家身己，全然虛心，只把他道理自看其是非。恁地看文字，猶更自有牽於舊習，失點檢處。全然把一己私意去看聖賢之書，如何看得出？賀孫。

或問太極。曰：「看如今人與太極多少遠近？」或人自說所讀書。曰：「徒然說得一片，恁地多不濟事。如今且要虛心，心若不虛，雖然恁地問，待別人恁地說，自不入。他聽之如不聞，只是他自有個物事横在心下。如顏子，人道他『得一善則拳拳服膺而不失』，他不曾自知道『得一善拳拳服膺而不失』；他『見不善未嘗不知，知之未嘗復行』，他不曾自知道『見不善未嘗不知，知之未嘗復行』；他『不遷怒，不貳過』，他不曾知道『不遷怒，不貳過』。他只見個道理當如此。易曰：『君子以虛受人。』書曰：『惟學遜志。』舊有某人來問事，他〔六〕略不虛心，一味氣盈色滿。當面與他説，他全不聽得。賀孫。〔七〕

看文字須是虛心，莫先立己意，少刻都錯了。又曰：「虛心切己。虛心則見道理明；切己，自然要〔八〕體認得出。」gap。〔九〕

凡看書須虛心看，不要先立説。看一段有下落了，然後又看一段。須如人受人〔一〇〕詞訟，聽其説盡，然後方可決斷。泳。

聖人言語皆天理自然，本坦易明白在那裏。只被人不虛心去看，只管外面捉摸。及看不得，便將自己上一般意思説出，把做聖人意思。

聖賢言語當虛心看，不可先自立説去撐拄，便喎斜了。不讀書者固不足論，讀書者病又如此。淳。

讀書別無法，只管看便是法。正如獃人相似，捱來捱去。自家都未要先立意見，且虛心只管看。看來看去自然曉得。某那集注都詳備，只是要人看。無一字閑，那個無緊要閑底字越要看。自家意裏説是閑字，那個正是緊要字。上蔡云「人不可無根」便是難。所謂根者，只管看便是根，不是外面別討個根來。僩。〔一一〕

看文字且依本句，不要添字。那裏元有縫罅，如合子相似，自家只去抉開。不是渾淪底物，硬去鑿。亦不可先立說，牽古人意來湊。且如「逆詐」、「億不信」與「先覺」之辨：「逆詐」是那人不曾詐我，先去揣摩道，那人必是詐我；「億不信」是那人未有不信底意，便道那人必是不信我；「先覺」則分明見得那人已詐我，不信我。〔一二〕如高祖〔一三〕知人任使，〔一四〕亦是分明見其才耳。淳。

讀書若有所見，未必便是，不可便執着。且放在一邊，益更讀書，以來新見。若執着一見，則此心便被此見遮蔽了。譬如一片净潔田地，若上面纔安一物，便須有遮蔽了處。聖人七通八達，事事說到極致處。學者須是多讀書，使互相發明，事事窮到極致處。所謂「本諸身，徵諸庶民，考諸三王而不繆，建諸天地而不悖，質諸鬼神而無疑，百世以俟聖人而不惑」。直到這個田地方是。語云：「執德不洪。」易云：「寬以居之。」聖人多說個廣大寬洪之意，學者要須體之。廣。

看書不可將自己見硬參入去，須是除了自己所見，看他册子上古人意思如何。如程先生解「直方大」，乃引孟子。雖是程先生言，畢竟迫切。節。

看文字先有意見，恐只是私意。謂如粗厲者觀書，必以勇果强毅爲主；柔善者觀書，必以慈祥寬厚爲主。書中何所不有！人傑。

凡讀書先須曉得他底言詞了，然後看其說於理當否。當於理則是，背於理則非。今人多是心下先有一個意思了，却將他人説話來説自家底意思；其有不合者，則硬穿鑿之使合。廣。

觀書當平心以觀之。大抵看書不可穿鑿，看從分明處，不可尋從隱僻處去。聖賢之言多是與人説話，若是嶢崎，却教當時人如何曉。節。

或解「居處恭，執事敬，與人忠」，云：「須是從裏面做出來，方得他外面如此。」曰：「公讀書便是多有此病。這裏又那裏得個裏面做出來底説話來？只是居處時便用恭，執事時便用敬，與人時便用忠，『雖之夷狄，不可棄也』。不過只是如此説。大凡看書須只就他本文看教直截，切忌如此支離蔓衍、拖脚拖尾，不濟得事。聖賢説話那一句不直截？如利刃削成相似。雖以孔子之語，渾然温厚，然他那句語更是斬截。若如公説一句，更用數十字去包他，則聖賢何不逐句上更添幾字教他分曉？只看濂溪二程横渠門説話無不斬截有力，語句自是㥠地重。無他，所以看得如此寬緩無力者，只是心念不整肅，所以如此。緣心念不整肅，所以意思寬緩，都湊泊他那意思不着，説從別處去。須是整肅心念，看教他意思嚴緊，説出來有力，四方八面截然有界限，方得[一五]。如今説得如此支蔓，都不成個物事，其病只在心念不整肅上。」僩。[一六]

今學者大抵不曾子細玩味得聖賢言意，却要懸空妄立議論。一似喫物事相似，肚裏其實未曾飽，却以手鼓腹，向人説道：「我已飽了。」只此乃是未飽，若真個飽者，却未必説也。人人好做甚銘，做甚贊，於己分上其實何益？既不曾實講得書，玩味得聖賢言意，則今日所説者是這個話，明日又只是這個話，豈得有所新見邪？切宜戒之！時舉。

讀書之法有大本大原處，有大綱大目處，又有逐事上理會處，又其次則解釋文義。雉。

某自潭州來，其他盡不曾説得，只不住地説得一個教人子細讀書。節。〔一七〕

讀書不精深，也只是不曾專一子細。蜚卿。〔一八〕

聖人言語如千花，遠望都見好。須端的真見好處始得。須着力子細看上，别無他術。〔一九〕淳。

聖人言語皆枝枝相對，葉葉相當，不知怎生排得恁地齊整。今人只是心粗，不子細窮究。若子細窮究來，皆字字有着落。道夫。

看文字當看大意，又看句語中何字是切要。孟子謂「仁義禮智根於心」，只「根」字甚有意。如此用心，義理自出。季札。〔二〇〕

讀書要周遍平正。夔孫。

看書不由直路，只管枝蔓，便於本意不親切。淳。

讀書只就一直道理看，剖析自分曉，不必去偏曲處看。易有個陰陽，詩有個邪正，書有個治亂，皆是一直路逕，可見别無嶢崎。寓。

凡讀書且須從一條正路直去。四面雖有可觀，不妨一看，然非是緊要。方子。〔二一〕

讀書便是做事。凡做事，有是有非，有得有失。善處事者，不過稱量其輕重耳。讀書而講究其義理，判別其是非，臨事即此理。可學。

看人文字不可隨聲遷就，我見得是處方可信。須沉潛玩繹，方有見處。不然，人說沙可做飯，我也說沙可做飯，如何可喫！謙。

讀書須是看着他那縫罅處，方尋道理透。〔二二〕若不見得縫罅，無由入得。見〔二三〕縫罅時脈絡自開。植。〔二四〕

文字大節目痛理會三五處後當迎刃而解。學者之患〔二五〕在於輕浮，不沉着痛快。方子。

學者初看文字只見得個渾崙物事，久久看作三兩片，以至於十數片，方是長進。如庖丁解牛，目視無全牛是也。人傑。

真理會得底便道真理會得，真理會不得底便道真理會不得。須看那處有礙，〔二六〕須記那緊要處常勿忘。所謂「智者利仁」，方其求時心固在此，不求時心亦在此。淳。

學者不可只管守從前所見，須除了，方見新意。如去了濁水，然後清者出焉。力行。

到理會不得處，便當「濯去舊見，以來新意」，仍且只就本文看之。蜚卿。〔二七〕

問：「『禮之用和爲貴』一章，禮之體雖嚴，而其用以從容不迫爲貴，竊謂禮之體是元有此尊卑小大之道理，故嚴。及其發見處，渾是辭遜之心，自然從容不迫。先王緣人情制禮，故以和爲貴，而小事大事由之，然知和而和，一向偏於和而忘其大小尊卑之分，故亦不可行。須要得嚴而不迫、和而有節方好。」先生曰：「大概如此，但説得不溜渀，便是理會得未透。」此條論讀書，説「未溜渀」便是理會未透。〔二八〕

文字不可硬説，但當習熟，漸漸分明。

讀書且就那一段本文意上看，不必又生枝節。看一段須反覆看來看去，要十分爛熟，方見意味，方快活，令人都不愛去看别段始得。人多只是向前趲去，不曾向後反覆，只要去看明日未讀底，都不解〔二九〕去紬繹前日已讀底。須玩味反覆始得。用力深便見意味長，意味長便受用牢固。又曰：「不可信口依希略綽説過，須是心曉。」寓。陳淳同。〔三〇〕

學者觀書，病在只要向前，不肯退步看。愈向前愈看得不分曉，不若退步却看得審。大概病在執着，不肯放下。正如聽訟：心先有主張乙底意思，便只尋甲底不是；先有主張甲底意思，便只見乙底不是。不若姑置甲乙之説，徐徐觀之，方能辨其曲直。横渠云：「濯去舊見，以來新意。」此説甚當。若不濯去舊見，何處得新意來？今學者有二種病，一是主意思，〔三一〕一是舊有先入之説，雖欲擺脱，亦被他自來相尋。僩。

看書非止看一處便見道理。如服藥相似，一服豈能得病便好！須服了又服，服多後藥力自行。道夫。〔三二〕

讀書着意玩味，方見得義理從文字中迸出。季札。

看文字且自用工夫，先已切至，方可舉所疑與朋友講論。假無朋友，久之亦〔三三〕能自見得。蓋蓄積者多忽然爆開〔三四〕便自然通，此所謂「何天之衢亨」也。蓋蓄極則通，須是蓄之極則通。㽦。按萬人傑録同而略，今附云：〔三五〕「讀書須是先看一件了，然後再看一件。若是蓄積處多，忽然爆開來時自然所得者大，易所謂『何天之衢亨』是也。」

玩索，考〔三六〕究，不可一廢。升卿。

「學者讀書，須是於無味處當致思焉。至於群疑並興，寢食俱廢，乃能驟進。」因歎：「『驟進』二字，最下得好，須是如此。若進得些子，或進或退，若存若亡，不濟事。如用兵相殺，爭得些兒小可一二十里地也不濟事，須大殺一番方是善勝。爲學之要亦是如此。」賀孫。〔三七〕

大凡看文字要急迫不得。有疑處，且漸漸思量。若一下便要理會得也無此理。廣。

看文字須子細。雖是舊曾看過，重溫亦須子細。每日可看三兩段。不是於那疑處看，政〔三八〕須於那無疑處看，蓋工夫都在那上也。廣。〔三九〕

讀書無疑者須教有疑，有疑者却要無疑。到這裏方是長進。道夫。

問：「看理多有疑處。如百氏之言，或疑其爲非，又疑其爲是，當如何斷之？」曰：「不可强斷，姑置之可也。」人傑。

大凡讀書且要讀，不可只管思。口中讀則心中閑，而義理自出。某之始學亦如是爾，更無別法。方子。甘節同。〔四〇〕

「讀書之法：讀一遍了，又思量一遍；思量一遍，又讀一遍。讀誦者，所以助其思量，常教此心在上面流轉。若只是口裏讀，心裏不思量，看如何也記不子細。」又云：「今緣文字印本多少〔四一〕，人不着心讀。漢時諸儒以經相授者，只是暗誦，所以記得牢，故其所引書句多有錯字。如孟子所引詩書亦多錯，以其無本，但記得耳。」〔四二〕

讀書只要將理會得處反覆又看。士毅。〔四三〕

書無難易，須使許多心力反覆去看。蔓孫。〔四四〕

爲學讀書須是耐煩細意去理會，切不可粗心。若曰何必讀書，自有個捷徑法，便是誤人底深坑也。未見道理時，恰如數重物〔四五〕包裹在裏許，無緣可以便見得。須是今日去了一重，又見得一重；明日又去了一重，又見得一重。去盡皮，方見肉；去盡肉，方見骨；去盡骨，方見髓。使粗心大氣不得。廣。〔四六〕

人看文字，只看得一重，更不去討他第二重。僩。

聖人言語一重又一重，須入深去看。若只見〔四七〕皮膚，自〔四八〕便有差錯，須深沉方有得。夜來所説是終身規模，不可便要使有安頓。〔四九〕從周。

看文字須逐字看得無去處。譬如前後門塞定，更去不得，方始是。從周。

看文字須大段着精彩看。聳起精神，樹起筋骨，不要困，如有刀劍在後一般。就一段中須要透。擊其首則尾應，擊其尾則首應，方始是。不可按册子便是，[五〇]掩了册子便忘却。看注時便忘了正文，看正文又忘了注。須這一段透了，方看後板。淳。

人言讀書當從容玩味，此乃自怠之一説。若是讀此書未曉道理，雖不可急迫，亦不放下，猶可也。若徜徉終日，謂之從容，却無做工夫處。譬之煎藥，須是以大火煮衮，然後以慢火養之却不妨。人傑。

「看文字須入裏面猛衮一番。要透徹方能得脱離。若只略略地看過，終久不能潘本有「得」。脱離，此心又自不能放下也。」又曰：「凡看文字，初看時心尚走作，道理尚見得未定。到底後方入規矩，須是又復玩味得熟後方始會活，方有得受用處。不活則受用不得。」銖。潘時舉録云：「人[五一]看文字，初看時心尚要走作，道理尚見得未定，猶没奈他何。到看得定時方入規矩，又只是在印板上面説相似，都不活。不活則受用不得。須是玩味反覆，到得熟後方始會活，方始會動，方有得受用處。若只恁生記去，這道理便死了。」[五二]

讀書者當將此身葬在此書中，[五三]行住坐卧念念在此，誓以必曉徹爲期。看外面有甚事，我也不管，[五四]方謂之善讀書。若但欲來某[五五]面前説得去，不求自熟，如此濟得甚事？須是着起精神，字字與他看過。[五六]如今自家精神都不曾與書相入，本文[五七]注字猶記不得，如何

會曉！[五八]僩。[五九]

大凡[六〇]讀書須是要身心都入在這一段裏面，更不問外面有何事，方見得一段道理出。如「博學而篤志，切問而近思」，如何却說個「仁在其中」？蓋自家能常常存得此心，莫教走作，則理自然在其中。今人却一邊去看文字，一邊去思量外事，只是枉費了工夫。不如放下了文字，待打疊教意思靜了，却去看。祖道。

今人讀書看未到這裏，心已在後面；纔看到這裏，便欲捨去。如此，只是不求自家曉解。須是徘徊顧戀，不欲[六一]捨去，方能體認得。又曰：「讀書者譬如觀此屋，若在外面見有此屋，便謂見了，即無緣識得。須是入去裏面逐一看道，[六二]是幾多間架、幾多窗櫺。看一遍了，[六三]又重重看過，一齊記得，方是。」講筵亦云：「意象匆匆，常若有所迫逐。」方子。[六四]

看文字正如酷吏之用法深刻，都没人情，直要做到底。若只恁地等閑看過了，有甚滋味。大凡文字有未曉處，須下死工夫，直要見得道理是自家底方住。賜。

須是一棒一條痕！一摑一掌血！看人文字要當如此，豈可忽略！㽦。

看文字如捉賊，須知[六五]盜發處，自一文以上贓罪情節都要勘出。若只描摸個大綱，縱使知道此人是賊，却不知何處做賊。賜。

而今[六六]看文字須是如猛將用兵，直是鏖戰一陣。如酷吏治獄，直是推勘到底，決是不恕他方得。夔孫。

看文字當如高艞大艑，順風張帆，一日千里方得。如今只纔離小港便着淺了，濟甚事！文字不通如此看。僩。〔六七〕

蜚卿欲類仁説看。曰：「不必録。只識得一處，他處自然如破竹矣。」道夫。〔六八〕

理只要理會透徹，更不理會文辭，恐未達而便欲已也。去僞。〔六九〕

讀書須是知貫通處，東邊西邊都觸着這開〔七〇〕捩子方得。只認下着頭去做，莫要思前算後，自有至處。而今説已前不曾做得，又怕遲晚，又怕做不及，又怕那個難，又怕性格遲鈍，又怕記不起，都是閑説。只認下着頭去做，莫問遲速，少間自有至處。既是已前不曾做得，今便用下工夫去補填。莫要瞻前顧後，思量東西，少間擔閣一生，不知年歲之老！僩。〔七一〕

讀書〔七二〕通貫後，義理自出。今人爲學多只是漫，〔七三〕且恁地不曾是真實肯做。方子。〔七四〕

看經傳有不可曉處，且要旁通。待其浹洽則當觸類而可通矣。人傑。

做好將聖人書讀，見得他意思如當面説〔七五〕相似。賀孫。〔七六〕

「尹先生門人言尹先生讀書云：『耳順心得，如誦己言。功夫到後，誦聖賢言語。〔七七〕』」良久，曰：「佛所謂心印是也。印第一個了，印第二個，只與第一個一般。又印第三個，只與第二個一般。惟[七八]堯舜孔顔方能如此。堯老，遜位與舜，教舜做。及舜出來，只與堯一般，此所謂真同也。孟子曰：『得志行乎中國，若合符節。』不是且恁地說。」廣。

講論一篇書，須是理會得透，把這一篇書與自家衮作一片方是。去了本子，都在心中，皆説得去方好。敬仲。

莫説道見得了便休。而今看一千遍，見得又別；看一萬遍，見得又別。須是無這册子時，許多節目次第都恁地歷歷落落在自家肚裏方好。方子。

放下書册，都無書之意義在胸中。升卿。

歐公言：「作文有三處思量：枕上，路上，厠上。」他只是做文字，尚如此，况求道乎！而今人只對着册子時便思量，册子不在心便不在，如此濟得甚事？義剛。

今之學者看了也似不曾看，不曾看也似看了。方子。

近日真個讀書人少，也緣科舉時文之弊，他[七九]纔把書來讀，便先立個意思要討新奇，都不理會他本意着實。纔討得新奇便準擬作時文使，下梢弄得熟，只是這個將來使。雖是朝廷甚麽大典禮，也胡亂信手捻[八〇]出來使，不知一擅百碎。前輩也是讀書。某曾見大東萊吕居仁。之兄，他於六經三傳皆通，他[八一]親手點注，並用小圈點。注所不足者，並將疏楷書，用朱點。無點畫草。某只見他禮記如此，他經皆如此。諸吕從來富貴，雖有官，多是不赴銓，亦得安樂讀書。他家這法度却是到伯恭打破了。自後既弄時文，少有如此讀書。〔八二〕賀孫。

且尋句内意。方子。

凡讀書須看上下文意是如何，不可泥着一字。如揚子「於仁也柔，於義也剛」，到易中又將剛來配仁，柔來配義。如論語「學不厭，智也；教不倦，仁也」，到中庸又謂「成己，仁也；成物，智也」。此等須是各隨本文意看，便自不相礙。淳。

節問：「一般字却有淺深輕重，如何看？」曰：「當看上下文。」節。

讀書須從文義上尋，其〔八三〕次則看注解。今人却於文義〔八四〕尋索。蓋卿。

因言讀書法。先生曰：「且先讀十數過，已得文義四五分；然後看解，又得三二分；又却讀正文，又得一二分。向時不理會得孟子，以其章長故也。因如此讀。元來他章雖長，意味却自首末相貫。」又問：「讀書心多散亂。」曰：「便是心難把捉處。知得此病者，亦早少了。向時舉中庸『誠者物之終始，不誠無物』說與直卿，云：『且如讀十句書，上九句有心記得，心不走作，則是心在此九句内，是誠，是有其物，故終始得此九句用。若下一句心不在焉，便是不誠，便無物也。』」明作。〔八五〕

「大凡人讀書，且當虛心一意將正文熟讀，不可便立見解。看正文了，却着深思熟讀，便如已說，如此方是。今來學者一般是專要作文字用，一般是要說得新奇，人說得不如我說得較好，此學者之大病。譬如聽人說話一般，且從他說盡，不可勦斷他說，以己意〔八六〕抄說。若如此，全不見得他説是非，只説得自家底，終不濟事。」久之，又曰：「須是將本文熟讀，字字咀嚼教有味。若有理會不得處，深思之；又不得，然後却將注解看方有意味。如人飢而後食，渴而後飲，方有味。不飢不渴而强飲食之，終無益也。」自「又曰」以下，李儒用録同。又曰：「某所集注論語，至於訓詁皆子細者，蓋要人字字與某着意看，字字思索到，莫要只作等閑看過了。」又曰：「讀書，第一莫要先立個意去看他底；莫要纔領略些大意，不耐煩，便休了。」祖道。

凡人讀書若窮得到道理透處，心中也替他〔八七〕快活。若有疑處，須是參諸家解熟看。看得有差互時，此一段終是不穩在心頭，不要放過。敬仲。

凡看文字，諸家説有異同處最可觀。謂如甲説如此，且挦扯住甲，窮盡其詞；乙説如此，且挦扯住乙，窮盡其詞。兩家之説既盡，又參考而窮究之，必有一真是者出矣。公謹。〔八八〕

經之有解，所以通經。經既通，自無事於解，借經以通乎理耳。理得則無俟乎經。今意思只滯在此，則何時得脱然會通也。且所貴乎簡者，非謂欲語言之少也，乃在中與不中爾。若句句親切，雖多何害？若不親切，愈少愈不達矣。某嘗説讀書須細看，得意思通融後都不見注解，但見有正經幾個字〔八九〕方好。大雅。

句心。方子。

看注解時不可遺了緊要字，蓋解中有極散緩者，有緩急之間者，有極緊要者。某下一字時，直是稱輕等重方敢寫出。上言「句心」即此意。方子。

傳注，惟古注不作文，故可讀。[九〇] 只隨經句分說，不離經意，最好。疏亦然。今人解書，且圖要作文，又加辨說，百般生疑，故其文雖可讀而經意殊遠。程子易傳亦成作文，說了又說，故今人觀者更不看本經，只讀傳，亦非所以使人思也。大雅。[九一]

解經謂之解者，只要解釋出來。將聖賢之語解開了，庶易讀。泳。

聖經字若個主人，解者猶若奴僕。今人不識主人，且因奴僕通名方識得主人，畢竟不如經字也。[九二]

隨文解義。方子。

解經當如破的。方子。

聖賢說出來底言語自有語脈，安頓得各有所在，豈似後人胡亂說了！也須玩索其旨，所以學不可以不講。講學固要大綱正，然其間子細處亦不可以不講。只緣當初講得不子細，既不得聖賢之意，後來胡亂執得一說便以爲是，只胡亂解將去。僩。[九三]

解經，若於舊說一向人情他，改三字不若改兩字，改兩字不若且改一字，至於甚不得已，乃始改這意思，終爲害。升卿。

「學者輕於著書，皆是氣識淺薄，使作得如此，所謂『聖雖學作兮，[九四] 所貴者資；便儇皎厲兮，去道遠而』。蓋此理醲厚，非『便儇皎厲』、『不克負荷』者所能當。子夏[九五]謂『執德不弘』，人多以寬説『弘』字，[九六]大無意味，如何接連得『焉能爲有，焉能爲亡』文義相貫？蓋『弘』字有深沉重厚之意。横渠謂：『義理深沉方有造，非淺易輕浮所可得也。』此語最佳。」問：「集注解此，謂『守所得而心不廣，則德孤』，如何？」曰：「孤，只是孤單。所得只是這些道理，别無所有，故謂之德孤。」謨。[九七]

編次文字須作草簿抄記項頭，如此則免得用心去記他。兵法有云：「車載糗糧兵仗，以養力也。」編次文字，用簿抄記，此亦養心之法。廣。[九八]

先看語、孟、中庸，更看一經，却看史，方易看。先讀史記，史記與左傳相包。次看左傳，次看通鑑，有餘力則看全史。只是看史，不如今之看史有許多嶢崎。看治亂如此，成敗如此，「與治同道罔不興，與亂同事罔不亡」，知得次第。節。

今人讀書未多，義理未至融會處，若便去看史書，考古今治亂，理會制度典章，譬如作陂塘以溉田，須是陂塘中水已滿，然後決之，則可以流注滋殖田中禾稼。若是陂塘中水方有一勺之多，遽決之以溉田，則非徒無益於田，而一勺之水亦復無有矣。讀書既多，義理已融會，胸中尺度一一已分明，而不看史書，考治亂，理會制度典章，則是猶陂塘之水已滿而不決以溉田。若是讀書未多，義理未有融會處，而汲汲焉以看史爲先務，是猶決陂塘一勺之水以溉田也，其涸[九九]也可立而待矣。廣。

問讀史之法。先生曰：「先讀史記及左氏，却看東漢、西漢及三國志，次看通鑑。温公初作編年，起於威烈王，後又添至共和。後又作稽古録，始自上古，然共和已上之年已不能推矣。獨邵康節却推至堯元年，皇極經世書中可見。編年難得好者。前日周德華所寄來者亦不好。温公於本朝又作大事記。若欲看本朝事，當看長編。若精力不及，其次則當看國紀。國紀只有長編十分之一[一〇〇]耳。」時舉。

道夫[一〇一]問：「讀通鑑與正史如何？」曰：「好且看正史，蓋正史每一事關涉處多。只如高祖鴻門一事，本紀與張良灌嬰諸傳互載，又却意思詳盡，讀之使人心地懽洽，便記得起。通鑑則一處説便休，直是如[一〇二]法，有記性人方看得。」又問：「致堂管見，初得之甚喜。後見南軒集中云：『病敗不可言。』又以爲專爲檜設。豈有言天下之理而專爲一人者？道夫心疑之。[一〇三]」先生曰：「儘有好處，但好惡不相掩爾。」道夫[一〇四]曰：「只如頭一章論三晉事，人多不以爲然。自今觀之，只是怕温公爾。」先生曰：「誠是怕，但如周王不分封，[一〇五]也則[一〇六]無個出場。」道夫。

史亦不可不看。看通鑑固好，然須看正史一部，却看通鑑。一代帝紀，更逐件事[一〇七]立個綱目，其間節目疏之於下，恐可記得。人傑。

楊至之云：「先生言：〔一〇八〕『讀史當觀大倫理、大總會、大治亂得失。』」節。

讀史亦易見作史者意思，後面成敗處，他都説得意思在前面了。如陳蕃殺宦者，但讀前面，許多疏脱都可見了。「甘露」事亦然。賀孫。

讀史有不可曉處，劄出待去問人，便且讀過。有時讀別處，撞着有文義與此相關便自曉得。淳。義剛同。〔一〇九〕

楊至之患讀史無記性，須三四〔一一〇〕遍方記得，而後又忘了。先生曰：「只是一遍讀時須用功，作相別計，止此更不再讀，便記得。有一士人，讀周禮疏，讀第一板訖則焚了，讀二板則又焚了。便作焚舟計。若初且草讀一遍，準擬三四遍讀，便記不牢。」陳淳録同。〔一一一〕又曰：「讀書須是有精力。」至之曰：「亦須是聰明。」先生曰：「雖是聰明，亦須是静，方運得精神。昔見延平解春秋也淺，不相〔一一二〕似胡文定。後因〔一一三〕隨人入廣，在羅密〔一一四〕住三兩年，去那裏心静，須看得較透。〔一一五〕某初疑道，〔一一六〕解春秋，干心静甚事。後來方曉。蓋静則心虛，道理方看得出。」義剛曰：「前輩也多是在背後處做幾年，方成。」曰：「也有不恁地底。如明道自是二十歲及第，一向出來做官，也自是恁地便好了。」義剛。

晦庵先生朱文公語類卷第十二

學六

持守

自古聖賢皆以心地爲本。士毅。

古人言志帥、心君，須心有主張始得。升卿。

心若不存，一身便無所主宰。祖道。

纔出門便千岐萬轍，若不是自家有個主宰，如何得是！道夫。

心在，群妄自然退聽。文蔚。

試定精神一着，〔一〕許多暗昧魍魎各自冰散瓦解。太祖月詩曰：「未離海底千山黑，纔到天中萬國明。」日未上時黑漫漫地，纔一絲綫，路上便明。蜚卿。〔二〕

學者常用提省此心，使如日之升則群邪自息。他本自光明廣大，自家只着些子力去提省照

管他便了。不要苦着力，着力則反不是。蜚卿。〔三〕

今説性善。一日之間動多少思慮，萌多少計較，如何得善？可學。

人只有個心，若不降伏得，更做甚麼人！〔四〕僩。

心要在腔子裏。泳。〔五〕

人只一心。識得此心，使無走作，雖不加防閑，此心當在。季札。

或問存心。曰：「存心只是知有此身，謂如對客，但知道我此身在此對客。」方子。

「學者須常存此心，漸將義理只管去灌溉。若卒下〔六〕未有進，即且把見成在底道理將去看認，認來認去，更莫放着，便只是自家底。緣這道理不是外來物事，只是自家本來合有底，只是常常要點檢。如人一家中，屋下〔七〕合有許多家計，也須常點認過。若不如此，被外人驀然捉將去也不知。」又曰：「『温故而知新』不是離了故底別有一個新，須是常常將故底只管温習，自有新意：一則向時看與如今看，明晦便不同；一則上面自有好意思；一則因這上面却別生得意思。伊川云：『某二十以前讀論語已自解得文義。到今來讀，文義只一般，只是意思別。』」賀孫。〔八〕

「許多言語雖隨處説得有淺深大小，然而下工夫只一般。如存其心與持其志亦不甚争。存其心，語雖大，却寬；持其志，語雖小，却緊。只存〔九〕其心便收斂，只持其志便内外肅然。」又曰：「持其志，是心之方漲處便持着。」賀孫。

「操則存，舍則亡，出入無時，莫知其鄉，惟心之謂歟」，「爲仁由己，而由人乎哉」，這個只在我，非他人所能與也。非禮勿視聽言動，勿與不勿在我而已。今一個無狀〔一〇〕人忽然有覺，曰：「我做得無狀了！」便是此心存處。孟子言「求放心」〔一一〕亦説得慢了。人傑。〔一二〕

但操存得在時，少間他喜怒哀樂自有一個則在。祖道。

或問：「心中所主未定，莫若『操而存之』否？」曰：「此便難説，纔説『操』便是有兩個。且如説『克己復禮爲仁』，而衆人之説以爲克去己私以復天理便可爲仁，纔説着克己，而復便勞攘了。如『非禮勿視聽言動』，只是中間有個主宰，若分個『克』，復分個『非禮』，分個『勿』，便成三個了。這話難説。」卓。〔一三〕

心須常令有所主。做一事未了，不要做別事。心廣大如天地，虚明如日月。要閑，心却不閑，隨物走了；不要閑，心却閑，有所主。可學。

心存時少，亡時多。存養得熟後，臨事省察不費力。祖道。

「平日涵養之功，臨事持守之力。涵養、持守之久，則臨事愈益精明。平日養得根本固善，若平日不曾養得，臨事時便做根本工夫，從這裏積將去。若要去討平日涵養，幾時得？」又曰：「涵養之則，凡非禮勿視聽言動，禮儀三百，威儀三千，皆是。」僩。

惜取那無事底時節。因説存養。儒用。

人之一心，當應事時常如無事時便好。人傑。

平居須是儼然若思。升卿。

三國時朱然終日欽欽，如在行陣。學者持此則心長不放矣。升卿。

人心常炯炯在此，則四體不待羈束而自入規矩。只爲人心有散緩時，故立許多規矩來維持之，但常常提警，教身入規矩内，則此心不放逸而炯然在矣。心既常惺惺，又以規矩繩檢之，此内外交相養之道也。升卿。

今人心聳然在此，尚無惰慢之氣，況心常能惺惺者乎！故心常惺惺自無客慮。

「學者爲學未問真知與力行，且要收拾此心有〔一四〕個頓放處。收斂〔一五〕都在義理上安頓，無許多胡思亂想，則久而於物欲上自輕，〔一六〕於義理上自〔一七〕重。須是教義理心重於物欲，則見義理必端的，〔一八〕自有欲罷不能之意，其於物欲自無暇及之矣。苟操舍存亡間〔一九〕無所主宰，縱説得亦何益！」又曰：〔二〇〕「『子張學干禄』一章是教人不以干禄爲意，蓋言行是〔二一〕所當謹，非爲欲干禄而然也。若真能着實用功，則惟患言行之有悔尤，又〔二二〕何暇有干禄之心耶！」銖。〔二三〕

今於日用間空閑時，收得此心在這裏截然，這便是「喜怒哀樂未發之中」，便是渾然天理。

事物之來，隨其是非便自見得分曉：是底便是天理，非底便是逆天理。常常恁地收〔二四〕得這心在，便如執權衡以度物。賀孫。

人常須收斂個身心便〔二五〕精神常在這裏，似擔百十斤擔相似，須硬着筋骨擔！賀孫。

大抵是且收斂得身心在這裏便已有八九分了，却看道理有窒礙處，却於這處理會。爲學且要專一，理會這一件便只且理會這一件。若行時，心便只在行上；坐時，心便只在〔二六〕坐上。賀孫。

學者須常收斂，不可恁地放蕩。只看外面如此，便見裏面意思。如佛家說，只於□□〔二七〕都看得見。才高，須着實用工，少間許多才都爲我使，都濟事。若不細心用工收斂，則其才愈高而其爲害愈大。又曰：「昔林艾軒光庭在臨安，曾見一僧與說話。此僧出入常頂一笠，眼視不曾出笠影外。某所以常道，他下面有人，自家上面没人。」賀孫。

大概人只要求個放心，日夕常照管令在。力量既充，自然應接從容。敬仲。

人若要洗刷舊習都净了，却去理會此道理者，無是理。只是收放心，把持在這裏，便須有個真心發見，從此便去窮理。敬仲。

今說求放心，說來說去，却似釋老說入定一般，但彼到此便死了。吾輩却要得此心主宰得定，方賴此做事業，所以不同也。如中庸說「天命之謂性」即此心也，「率性之謂道」亦此心也，

「修道之謂教」亦此心也，以至於「致中和」、「贊化育」亦只此心也。致知即心知也，格物即心格也，克己即心克也。非禮勿視聽言動，勿與不勿只争毫髮地爾。所以明道説：「聖賢千言萬語只是欲人將已放之心收拾入身來，自能尋向上去。」今且須就心上做得主定，方驗得聖賢之言有歸着，自然有契。如中庸所謂「尊德性」、「致廣大」、「極高明」，蓋此心本自如此廣大，爲[二八]物欲隔塞，故其廣大有虧；本自高明，但爲物欲係累，故於高明有蔽。若能常自省察警覺，則高明廣大者常自若，非有所增損之也。其「道問學」、「盡精微」、「道中庸」等工夫皆自此做，儘有商量也。若此心上工夫則不待商量賭當，即今見得如此則更無閑時，行時、坐時、讀書時、應事接物時皆有着力處。大抵只要見得，收之甚易而不難也。大雅。

今説此話，却似險，難説，故周先生只説「一者，無欲也」。然這話頭高，卒急難湊[二九]泊，尋常人如何便得無欲！故伊川只説個「敬」字，教人只就這「敬」字上崖[三〇]去，庶幾執捉得定，有個下手處。縱不得，亦不至失。要之，皆只要人於此心上見得分明，自然有得爾。然今之言敬者，乃皆裝點外事，不知直截於心上求功，遂覺累墜不快活。不若眼下於求放心處有功，則尤省力也。但此事甚易，只如此提惺，莫令昏昧，三二[三一]日便可見效，且易而省力。只在念不念之間耳，何難而不爲！大雅。

或問：「初學恐有急迫之病？」曰：「未要如此安排。只須常恁地執持，待到急迫時又旋理會。」賀孫。

既知道自家病[三二]在不專一，何不便專一去？[三三]

一者，其心湛然，只在這裏。蜚卿。[三四]

佛者云：「置之一處，無事不辦。」也只是教人如此做工夫，若是專一用心於此，則自會通達矣。故學禪者只是把一個話頭去看，如何是佛、麻三斤之類，却都無義理得穿鑿。看來看去，工夫到時恰似打一個失落一般，便是參學事畢。莊子亦云「用志不分，乃凝於神」，也只是如此教人，但他都無義理，只是個空寂。儒者之學則有許多義理，若看得透，則可以貫事物，可以洞古今。廣。按士毅録同而略，今附云：[三五]「釋氏云『置之一處，無事不辦』，此外別有何決？[三六]只是釋氏没道理，白[三七]呀將去。」[三八]

心只是一個心，非是以一個心治一個心。所謂存，所謂收，只是喚醒。廣。

人惟有一心是主，要常常喚醒。敬仲。

人有此心，便知有此身。人昏昧不知有心，此[三九]便如人閑睡不知有此身。人雖困睡，得人喚覺則此身自在。心亦如此，方其昏蔽，得人警覺，則此心便在這裏。廣。

學者工夫只在喚醒上。或問：「人放縱時，自去收斂便是喚醒否？」曰：「放縱只爲昏昧之故。能喚醒則自不昏昧，不昏昧則自不放縱矣。」廣。

聖人相傳只是一個字。堯曰「欽明」，舜曰「温恭」。「聖敬日躋」，「君子篤恭而天下平」。節。〔四〇〕

堯是初頭出治第一個聖人。尚書堯典是第一篇典籍，説堯之德都未下别字，「欽」是第一個字。如今看聖賢千言萬語，大事小事，莫不本於敬。收拾得自家精神在此，方看得道理盡。看道理不盡只是不曾專一。或云：「『主一之謂敬』，『敬』莫只是『主一』？」曰：「『主一』又是『敬』字注解。要之，事無小無大，常令自家精神思慮盡在此。遇事時如此，無事時也如此。」賀孫。

程子只教人持敬。孔子告仲弓亦只是説「如見大賓，如承大祭」。此心常存得便見得仁。夔孫。

以敬〔四一〕敬，只是收斂來。程夫子亦説敬。孔子説「行篤敬」，「敬以直内，義以方外」。聖賢亦是如此，只是工夫淺深不同。聖賢説得好：「人生而静，天之性也；感物而動，性之欲也。」物至知知，然後好惡形焉。好惡無節於内，知誘於外，不能反躬，天理滅矣。節。

因説敬。曰：「聖人言語當初未曾關聚，如説『出門如見大賓，使民如承大祭』等類，皆是敬之目。到程子始關聚，説出一個『敬』來教人。然敬有甚物？只如『畏』字相似。不是塊然兀坐，耳無聞，目無見，全不省事之謂。只收斂身心、整齊純一，不恁地放縱便是敬。」淳。〔四二〕

聖賢言語大約似乎不同，然未始不貫。只如夫子言非禮勿視聽言動，「出門如見大賓，使民如承大祭」，「言忠信，行篤敬」，這是一副當說話。到孟子又却說「求放心」，「存心養性」。大學則又有所謂格物、致知、正心、誠意。至程先生又專一發明一個「敬」字。若只恁看，似乎參錯不齊，千頭萬緒，其實只一理。道夫云：「泛泛於文字間，〔四三〕祇覺得異。實下工則貫通之理始見。」曰：「然。只是就一處下工夫，則餘者皆兼攝在裏。聖賢之道如一室然，雖門户不同，自一處行來便入得，但恐不下工夫爾。」道夫。

因歎「敬」字工夫之妙，聖學之所以成始成終者皆由此，故曰「修己以敬」，下而〔四四〕「安人」、「安百姓」皆由於此。只緣子路問不置，故聖人復以此答之。要之，只是個「修己以敬」則其事皆了。或曰：「自秦漢以來，諸儒皆不識這『敬』字，直至程子方說得親切，學者知所用力。」曰：「程子說得如此親切了，近世程沙隨猶非之，以爲聖賢無單獨說『敬』字時，只是敬親、敬君、敬長着〔四五〕個『敬』字。全不成說話。聖人說『修己以敬』，曰『敬而無失』，曰『聖敬日躋』，何嘗不單獨說來？若說有君、有親、有長時用敬，則無君親、無長之時將不敬乎？都不思量，只是信口胡說。」僩。

爲學有大要。若論看文字，則逐句看將去；若論爲學，則自有個大要。所以程子推出一個「敬」字與學者說，要且將個「敬」字收斂個身心，放在模匣子裏而〔四六〕不走作了，然後逐事逐物看道理。嘗愛古人説得「學有緝熙于光明」，此句最好。蓋心地本自光明，只被利欲昏了。今所以爲學者，要令其光明處轉光明，所以下「緝熙」字。緝，如「緝麻」之「緝」，連緝不已之意。熙，則訓「明」字。心地光明則此事有此理，此物有此理，自然見得。且如人心何嘗不光明？[四七]然只是才明便昏了。又有一種人自謂光明，而事事物物元不曾照見，似此光明亦不濟得事。今釋氏自謂光明，然父子則不知其所謂親，君臣則不知其所謂義，説他光明則是亂道。雉。

程先生所以有功於後學者，最是「敬」之一字有力。人之心性，敬則常存，不敬則不存。如釋老等人却是能持敬，但是他只知得那上面一截事，却没下面一截事。覺而今恁地做工夫，却是有下面一截又怕没那上面一截。那上面一截却是個根本底。卓。

今人皆不肯於根本上理會。如「敬」字只是將來説，更不做將去。根本不立，故其他零碎工夫無湊泊處。明道、延平二先生[四八]皆教人静坐。看來須是静坐。蓋卿。

今之人爲學[四九]千頭萬緒，豈可無本領？此程先生所以有「持敬」之語。只是提撕此心教他光明，則於事無不見，久之自然剛健有力。道夫。[五〇]

「而今只是理會個敬，一日則有一日之效，一月則有一月之效。」因問或問中程子謝尹所説敬處。曰：「譬如此屋，四方皆入得。若從一方入到這裏，則那三方入處都在這裏了。」夔孫。

孔子所謂「克己復禮」，中庸所謂「致中和」、「尊德性」、「道問學」，大學所謂「明明德」，書曰「人心惟危，道心惟微，惟精惟一，允執厥中」。聖賢千言萬語只是明天理[五一]，滅人欲。天理明，自不消講學。人性本明，如寶珠沉溷水中，明不可見，去了溷水，則寶珠依舊自明。自家若得知是人欲蔽了，便是明處。只是這上便緊緊着力主定一面格物，今日格一物，明日格一物，正如遊兵攻圍拔守，人欲自消鑠去。所以程先生說「敬」字，只是謂我自有一個明底物事在這裏。把個「敬」字抵敵，常常存個「敬」在這裏，則人欲自然來不得。夫子曰：「爲仁由己，而由人乎哉！」緊要處正在這裏。銖。

百行萬善，固是都合着力，然如何一件件去理會？[五二]百行萬善總於五常，五常又總於仁，所以孔孟只教人求仁。求仁只是「主敬」，「收[五三]放心」，若能如此，道理須[五四]在這裏。[五五]

敬則萬理具在。節。

仲思問「敬者，德之聚」。曰：「敬則德聚，不敬則都散了。」蜚卿。[五六]

人常恭敬則心常光明。道夫。

只敬則心便一。賀孫。

敬勝百邪。泳。

敬是個扶策人底物事。人當放肆怠惰時纔敬，便扶策得此心起。常常會恁地，雖有些邪侈放僻[五七]意思也自[五八]退聽。賀孫。

「敬，只是收斂來。」又曰：「敬是始終一事。」節。

敬不是只恁坐地，舉足動步常要此心在這裏。淳。

持敬之説不必多言，但熟味「整齊嚴肅」、「嚴威儼恪」、「動容貌，整思慮」、「正衣冠，尊瞻視」此等類説，[五九]而實加工焉，則所謂「直内」、所謂「主一」，自然不費安排，而身心肅然、表裏如一矣。升卿。

「心走作不在此便是放，夫人終日之間如是者多矣。『博學，審問，謹思，明辨，力行』，皆求之之道也，須是敬。」問敬。曰：「不用解説，只整齊嚴肅便是。」升卿。

「坐如尸，立如齊」，「頭容直，目容端，足容重，手容恭，口容止，氣容肅」，皆敬之目也。升卿。

或問：「先持敬，令此心惺惺了，方可應接事物，何如？」曰：「不然。」蔡[六〇]伯靜又問：「須是去事物上求。」曰：「亦不然。若無事物時，不成須去求個事物來理會，且無事物之時，要你做甚麼？」賀孫。

問：「敬何以用工？」曰：「敬[六一]只是内無妄思，外無妄動。」柄。

問：「嘗學持敬。讀書，心在書；爲事，心在事，如此頗覺有力。只是瞑目静坐時支遣思慮不去。或云，只瞑目時已是生妄想之端。讀書心在書，爲事心在事，只是收聚得心，未見敬之體。」曰：「靜坐而不能遣思慮，便是靜坐時不曾敬。敬只是敬，更尋甚敬之體？似此支離，病痛愈多，更不曾做得工夫，只了得安排杜撰也。」人傑。

「大凡學者須先理會『敬』字，敬是立脚去處。程子謂：『涵養須用敬，進學則在致知。』此語最妙。」或問：「持敬易間斷，如何？」曰：「常要自省得。纔省得便在此。」或以爲此事最難。曰：「患不省察爾。覺得間斷便已接續，何難之有？『操則存，舍則亡』，只在『操』『舍』兩字之間。要之，只消一個『操』字，到緊要處全不消許多文字言語。若此意成熟，雖『操』字亦不須用。『習矣不察』，人多錯看此一語。人固有事親孝、事兄弟、交朋友亦有信，而終不識其所以然者，『習矣，而不察也』。此『察』字，非『察物』之『察』，識[六二]其所以然也。習是用功大[六三]處，察是知識處。今人多於『察』字用功，反輕了『習』字。纔欲作一事，却又分一心去察一心，胸中擾擾，轉覺多事。如張子韶説論語，謂『察其事親從兄之心，靄然如春則爲仁，肅然似秋則爲義』。只要自察其心，反不知其事親、從兄爲如何也。故夫子教人只説習。如『克己復禮』是説習也，視聽言動亦是習，『請事斯語』亦是習。孟子恐人不識，方説出『察』字，而『察』字最輕，『習』字最重也。」次日，陳後之[六四]求先生書「涵養須用敬，進學則在致知」字，以爲觀省之益。曰：「持敬不用判公憑。」終不肯寫。謨。

或問：「一向把捉，待放下便覺恁衰颯，不知當如何？」曰：「這個也不須只管恁地把捉。

若要去把捉，又添一個要把捉底心，是生許多事。公若知得放下不好便提掇起來，便是敬。」曰：「静坐久之，一念不免發動，當如何？」曰：「也須看一念是要做甚麽事。若是好事，合當做底事，須去幹了。或此事思量未透，須着思量教了，若是不好底事便不要做。自家纔覺得如此，這敬便在這裏。」賀孫。

敬，莫把做一件事看，只是收拾自家精神專一在此。今看來諸公所以不進，緣是他[六五]知説道格物，却於自家根骨上煞欠闕，精神意思都恁地不專一，所以工夫都恁地不精鋭。未説道有甚底事分自家志慮，只是觀山玩水也煞引出了心，那得似教他常在裏面好。如世上一等閑物事，一切都絶意，雖似不近人情，要之，如此方好。賀孫。

寓問：「先生言『敬是合聚底和，和是零碎底敬』。是敬對和而言否？」[六六]曰：「敬只是一個敬，分不得，纔有兩個便不敬矣。和則處處皆和，是事事中節。若這處中節，那處不中節，便非和矣。」又曰：「凡恰好處皆是和，但敬存於此則氤氳磅礴，自然而和。」寓。[六七]

答江西人書云：「敬者，聖學終始之要。未知則敬以知之，已知則敬以守之。苟不敬，則其心顛倒瞹瞀而不自知，豈知有所至哉？」德明。[六八]

明道先生在扶溝時，謝、游諸公皆在彼問學。明道一日曰：「諸公在此，只是學某説話，何不去力行？」二公云：「某等無可行者。」明道曰：「無可行時且去静坐。」蓋静坐時便涵養得本原稍定，雖是不免逐物，及自覺而收斂歸來也有個着落。譬如人出外去，纔歸家時便自有個着身處。若是不曾存養得個本原，茫茫然逐物在外，便要收斂歸來也無個著身處也。廣。〔六九〕

明道教人靜坐，李先生亦教人靜坐。看來〔七〇〕須是靜坐始能收斂。〔七一〕方子。〔七二〕

始學工夫須是靜坐。靜坐則本原定，雖不免逐物，及收歸來也有個安頓處。譬如人居家熟了，便是出外，到家便安。如茫茫在外，不曾下工夫，便要收斂向裏面也無個着落處。士毅。

心要精一。方靜時須湛然在此，不得困頓，如鏡樣明，遇事時方好。心要收拾得緊。如顏子「請事斯語」，便直下承當，及「犯而不校」，却別。從周。

心於未遇事時須是靜，及至臨事方用，重道此二字。便有氣力。如當靜時不靜，思慮散亂，及至臨事已先倦了。伊川解「靜專」處云「不專一則不能直遂」。閑時須是收斂定，做得事更有精神。㽦。

或問：「不拘靜坐與應事，皆要專一否？」曰：「靜坐非是要如坐禪入定，斷絕思慮。只收斂此心，莫令走作閑思慮，則此心湛然無事，自然專一。及其有事則隨事而應，事已則復湛然矣。不要因一事而惹出三件兩件。如此則雜然無頭項，何以得他專一。只觀文王『雝雝在宮，肅肅在廟，不顯亦臨，無射亦保』，便可見敬只是如此。古人自少小時便做了這工夫，故方其洒掃時加帚之禮，至於學詩、學樂舞、學弦誦皆要專一。且如學射時心若不在，何以能中，學御時心若不在，何以使得他馬。書、數皆然。今既自小不曾做得，不奈何，須着從今做去方得。若不做這工夫，却要讀書看義理，恰似要立屋無基地，自〔七三〕無安頓屋柱處。今且説那營營底心會得與道理相入否？會得與聖賢之心相契否？〔七四〕今求此心，正爲要立個基址，得此心光明，有個存主處，然後爲學便有歸着不錯。若心雜然昏亂，自無頭當，却學從那頭去？又何處是收功處？故程先生須令就『敬』字上做工夫，正爲此也。大雅。

靜坐無閑雜思慮，則養得來便條暢。淳。

靜便定，熟便透。義剛。

靜爲主，動爲客。靜如家舍，動如道路。不翕，則不能直遂。僩。

靜時不思動，動時不思靜。文蔚。

人身只有個動、靜。靜者，養動之根；動者，所以行其靜。動中有靜，如「發而中節」處便是動中之靜。祖道。

存養是靜工夫。靜時是中，以其無過不及、無所偏倚也。省察是動工夫。動時是和，纔有思爲便是動，發而中節無所乖戾乃和也。其靜時思慮未萌、知覺不昧，乃復所謂「見天地之心」，靜中之動也。其動時發皆中節，止於其則，乃艮之「不獲其身，不見其人」，動中之靜也。窮理讀

書皆是動中工夫。祖道。〔七五〕

吴公濟云：「逐日應接事物之中，須得一時辰寧静以養衛精神。要使事愈繁而心愈暇，彼不足而我有餘。」其言雖出於異説，然試之亦略有驗，豈周夫子所謂主静者邪！道夫。

晦庵先生朱文公語類卷第十三

學七

力行

學之之博，未若知之之要；知之之要，未若行之之實。祖道。〔一〕

善在那裏，自家却去行他。行之久則與自家爲一，爲一則得之在我。未能行，善自善，我自我。節。

人言匹夫可無行，便是亂說。凡日用之間，動止語默皆是行處。且須於行處警省，須是戰戰兢兢方可，若悠悠汎汎地過，則又不可。升卿。

若不用躬行，只是說得便了，則七十子之從孔子，只用兩日說便盡，何用許多年隨着孔子不去。不然，則孔門諸子皆是獃無能底人矣！恐不然也。古人只是日夜皇皇汲汲去理會這個身心，到得做事業時只隨自家分量以應之。如由之果，賜之達，冉求之藝，只此便可以從政，不用他求。若是大底功業便用大聖賢做，小底功業便用小底賢人做。各隨他分量做出來，如何强得？僩。

諸公來聽説話，某所話[二]亦不出聖賢之言。然徒聽之亦不濟事，須是便將[三]去下工夫始得。某近覺得學者所以不成個頭項者，只緣聖賢説得多了，既欲爲此，又欲爲彼。如夜來説「敬以直内，義以方外」。若實下工夫，見得真個是敬立則内直，義形而外方，這終身可以受用。今人却似見得這兩句好，又見説「克己復禮」也好，又見説「出門如見賓[四]」也好。空多了，少間却不把捉得一項周全。賀孫。[五]

或問：「格物一項稍支離。」曰：「公依舊是個計較利害底心下在這裏。公且試將所説行將去，看如何？若只管在這裏擬議，如何見得？如做得個船，且安排槳楫，解了繩，放了索，打將去看，却自見涯岸。若不放船去，只管在這裏思量，又怕有甚風濤，又怕有甚艱險，這如何得到岸？公如今恰似個船全未曾放離岸，只管計較利害，聖賢之説那尚㤂地？『子路有聞，未之能行，唯恐有聞』。如今説了千千萬萬，却不曾去下得分寸工夫。」又曰：「聖人嘗説『有殺身以成仁』，今看公那邊人教他『殺身以成仁』，道他肯也不肯？决定是不肯。纔説着，他也道是怪在，又曰『吾未見剛者』。看聖人是要見甚麽樣人，[六]只是要討這般人。須是有這般資質方可將來磨治。詩云：『追琢其章，金玉其相。』須是有金玉之質，方始琢磨得出。若是泥土之質，假饒你如何去裝飾，只是個不好物事，自是你根脚本領不好了。」又曰：「如讀書，只是理會得便做去。公却只管在這裏説道如何理會。伊川云：『人所最可畏者便做。』」賀孫。〔七〕

問：「大抵學便要踐履，如何？」曰：「不可。〔八〕易云：『學以聚之，問以辨之。』既探討得是當，且〔九〕放頓寬大田地，待觸類自然有會合處。故曰：『寬以居之。』且未説〔一〇〕『仁以行之』。」謨。

某此間講説時少，踐履時多，事事都用你自去理會，自去體察，自去涵養。書用你自去讀，道理用你自去究索。某只是做得個引路底人，做得個證明底人，有疑難處同商量而已。僩。

書册中説義理只説得一面。今人之所謂踐履者，只做得個皮草。如居屋室中，只在門户邊立地，不曾深入到後面一截。人傑。

放教脚下實。文蔚。

人所以易得流轉，立不定者，只是脚跟不點地。點，平聲。僩。

問學如登塔，逐一層登將去。上面一層，雖不問人，亦自見得。若不去實踏過，却懸空妄想，便和最下底層不曾理會得。升卿。

孔子曰「克己復禮」，中庸曰「尊德性」，大學曰「在明明德」，書曰「惟精惟一」。聖賢千言萬語只是教人明天理，絶己私。蓋人本來自有明處，但如明鑑被塵埃遮蔽，去了塵埃，依舊自明。

若知人欲爲害，如此便是明處，就這上面加功，今日格一物，明日格一物，日漸月漬自然見功。程子説：「敬，是我一個明底物事與他作牴敵，人欲自來不得。」孔子曰：「爲仁由己而由人乎哉？」切要處莫大於此。季札。〔一一〕

或問：「某人言先生以天理人欲如硯子，〔一二〕上一〔一三〕面是天理，下一面是人欲。是否？〔一四〕」曰：「天理人欲常相對。」節。

因説天理人欲。〔一五〕曰：「有個天理便有個人欲，蓋緣這個天理須有個安頓處，纔安頓得不恰好，便有人欲出來。」夔孫。〔一六〕

節〔一七〕問：「飲食之間，孰爲天理，孰爲人欲？」曰：「飲食者，天理也；要求美味，人欲也。」節。

「天理人欲分數有多少。天理本多，人欲便也是天理裏面做出來。雖是，人欲之中亦自有天理。〔一八〕」問曰：「莫是本來全是天理否？」曰：「人生都是天理，人欲却是後來没巴鼻生底。持養之説，言之則一言可盡，行之則終身不窮。〔一九〕」榦。

人之一心，天理存則人欲亡，人欲勝則天理滅。未有天理人欲夾雜者。學者須要於此體認省察之。椿。

大抵人能於天理人欲界分上立得脚住，則儘長進在。祖道。

天理人欲之分只争些子，故周先生只管説「幾」字，然辨之又不可不早，故横渠每説「豫」字。大雅。

人只是一心。[二〇]今日是，明日非，不是將不是底換了是底。今日不好，明日好，不是將好底換了不好底。只此一心，但看天理私欲之消長如何爾。以至千載之前，千載之後，與天地相爲始終，只此一心。讀書亦不須牽連引證以爲工。如此纏繞皆只是爲人，若實爲己，則須是將己心驗之。見得聖賢説底與今日此心無異，便方[二一]是工夫。大雅。

天理人欲，迭爲消長。如劉項相持於滎陽成皋之間，此進一步則彼退一步，看是那個勝得。儒用。[二二]

人只有個天理人欲，此勝則彼退，彼勝則此退，無中立不進退之理。凡人不進便退也。譬如劉項相拒於滎陽成皋間，彼進得一步則此退一步，此進一步則彼退一步。初學者則要牢劄定脚與他捱，捱得一毫去則逐旋捱將去。此心莫退，終須有勝時。勝時甚氣象！祖道。[二三]

未知學問，此心渾爲人欲。既知學問，則天理自然發見而人欲漸漸消去者，固是好矣。然克得一層又有一層。大者固不可有，而纖微尤要密察。謨。

義理身心所自有，失而不知所以復之。富貴身外之物，求之惟恐不得。縱使得之，於身心無分毫之益，況不可必得乎？若義理，求則得之。能不喪其所有，可以爲賢爲聖，[二四]利害甚明。人心之公，每爲私欲所蔽，所以更放不下，但常常以此兩端體察，若見得時自須猛省，急擺脱出來。閎祖。

不爲物欲所昏則渾然天理矣。道夫。

凡一事便有兩端：是底即天理之公，非底乃人欲之私。須事事與剖判到[二五]極處，即克治廣充功夫隨事著見。然人之氣禀有偏，所見亦往往不同。如氣禀剛底人則見剛處多，而處事必失之太剛；柔底人則見柔處多，而處事必失之太柔。須先就氣禀偏處克治。閎祖。

「今人日中所爲皆苟而已。其實只將講學做一件好事，求異於人。然其設心，依舊只是爲利，其視不講者，又何以大相遠？天下只是『善』、『惡』兩言而已，於二者始分之中須着意看教分明。及其流出去，則善者一向善，但有淺深爾。如水清冷便有極清處，有稍清處。惡者一向惡，惡亦有淺深。如水渾濁亦有極渾處，有稍渾處。」問：「此善惡分處，只是天理之公，人欲之私耳？」曰：「此却是已有説後方有此名，只執此爲説不濟事。要須驗之此心，真知得如何是天理，如何是人欲。幾微間極索理會。此心常常要惺覺，莫令頃刻悠悠憒憒。」大雅云：「此只是持敬爲要。」曰：「敬不是閉眼默坐便爲敬，須是隨事致敬，要有行程去處。如今且未論齊家、治國、平天下，只截自格物、致知、誠意、正心、修身爲説，此行程也。方其當格物時便敬以格之，當誠意時便敬以誠之，以至正心、修身以後節節常要惺覺執持，令此心常在，方是能持敬。今之言持敬者，只是說敬，非是持敬。若此心常在軀殼中爲主，便須常如烈火在身，有不可犯之色。事物之來便成兩伴[二六]去，又何至如是纏繞！」大雅。

學無淺深，並要辯義利。祖道。

看道理須要就那個大處看。須要前面開闊，不要就那壁角裏去。而今看[二七]須要天理人欲、義利公私分別得明白，將自家日用底與他勘驗，須漸漸有見處。若不去那大壇場上行，理會得一句透，只是一句，道理少[二八]了。義剛。

陳材卿[二九]問：「應事接物別義利，如何得不錯？」曰：「先做切己工夫。喻之以物，且須先做了一個子，一個子既成便只就這一個上理會。[三〇]不然，只是懸空說易。」器之問：「義利之分，臨事如何辨？」曰：「此須是工夫到，義理精，方曉然。未能至此，且須[三一]據眼前占取義一邊，放令分數多，占得過。這下來，縱錯亦少。」大雅。

義利之辨，初時尚相對在。若少間主義功深後，那利如何着得！如小小竊盜，不勞而却矣。祖道。

義如利刀相似，[三二]都割斷了許多牽絆。[三三]

人貴剖判，心下令其分明，善理明之，惡念去之。若義利，若善惡，若是非，毋使混殽不別於其心。譬如處一家事，爲善置惡；[三四]處天下事，進賢退不肖。蓄疑而不決則終不成。〔三五〕洽。

事無小大皆有利義。今做好底事了，其間更包得有多少利私在，所謂「以善爲之而不知其道」皆是也。祖道。

須於日用間令所謂義了然明白。或言心安處便是義，亦有人安其所不當安，豈可以安爲義也！升卿。

「先難後獲」，〔三六〕「正義不謀利」，心〔三七〕不到那裏。閎祖。〔三八〕

纔有欲順適底意思即是利。祖道。

心有仁、不仁，爲利欲昏則不仁。節。〔三九〕

因正淳説「我欲仁，斯仁至矣」。曰：「今人非不知利禄之不可求，求之必不可得，及至得底皆是非用力所至。然而有至終身求之而不止者。如何得人皆欲仁！所以後來聖賢不出，盡是庸凡，便是無肯欲仁者。如何得個道理，使人皆好仁？所以孔子謂：『我〔四〇〕未見好仁者。』所謂『好德如好色』，須是真個他好德如好色時方可，又却只見人好色，都不去好德。〔四一〕如今須是自於這裏着意思量道：『如何不好德，却不欲仁，却只好色？』〔四二〕於此猛省，恐有個道理。」𣜵。〔四三〕

人只有一個公私，天下只有一個邪正。如舜去四凶是公心。〔四四〕敬仲。

將天下正大底道理去處置事便公，以自家私意去處之便私。僩。

且以眼前言虛實、真僞、是非處，且要剔脱分明。祖道。只理會是與不是。節。〔四五〕

「只是理會個是與不是便了。」又曰：「是，便是理。」節。

閑居無事且試自思之。其行事有於所當是而非，當非而是，當好而惡，當惡而好，自察而知之亦是工夫。士毅。

講學固不可無，須是更去自己分上做工夫。若只管説，不過一兩日都説盡了。只是工夫難。且如人雖知此事不是，不可爲，忽然無事又自起此念。又如臨事時雖知其不義，不要做，又却不知不覺自去做了，是如何？又如好事，初心本自要做，又却終不肯做，是如何？蓋人心本善，方其見善欲爲之時，此是真心發見之端。然纔發便被氣禀物欲隨即蔽錮之，不教它發。此須自去體察存養，看得此最是一件大工夫。廣。

凡日用工夫須是自做喫緊把捉，見得不是處便不要做，勿徇他去。所説事有善者可從，又有不善者間之，依舊從不善處去；所思量事忽别爲思量〔四六〕勾引將去，皆是自家不曾把捉得住，不干别人事。須是自把持，不被他引去方是。顔子問仁，孔子答許多話，其末却云：「爲仁由己，而由人乎哉！」看來不消此一〔四七〕句亦得。然許多語〔四八〕，不是自己着力做，又如何得？明知不善又去做，看來只是知得不親切。若真個知得，定不肯做。正如人説飲食過度傷生，此固衆所共知，然不是真知。偶一日飲食過度爲害，則明日決不分外飲食。此真知其傷，遂不復再爲也。把捉之説固是自用着力，然又以枯槁無滋味，卒急不易着力。須平日多讀書，講明道理，以涵養灌培，使此心常與理相入，久後自熟，方見得力處。且如讀書便今日看得一二段，來日看三五段，殊未有緊要。惟[四九]是磨以歲月，讀得多自然有用處。且約而言之：論孟固當讀，六經亦當讀，史書又不可不讀。講究得多便自然熟，但始初須大着力[五〇]窮究理會，教道理通徹。不過一二番稍難，向後也只是以此理推去，更不艱辛，可以觸類而長。正如入仕之初看公案，初看時自是未相諳，較難理會。須着些心力，如法考究。若如此看得三五項了，自此[五一]便熟；向後看時更不似初間難，亦可類推也。又如人要知得輕重，須用秤方得。有拈弄得熟底，只把在手上便知是若干斤兩，更不用秤。此無他，只是熟。今日也拈弄，明日也拈弄，久久自熟也。如百工技藝做得精者，亦是熟後便精。孟子曰：「夫仁，亦在乎熟之而已。」所以貴乎熟者，只是要得此心日與義理相親。苟義理與自家相近，則非理之事自然相遠。思慮多走作亦只是不熟，熟後自無。又如説做事偶合於理則心安，或差時則餒，此固是可見得本然之理，所以差時便覺不安。然又有做不得是時，[五二]不知覺悟。須是常惺惺省察，不要放過。據某看，學問之道，大抵[五三]只是眼前日用底便是，初無深遠玄妙。明作。[五四]

學者功夫只求一個是。天下之理不過是與非兩端而已，從其是則爲善，徇其非則爲惡。事親須是孝，不然則非事親之道；事君須是忠，不然則非事君之道。凡事皆用審個是非，擇其是而行之。聖人教人諄諄不已，只是發明此理。「十五志學」，所志只在此；「三十而立」，所立只在此；「四十而不惑」，又不是別有一般道理，只是見得明，行得到，爲賢爲聖皆只在此。聖人恐人未悟，故如此説之，又如彼説之；這裏既説，那裏又説，學者可不知所擇哉！今讀書而不能盡見其理，只是心粗意廣。凡解釋文義須是虚心玩索。聖人言語義理該貫，如絲髮相通，若只恁大綱看過，何緣見得精微出來？所以失聖人之意也。謨。

學者須是求放心，然後識得此性之善。人性無不善，只緣自放其心，遂流於惡。「天命之謂性」，即天命在人，便無不善處。發而中節亦是善，不中節便是惡。人之一性，完然具足，二氣五行之所禀賦何嘗有不善。人自不向善上去，兹其所以爲惡爾。韓愈論孟子之後不得其傳，只爲後世學者不去心上理會。堯舜相傳，不過論「人心道心」、「精一執中」而已。天下只是善惡兩端。譬如陰陽在天地間，風和日暖，萬物發生，此是善底意思；及群陰用事，則萬物彫悴。惡之在人亦然。天地之理固是抑遏陰氣，勿使常勝。學者之於善惡亦要於兩夾界處攔截分曉，勿使纖惡間絶善端。動静日用，時加體察持養，久之自然成熟。謨。〔五五〕

學，大抵只是分別個善惡而去就之爾。道夫。

學者要學得不偏，如所謂無過不及之類，只要講明學問。如善惡兩端，便要分別理會得善惡分明後，只從中道上行，何緣有差。子思言中而謂之中庸者，「庸」只訓「常」。日用常行，事事要中，所以謂「中庸不可能」。謨。

養其全於未發之前，察其機於將發之際。善則擴而充之，惡則克而去之。如此而已矣。道夫。[五六]

凡事莫非心之所爲，雖放僻邪侈亦是此心。善惡但如反覆手，翻一轉便是惡。只安頓不着亦便是不善。道夫。

人未説爲善，先須疾惡。能疾惡，然後能爲善。今人見不好事都只恁不管得。[五七]「民之秉彝，好是懿德」，不知這秉彝之良心做那裏去，也是可怪。與立。

聖人之於天地，猶子之於父母。[五八]

佛經云：「佛爲一大事因緣出現於世。」聖人亦是爲這一大事出來。這個道理雖人所固有，若非聖人，如何得如此光明盛大？你不曉得，[五九]我説在這裏，教你曉得；你不會做底，我做下樣子在此與你做。只是要持守[六〇]這個道理，教它常立在世間，上拄天，下拄地，常如此端正。纔一日無人維持便傾倒了。少間脚拄天，頭拄地，顛倒錯亂便都壞了。所以説：「天佑下民，作之君，作之師，惟其克相上帝，寵綏四方。」天只生得你，付得這道理。你做與不做，却在你。做得好也由你，做得不好也由你。所以又爲之立君師以作成之，既撫養你，又教導你，便無一夫不遂其性。如堯舜之時，真個是「寵綏四方」。只是世間不好底人，不定疊底事，纔遇堯舜，都安帖平定了。所以謂之「克相上帝」，蓋助上帝之不及也。自秦漢以來，講學不明。世之人君固有因其才智做得功業，然無人知明德、新民之事。君道間有得其一二，而師之道則絶無矣！卓。〔六一〕

又問易聖人「參天地而兩之」云云。〔六二〕先生云：「前日正與學者言，佛經云：『我佛爲一大事因緣出現於世。』聖人亦是爲一大事出現於世。上至天，下至地，中間是人。塞於兩間者無非此理。須是聖人出來，左提右挈，原始要終，無非欲人之有以全此理，而不失其本然之性也。『天佑下民，作之君，作之師』，只是爲此道理。所以作個君師以輔相裁成，左右民，使各全其秉彝之良，而不失其本然之善而已。故聖人以其先得諸身者與民共之，只是爲這一個道理。如老佛窺見這個道理。莊子『神鬼神帝，生天生地，』大宗師篇。〔六三〕釋氏所謂『能爲萬象主，不逐四時凋』，他也窺見這個道理。只是他説得驚天動地，聖人之學則其作用處與他全不同。聖人之學則至虛而實實，至無而實有，有此物則有此理。〔六四〕佛氏則只見得如此便休了，所以不同。」又問：「『輔相裁成』，若以學者言之，日用處也有這樣處否？」曰：「有之。如饑則食，渴則飲，寒則裘，鑿井而飲，耕田而食，作爲耒耜網罟之類，皆輔相左右民事。」卓。易木條，僩録同。〔六五〕

道者，古今共由之理。如父之慈，子之孝，君仁，臣忠，是一個公共底道理。德，便是得此道於身，則爲君必仁，爲臣必忠之類，皆是自有得於己，方解恁地。堯所以修此道而成堯之德，舜所以修此道而成舜之德，自天地以先，羲黄以降都即是這一個道理，亘古今未嘗有異，只是代代有一個人出來做主。做主，便即是得此道理於己，不是堯自是一個道理，舜又是一個道理，文王周公孔子又別是一個道理。老子説：「失道而後德。」他都不識，分做兩個物事，便將道做一個空無底物事看。吾儒説只是一個物事。以其古今公共是這一個，不着人身上説，謂之道。德，即是全得此道於己。他説：「失道而後德，失德而後仁，失仁而後義。」若離了仁義，便是無道理了，又更如何是道？賀孫。

講得道理明時，自是事親不得不孝，事兄不得不弟，交朋友不得不信。榦。〔六六〕

天下之理，至虚之中有至實者存，至無之中有至有者存。夫理者寓於至有之中，而不可以目擊而指數也。然而舉天下之事莫不有理，且臣之事君便有忠之理，子之事父便有孝之理，目之視便有明之理，耳之聽便有聰之理，貌之動便有恭之理，言之發便有忠之理。只是常常恁地省察，則理不難知也。處謙。

「父子欲其親」云云。曰：「非是欲其如此，蓋有父子則便自然有親，有君臣則便自然有敬。」因指坐間摇扇者曰：「人熱時，自會摇扇，不是欲其摇扇也。」雉。

問：「父母之於子，有無窮憐愛，欲其聰明，欲其成立。此謂之誠心邪？」曰：「父母愛其子，正也；愛之無窮而必欲其如何，則邪矣。此天理人欲之間，正當審決。」

葉誠之問：「人不幸處繼母、異兄弟不相容，當如何？」曰：「從古來自有這樣子，公看舜如何？後來此樣事多有，只是『爲人子，止於孝』。」賀孫。

蜚卿問：「陳［六七］安卿問目，以孝弟推說君臣等事，不須如此得否？」曰：「惟有此理，固當有此事。如人入於水則死，而魚生於水，凡此類皆是［六八］天然合當如此底道理。」問：「朋友之義，自天子至於庶人皆須友以成，而安卿只說以類聚，莫未該朋友之義否？」曰：「此亦只說本來自是如此。自天子至於庶人未有不須友以成乃是後來事，說朋友功效如此。人自與人同類相求，牛羊亦各以類相從。朋友乃彝倫之一。今人不知有朋友之義者，只緣但知有四個要緊，而不知朋友亦不可闕。」賀孫。

古者人主左右提挈，執賤役，若虎賁綴衣之類，皆［六九］士大夫日相親密，所謂「侍御僕從，罔匪正人，以旦夕承弼厥辟；出入起居，罔有不欽；發號施令，罔有不臧」。不似而今大隔絕，人主極尊嚴，真如神明；人臣極卑屈，望拜庭下，不交一語而退。漢世禁中侍衛亦皆［七〇］是士大夫，以孔安國大儒而執唾盂，雖儀盆亦是士人執。［七一］宋文帝時，大臣劉湛入見，則與坐語，初間愛之，視日景之斜惟恐其去，［七二］後竟殺之。魏明帝初說：「大臣太重則國危，小臣太親則身蔽。」當時於臣［七三］已爲之處置。後來左右小臣親密，至使中書令某人上床執手，强草遺詔，流弊便至[七四]此事。漢宣帝懲霍氏[七五]之弊，事事必躬，[七六]又有宦者恭顯出來。光武懲王氏[七七]之弊，不任三公而[七八]事歸臺閣。尚書、御史大夫、謁者，謂之「三臺」。義剛。[七九]

「君臣之際權不可略重，纔重則無君。且如東漢末，天下唯知有曹氏而已；魏之末，天下[八〇]唯知有司馬氏而已。魯當莊僖之際，也得個季友整理一番。其後季氏遂執其權，歷三四世，魯君之勢全無了，但有一季氏而已。」賀孫問：「也是合下君臣之間，其識慮不遠？」曰：「然。所以聖人垂戒，謂：『臣弒君，子弒父，非一朝一夕之故，其所由來者漸矣！由辨之不早辨也。』這個事體，初間只爭些小，到後來全然只有一邊。聖人所以『一日二日萬幾』，常常戒謹恐懼。詩稱文王之盛，於後便云：『殷之未喪師，克配上帝。宜鑒于殷，峻命不易。』此處甚多。」賀孫。

用之問：「忠只是實心，人倫日用皆當用之，何獨只於事君上說『忠』字？」曰：「父子兄弟夫婦皆是天理自然，人皆莫不自知愛敬。君臣雖亦是天理，然是義合。世之人便自易得苟且，故須於此說『忠』，却是就不足處說。如莊子說：『命也，義也，天下之大戒。』看這說，君臣自是有不得已意思。」賀孫。

臣子無愛身佚[八一]之理。升卿。

問：「君臣、父子同是天倫，愛君之心終不如愛父，何也？」曰：「離畔也只是庶民，賢人君子便不如此。韓退之云：『臣罪當誅兮，天王聖明！』此語何故程子道是好？文王豈不知紂之無道，却如此說？非是[八二]欺誑衆人，直是有說。須是有轉語，方説得文王心出。看得來臣子無説君父不是底道理，此便見得是君臣之義處。莊子云：『天下之大戒二：命也，義也。子之於父，無適而非命也；臣之於君，無適而非義也，無所逃於天地之間。』舊嘗題跋一文字，曾引此語，以爲莊子此説乃楊氏無君之説。似他這意思便是没奈何了方恁地有義，却不知此是自然有底道理。」又曰：「『臣之視君如寇讎』，孟子説得來怪差，却是那時説得。如云『三月無君則弔』等語，似是逐旋去尋個君，與今世不同。而今却是只有進退，無[八三]去之之理，只得退去。又有一種退不得底人，如貴戚之卿是也。賈生弔屈原文云：『歷九州而相其君兮，何必懷此都也！』又爲懷王傅，王墜馬死，誼自傷傅王無狀，悲泣以[八四]死。張文潛有詩譏之。當時誼何不去？直是去不得。看得誼當初年少，也只是胡説。」賜。

問：「避嫌是否？」曰：「合避豈可不避？如『瓜田不納履，李下不整冠』，豈可不避？如『君不與同姓同車，與異姓同車不同服』，皆是合避處。」又問刑人：[八五]「世有刑人不娶，如上世不賢而子孫賢則如何？」曰：「『犁牛之子騂且角，雖欲勿用，山川其舍諸』，所謂不娶者，是世世爲惡不能改者，非指一世而言。如『喪父長子不娶』一句却可疑。若然，則無父之女不復嫁，此不可曉。」義剛。

問：「妻有七出，此却是正當道理，非權也。」曰：「然。」卓。

教導後進須是嚴毅，然亦須有以興起開發之方得。只恁嚴，徒拘束之亦不濟事。道夫。

余正叔嘗言：「今人家不善教子弟。」曰：「風俗弄得〔八六〕這裏可哀！」文蔚。〔八七〕

某嘗言，今教導之法皆失真，無一個人曉得。説道理底盡説錯了，説從別處去。做文章底也只學做那不好底文章，做詩底也不識好詩，以至説禪底也不是他元來佛祖底禪，修養者也非老莊之道，無有是者。僩。

朋友之於人倫所關至重。道夫。〔八八〕

問：「與朋友交，後知其不善，欲絶則傷恩，不與之絶則又似『匿怨而友其人』。」曰：「此非匿怨之謂也。心有怨於人，而外與之交則爲匿怨。若朋友之不善，情意自是當疏，但疏之以漸。若無大故，則不必峻絶之，所謂『親者毋失其爲親，故者毋失其爲故』者也。」淳。

「人最不可曉。有人奉身儉嗇之甚，充其操『上食槁壤，下飲黄泉』底，却只愛官職；有人奉身清苦而好色。他只緣私欲不能克，臨事只見這個重，都不見别個了。」或云：「似此等人分數勝已下底。」先生曰：「不得如此説。纔有病便不好，更不可以分數論。他只愛官職，便弑父與君也敢。」夔孫。

因李將爲郭帥閤倖，曰：「凡是名利之地，自家退以待之便自安穩。纔要只管向前，便危險。事勢定是如此。如一椀飯在這裏，纔去争，也有争不〔八九〕得不被人打底，也有争得被人打底，也有争不得空被人打底。」賀孫。〔九〇〕

因説：「知縣不庭參，有以起上位之争。」曰：「庭參底不是，便待上位争到底時畢竟也不是。」淳。〔九一〕

百官勿避事，亦勿侵事。升卿。

人須辦得去。托身於人仕宦。升卿。

「人在官，固當理會官事。然做得官好，只是使人道是一個好官人。須是講學立大本，則有源流。若只要人道是好官人，今日做得一件，明日又做一件，却窮了。」德粹云：「初到明州，問爲學於沈叔晦。叔晦曰：『若要讀書，且於婺源山中坐；既在四明，且理會官事。』」先生曰：「縣尉既做了四年，滕德粹元不曾理會。」可學。〔九二〕

問科舉之業妨功。曰：「程先生有言：『不恐妨功，惟恐奪志。』若一月之間著十日事舉業，亦有二十日修學。若被他移了志，則更無醫處矣！」大雅。

舉業亦不害爲學。前輩何嘗不應舉？只緣今人把心不定，所以有害。纔以得失爲心，理會文字意思都別了。〔九三〕

或問科舉之學。曰：「做舉業不妨，只是把他格式檃括自家道理，都無那追逐時好、回避、忌諱底意思，便好。」學蒙。

父母責望，不可不應舉。如遇試則入去，據己見寫了出來。節。

次年在臨江道中，譚兄問曰：「父母責望，不可不應舉，作時文又有穿鑿之病，不審應舉之法當如何？」[九四]曰：「略用體式而檃括以至理。」節。

宜之云：「許叔重太貪作科舉文字。」先生曰：「既是家貧親老，未免應舉，亦當好與他做舉業。舉業做不妨，只是先以得失横置胸中却害道。」可學。

南安黃謙，父命之入郡學習舉業，[九五]夜則看此書，自不相妨，如此則兩全。硬要咈父之命，如此則兩敗，父子相夷矣，何以學爲？讀書是讀甚底？舉業亦有何相妨？一旬便做五日修舉業，亦有五日得暇及此。若説踐履涵養，舉業儘無相妨。只是精神昏了，不得講究思索義理，然也怎奈之何！可學。[九六]

蜚卿曰：「某欲謀於先生，屏棄科舉，望斷以一言。」曰：「此事在公自看如何，須是度自家可以仰事俯育。作文字，比之他人有可得之理否，亦須自思之。如人飢飽寒煖，須自知之，他人如何説得！」道夫。[九七]

蜚卿以書謁先生，有棄科舉之説。先生曰：「今之士大夫求進[九八]干禄，以爲仰事俯育之計亦不可[九九]免。公生事如何?」曰:「粗可伏臘。」曰:「更須自酌量。」道夫。

蜚卿云:「某正爲心不定[一〇〇],不事科舉。」曰:「放得下否?」曰:「欲放下。」曰:「纔説『欲』字,便不得,須除去『欲』字。若要理會道理,忙又不得,亦不得懶。」道夫。[一〇一]

科舉累人不淺,人多爲此所奪,但有父母在,仰事俯育不得不資於此,故不可不勉爾。其實甚奪人志[一〇二]。道夫。

士人先要分别科舉與讀書兩件孰輕孰重。若讀書上有七分志,科舉上有三分,猶自可;若科舉七分,讀書三分,將來必被他勝却,况此志全是科舉?所以到老全使不著,蓋不關爲己也。聖人教人只是爲己。泳。

問游和之:「『曾看甚文字?』答曰:『某以春秋應舉,粗用力於此經,但不免有科第之心,故不知理義之要。』先生曰:『春秋難治,做[一〇三]出經義往往都非經旨。某見紹興初治春秋者,經義中只避數項説話,如復讎討賊之類而已。如今却不然,往往所避者多,更不復依傍春秋經意説,只自做一種説話,知他是説甚麽!大凡科舉之事,士子固未能免,然只要識得輕重。若放那一頭重,這一頭輕,是不足道。然兩頭輕重一般,也只不得,便一心在這裏,一心在那裏,於本身易得悠悠。須是放[一〇四]令這頭重,那頭輕,方好。孟子云:「今之人,修其天爵,以要人爵。」只要人爵者,固是也理會天爵,然以要人爵而爲之則所修者皆非切己之學。[一〇五]』」

時舉。

告或人曰：「看今人心下自成兩樣。如何却專向功名利禄底心去，却全背了這個心，不向道理邊來？公今赴科舉是幾年？公文字想不爲不精。以公之專一理會做時文，宜若一舉便中高科，登顯仕都了。到今又却不得，亦可自見得失不可必如此。若只管没溺在裏面都出頭不得，下梢只管衰塌。若將這個自在一邊，須要去理會道理是要緊，待去取功名却未必不得。孟子曰：『自暴者不可與有言也，自棄者不可與有爲也。言非禮義謂之自暴也。』非禮義，是專道禮義是不好。世上有這般人，惡人做好事，只道人做許多模樣是如何。這是他自恁地粗暴了，這個更不通與他説。到得自棄底，也自道義理是好，也聽人説，也受人説，只是我做不得。任你如何，只是我做不得。這個是自棄，終不可與有爲。故伊川説：『自暴者，拒之以不信；自棄者，絶之以不爲。』拒之以不信，只是説道没這道理；絶之以不爲，是知有道理，自割斷了，不肯做。自暴者有强悍意，自棄者有懦弱意。」〔一〇六〕賀孫。

或以不安科舉之業請教。曰：「『道二：仁與不仁而已。』二者不能兩立。知其所不安，則反其所不安，以就吾安爾。聖賢千言萬語只是教人做人而已。前日科舉之習，蓋未嘗不談孝弟忠信，但用之非爾。若舉而反之於身，見於日用則安矣。」又問：「今初學當讀何書？」曰：「六經、語、孟皆聖賢遺書，皆當讀，但初學且須知緩急。大學、語、孟最是聖賢爲人切要處，然語、孟却是隨事答問，難見要領。唯大學一書〔一〇七〕是曾子述孔子説古人爲學之大方，而門人又傳述以明其旨，體統都具。玩味此書，知得古人爲學所鄉，讀語孟便易入。後面工夫雖多，而大體已立矣。」大雅。

專做時文底人，他説底都是聖賢説話。且如説廉，他且會説得好；説義，他也會説得好。待他身做處，只自不廉，只自不義，緣他將許多話只是就紙上説。廉義是題目上合説，〔一〇八〕都不關自家身己些子事。賀孫。

又曰：〔一〇九〕「今來專去理會時文，少間身己全做不是，這是一項人。又有一項人不理會時文，去理會道理，少間所做底事却與所學不相關。又有依本分就所見定是要躬行，也不須去講學。這個少間只是做得會差，亦不至大狼狽。只是如今如這般人已是大段好了。」賀孫。〔一一〇〕

義理，人心之所同然。人去講求，却易爲力。舉業乃分外事，倒是難做。可惜舉業壞了多少人！賀孫。

語或人曰：「公且道不去讀書，專去讀些時文，下梢是要做甚麽人？赴試屢試不得，到老只恁底衰颯了，沉浮鄉曲間。若因時文得做一個官，只是恁地鹵莽，都不説著要爲國爲民，興利除害，盡心奉職，心心念念只要做得向上去，便逐人背後鑽刺音□〔一一一〕，求舉覓薦無所不至。」

賀孫。

向來做時文只粗疎，恁地直說去，意思自周足，且是有氣魄。近日時文屈曲纖巧，少刻墮在裏面，只見意氣都衰塌了。也是教化衰，風俗壞到這裏，是怎生！賀孫。

或以科舉作館廢學自咎者。曰：「不然。只是志不立，不曾做工夫爾。孔子曰『不怨天，不尤人』，自是不當怨尤，要你做甚耶！伊川曰：『學者爲氣所勝，習所奪，只可責志。』正爲此也。若志立則無處無工夫，而何貧賤患難與夫夷狄之間哉！」蜚卿。

不赴科舉也是匹似閑事，如今人纔説不赴舉便把做掀天底大事。某看來，纔着心去理會道理，少間於那邊便自没要緊。不知是如何，看許多富貴榮達都自輕了。如郭子儀二十四考中書，做許大功名，也只是如此。賀孫。

「諸葛武侯未遇先主，只得退藏，一向休了，也没奈何。孔子弟子不免事季氏，亦事勢不得不然，捨此則無以自活。如今世之科舉亦然。如顏閔之徒自把得住，自是好，不可以一律看。人之出處最可畏。如漢晉之末，漢末則所事者止有個曹氏，晉末所事者止有個司馬氏，皆逆賊耳。」直卿問：「子路之事輒，與樂正子從子敖相似？」先生曰：「不然。從子敖更無説。王猛事苻堅煞有事節，苻堅之兄乃其謀殺之。〔一一二〕」賀孫。

先生問謙云：〔一一三〕「聞曾與戴肖望相處，如何？」謙對云：〔一一四〕「亦只商量得舉子程文。」先生云：「此是一戹。人過了此一戹，當理會學問。今人過了此一戹，又去理會應用之文，作古文，作詩篇亦是一戹。須是打得破方得。」謙。〔一一五〕

「若欲學俗儒作文字，縱攫取大魁」，因撫所坐倚曰：「已自輸了一著！」力行。

耳目口鼻之在人尚各有攸司，况人在天地間自農、商、工、賈等而上之，不知其幾階。其所當盡者，小大雖異，界限截然。本分當爲者，一事有闕便廢天職。「居處恭，執事敬，與人忠」，推是心以盡其職者，無以易諸公之論。但必知夫所處之職乃天職之自然，而非出於人爲，則各司其職以辦其事者，不出於勉强不得已之意矣。大雅。〔一一六〕

有是理方有這物事。如草木有個種子，方生出草木。如人有此心去做這事，方始成這事。若無此心，如何會成這事。夔孫。

事無非學。文蔚。

學常要親細務，莫令心麄。江西人大抵用心粗。祖道。

爲氣血所使者，只是客氣。惟於性理説話涵泳，自然臨事有別處。季札。

問：「每有喜好適意底事，便覺有自私之心。若欲見理，莫當便與克下，使其心無所喜好，雖適意亦視爲當然否？」答云：「此害事。〔一一七〕見得道理分明，自然消磨了。似此迫切，却生病痛。」人傑。〔一一八〕

或問〔一一九〕事多。曰：「世事無時是了，且揀大段無甚緊要底事不要做，又逐旋就小者又揀出無緊要底不要做。先去其粗，却去其精，磨去一重，又磨一重。天下事都是如此。且如中庸說：『戒謹乎其所不覩，恐懼乎其所不聞。』先且就睹處與聞處做了，然後就不睹不聞處用工方能細密。而今人每每跳過一重做事，睹處與聞處元不曾有工夫，却便去不睹不聞處做，可知是做不成，下梢一齊擔閣。且如屋漏暗室中工夫，如何便做得？須從『十目所視，十手所指』處做起方得。」明作。

叔蒙問：「程子所〔一二〇〕說：『凡避嫌之事皆內不足也，〔一二一〕賢者且不爲，况聖人乎？』若是有一項合委曲而不可以直遂者，這不可以爲避嫌。」曰：「自是道理合如此。回〔一二二〕避嫌者，却是又怕人道如何，這却是私意。如十起與不起便是私，這便是避嫌。只是他見得這意思已是大段做工夫，大段會省察了。又如人遺之千里馬，雖不受，後來薦人未嘗忘之，後亦竟不薦。不薦自是好，然於心終不忘，便是喫他取奉意思不過，這便是私意。又如如今立朝，明知這個是好人，當薦舉之，却緣平日與自家有恩意往來，不是說親戚，親戚自是礙法，但以相熟，遂避嫌不舉他。又如有某人平日與自家有怨，到得當官，彼却有事當治，却怕人說道因前怨治他，遂休了。如此等皆蹉過多了。」賀孫。

因說人心不可狹小，其待人接物，胸中不可先分厚薄，有所別異。答曰：「惟君子爲能『通天下之志』，放令規模寬闊，使人人各得盡其情，多少快活！」大雅。

問：「待人接物，苟〔一二三〕隨其情之厚薄輕重而爲酬酢邪？則世人之態多非忠厚，恐久之淪於流俗而不自覺。〔一二四〕一切不問他而待之以厚邪？則又恐近於愚而流爲兼愛。〔一二五〕」答云：「知所以處心持己之道，則所以接人待物自有準則。」人傑。

須是慈祥和厚爲本。如勇決剛果雖不可無，然用之有處所。因論仁及此。德明。

門人有與人交訟者，先生數責之云：「欲之甚則昏蔽而忘義理，求之極則争奪而至怨仇。」賀孫。〔一二六〕

且須立個粗底根脚，却正好着細處工夫。今人於無義理底言語儘説了，無義理底事儘做了。是於粗底脚根〔一二七〕猶未立，却要求深微。縱理會得，干己甚事！升卿。

作事若顧利害，其終未有不陷於害者。可學。

今人多是安於所不安。做些事，明知是不好，只説恁地也不妨，正所謂「月攘一鷄，以待來年」者也。賀孫。

要做好事底心是實，要做不好事底心是虚。被那虚底在裏夾雜，便將實底一齊打壞了。賀孫。

多是要求濟事，而不知自身己不立，事決不能成。人自心若一毫私意未盡皆足以敗事。如上有一點黑，下便有一撲黑；上有一毫差，下便有尋丈差。今若見得十分透徹，待下梢遇事轉移，也只做得五六分。若今便只就第四五着理會，下梢如何？賀孫。

聖人勸人做底，必是人有欠闕處；戒人莫爲底，必是自家占得一分在其間。祖道。

某看人也須是剛，雖則是偏，然較之柔不同。易以陽剛爲君子，陰柔爲小人。若是柔弱不剛之質，少間都不會振奮，只會困倒了。賀孫。

今人大抵皆先自立一個意見。若其性寬大便只管一向見得一個寬大底路，若性嚴毅底人便只管見得一個廉介底路，更不平其心。看事物，自有合寬大處，合嚴毅處。賀孫。

天下事亦要得危言者，亦要得寬緩者，皆不可少。隨其人所見，看其人議論。如狄梁公辭雖緩，意甚懇切。如中邊皆緩，則不可「翕受敷施，九德咸事」。聖人便如此做。去僞。

向到臨安，或云建本誤，宜用浙本。後來觀之，不如用建本。謂浙俗好作長厚。可學。

周旋回護底議論最害事。升卿。

事有不當耐者，豈可全學耐事！升卿。

學耐事，其弊至於苟賤不廉。升卿。

「學者須要有廉隅墻壁，便可擔負得大事去。如子路世間病痛都没了，親於其身爲不善，直是不入，此大者立也。」問：「子路此個病何以終在？」曰：「當時也須大段去做工夫來，只打疊不能得盡。冉求比子路大争。」升卿。

恥，有當忍者，有不當忍者。升卿。

「人須是有廉恥。孟子曰：『恥之於人大矣！』恥便是羞惡之心，人有恥則能有所不爲。今有一樣人不能安貧，其氣銷屈以至立脚不住，不知廉恥，亦何所不至！」因舉呂舍人詩云：「逢人即有求，所以百事非。」因言今人只見曾子唯一貫之旨，遂得道統之傳。此雖固然，但曾子平日是個剛毅有力量、壁立千仞底人，觀其所謂「士不可以不弘毅」、「可以託六尺之孤，可以寄百里之命，臨大節而不可奪」、「晉楚之富不可及也，彼以其富，我以吾仁；彼以其爵，我以吾義，吾何慊乎哉」底言語可見。雖是做工夫處比顏子覺粗，然緣他資質剛毅，先自把捉得定，故得卒傳夫子之道。後來有子思孟子，其傳亦永遠。又如論語必先説：「富與貴是人之所欲也，不以其道得之，不處也；貧與賤是人之所惡也，不以其道得之，不去也。」然後説：「君子去仁，惡乎成名！」必先教取捨之際界分[一二八]分明，然後可做工夫。不然則立脚不定，安能有進？又云：「學者不於富貴貧賤上立定，則是入門便差了也。」廣。

輕重是非他人，最學者大病。是，是他是；非，是他非，於我何所預？且管自家。可學。

若沮人之輕富貴者，下梢便愈更卑下，一齊衰了。升卿。

學者當常以「志士不忘在溝壑」爲念，則道義重，而計較死生之心輕矣。況衣食至微末事，不得未必死，亦何用犯義犯分，役心役志，營營以求之耶！某觀今人因不能咬菜根而至於違其本心者衆矣，可不戒哉！大雅。

困厄有重輕，〔一二九〕力量有小大。若能一日十二辰點檢自己，念慮動作賭〔一三〇〕是合宜，仰不愧，俯不怍，如此而不幸填溝壑，喪軀殞命，有不暇恤，只得成就一個是處。如此，則方寸之間全是天理，雖遇大困厄，有致命遂志而已，亦不知有人之是非向背，惟其是而已。大雅。

因說貧，曰：〔一三一〕「朋友若以錢相惠，不害道理者皆〔一三二〕可受。分明說：『其交也以道，其接也以禮，斯孔子受之。』若以不法事相委，却以錢相惠，此則斷然不可！」明作。

貪生畏死，一至於此！可學。

晦庵先生朱文公語類卷第十四

大學〔一〕

綱領

先生問：「看大學如何？」因言：〔二〕「學問須以大學爲先，次孟子，次論語，〔三〕次中庸。中庸工夫密，規模大。」德明。

讀書且從易曉、易解處去讀，如大學、中庸、語、孟四書道理粲然。人只是不去看。若理會得此四書，何書不可讀！何理不可究！何事不可處！蓋卿。

可將大學用數月工夫看去。此書前後相因，互相發明，讀之可見，不比他書。他書非一時所言，非一人所記。惟此書首尾具備，易以推尋也。力行。

看大學前面初起許多，且見安排在這裏。如今食次冊相似，都且如此呈説後方是可喫處。初間也要識許多模樣。賀孫。

「人之爲學，先讀大學，次讀論語。大學是個大坯模。大學譬如買田契，論語如田畝，闊狹去處逐段子耕將去。」或曰：「亦在乎熟耕將去。」[四]曰：「然。」人傑。去僞同。[五]

今且須熟究大學作間架，却以他書填補去。如此看得一兩書便自占得分數多，後却易爲力。聖賢之言難精。難者既精，則後面粗者却易曉。大雅。

大學一書如行程相似，自某處到某處幾里，自某處到某處幾里。識得行程，須便行始得。若只讀得空殼子，亦無益也。履孫。

大學如一部行程曆，皆有節次。今人看了，須是行去，今日行得到何處，明日行得到何處，方可漸到那田地。若只把在手裏翻來覆去，欲望之燕、之越，豈有是理！自修。

大學是一個腔子，而今却要去填教實。[六]如他說格物，自家須[七]是去格物後填教實着；如他說誠意，自家須是去誠意後亦填教實着。節。

「學者且去熟讀大學正文了，又子細看章句。或問未要看，俟有疑處方可去看。」又曰：「某解書不合太多。又先準備學者，爲他設疑說了。他未曾疑到這上，先與說了，所以致得學者看得容易了。聖人云：『不憤不啓，不悱不發。舉一隅不以三隅反，則不復也。』須是教他疑三朝五日了，方始與說，他便通透，更與從前所疑慮也會因此觸發。工夫都在許多思慮不透處，而今却是看見成解底都無疑了。吾儒與老莊學皆無傳，惟有釋氏常有人，蓋他一切辦得不說，都待別人自去敲搕，自有個通透處。只是吾儒又無這不說底，若如此，少間差異了。」又曰：「解文字，下字最難。某解書所以未定、常常更改者，只爲無那恰好底字子。把來看又見不穩當，又着改幾字，所以横渠說命辭爲難。」賀孫。

某作或問，恐人有疑，所以設此要他通曉。而今學者未有疑，却反被這個生出疑。賀孫。

亞夫問大學大意。曰：「大學是修身治人底規模。如人起屋相似，須先打個地盤。地盤既成，則可舉而行之矣。」時舉。

大學一字不胡亂下，亦只[八]是古人見得這道理熟，信口所說便都是這裏。淳。

大學重處都在前面。後面工夫漸漸輕了，只是揩磨在。士毅。[九]

而今無法。嘗欲作一說教人只將大學一日去讀一遍，看他如何是大人之學，如何是小學，如何是「明明德」，如何是「新民」，如何是「止於至善」。日日如是讀，月來日去，自見所謂「温故而知新」。須是知新，日日看得新方得。却不是道理解新，但自家這個意思長長地新。義剛。

今人却[一〇]是爲人而學。某所以教諸公讀大學，且看古人爲學是如何，是理會甚底[一一]事。諸公願爲古人之學乎？願爲今人之學乎？敬仲。

才仲問大學。曰：「人心有明處，於其間得一二分，即節節推上去。」又問：「小學、大學如何？」曰：「小學涵養此性，大學則所以實其理也。忠信孝弟之類須於小學中出，然正心、誠意之類，小學如何知得，須其有識後以此實之。大抵大學一節一節恢廓展布將去，然必到於此而後進。既到而不進固不可，未到而求進亦不可。且如國既治，又却絜矩，則又欲其四方皆準之也。此一卷書甚分明，不是衮作一塊物事。」可學。

致知、格物，大學中所説不過「爲人君，止於仁；爲人臣，止於敬」之類。古人若是小學之時[一二]都曾理會來，不成小學全不曾知得。然而雖是「止於仁，止於敬」，其間却有多少事，[一三]故又來大學於[一四]致知、格物上窮究教盡。如入書院，只到書院門裏亦是到來，亦曰格物、致知。[一五]然却不曾到書院築底處，終是[一六]不是物格、知至。㽦。

明德如八窗玲瓏，致知格物，各從其所明處去。今人不曾做得小學工夫，一旦學大學是以無下手處。今且當自持敬始，使端確純一静專，然後能致知格物。椿。

大學總説了，又逐段更説許多道理。聖賢怕有些子照管不到，節節覺察將去，到這裏有恁地病，到那裏有恁地病。節。

大學是爲學綱目。先通大學，立定綱領，其他經皆雜説在裏許。通得大學了，去看他經，方見得此是格物、致知事，此是正心、誠意事，此是修身事，此是齊家、治國、平天下事。

人多教踐履，皆是自立標置去教人。自有一般資質好底人便不須窮理、格物、致知。此聖人作今大學，便要使人齊入於聖人之域。榦。

謂任道弟讀大學。曰：「須逐段讀教透，默自記得，使心口相應。古時無多書，人[一七]人只是專心暗誦。且以竹簡寫之，尋常人如何辦得竹簡如此多，所以人皆暗誦而後已。伏生亦只是口授尚書二十餘篇。黄霸就獄，夏侯勝受尚書於獄中，獄中又安得本子，只被他讀得透徹。後來著述，諸公皆以名聞。漢之經學所以有用。」池本止此。[一八]因云：[一九]「余正甫前日堅説一國一宗。某云一家有大宗，有小宗，如何一國却一人。渠高聲抗争，某檢本與之看，方得口合。」賀孫。[二〇]

讀大學且逐段喠將去，似得無面底。[二一]看第二段却思量前段，令文意聯屬，却不妨。榦。

看大學固是看逐句看去。也須先統讀傳文教熟，方好從頭子細看。若全不識傳文大意，便看前頭亦難。賀孫。

或問讀大學。曰：「讀後去，須更温前面，不可只恁地茫茫看去。『温故而知新』，須是温故方能知新。若不温故便要求知新，則新不可得而知，亦不可得而求矣。」賀孫。

諸生看大學未曉而輒欲看論語者，責之曰：「公如喫飯一般，未曾有顆粒到口，如何又要喫這般，喫那般？這都是不曾好生去讀書。某嘗謂人看文字曉不得，只是未曾著心。文字在眼前，他心不曾着上面，只是恁地略綽將過，這心元不曾伏殺在這裏。看他只自恁地豹跳，不肯在這裏理會，又自思量做別處去。這事未了，又要別尋一事做，這如何要理會得！今學者看文字且須壓這心在文字上，逐字看了又逐句看，逐句看了又逐段看，未有曉不得者。」賀孫。

問賀孫：「讀大學如何？」答云：「稍通。方要讀論語。」先生曰：「且未要讀論語。大學稍通，正好着心精讀。前日讀時，見得前未見得後面，見得後未接得前面。今識得大綱統體，正好熟看。如喫果實相似，初只恁地硬咬嚼。待嚼來嚼去得滋味，如何便住却？讀此書功深則用博。昔尹和靖見伊川，半年方得大學、西銘看。今人半年要讀多少書，某且要人讀此，是如此？[二三]緣此書却不多，而規模周備。凡讀書，初一項須着十分工夫了，第二項只費得九分工夫，第三項便只費六七分工夫。少刻讀漸多，自貫通他書，自不着得多工夫。」賀孫。

讀大學，初間也只如此讀，後來也只如此讀。只是初間讀得似不與自家相關。後來看熟，見許多說話須看如此做，不如此做自不得。賀孫。

大學所載只是個題目如此，要須自用工夫做將去。賀孫。

大學教人先要理會得個道理。若不理會得，見聖賢許多言語都是硬將人制縛，剩許多工夫。若見得了，見得許多道理，都是天生自然鐵定底道理，更移易分毫不得。而今讀大學，須是句句就自家身上看過。少間自理會得，不待解說。如語、孟、六經，亦須就自家身上看，便如自家與人對說一般，如何不長進？聖賢便可得而至也。賀孫。

答林子淵說大學。曰：「聖人之書做一樣看不得。有只說一個下工夫規模，有首尾只說道理。如中庸之書，劈初頭便說『天命之謂性』。若是這般書，全著得思量義理。如大學，且只說個做工夫之節目，自不消得大段思量，纔看過便自曉得。只是做工夫全在自家身己上，却不在文字上。文字已不着得意思。〔一三〕說窮理，只就自家身上求之，都無別物事。只有個仁義禮智，看如何千變萬化，也離這四個不得。公且自看日用之間如何離得這四個。如信者，只是有此四者，故謂之信。信，實也，實是有此。論其體則實是有仁義禮智，論其用則實是有惻隱、羞惡、恭敬、是非，更假僞不得。試看天下豈有假做得仁，假做得義，假做得禮，假做得智？所以說信者，以言其實有而非僞也。更自一身推之於家，實是有父子，有夫婦，有兄弟；推之天地之間，實是有君，有臣，有朋友。都不是待後人旋安排，是合下元有此。又如一身之中，裏面有五臟六腑，外面有耳目口鼻四肢，這是人人都如此。存之爲仁義禮智，發出來爲惻隱、羞惡、恭敬、是非。人人都有此，以至父子、兄弟、夫婦、朋友、君臣亦莫不皆然。至於物亦莫不然，但其拘於形、拘於氣而不變。然亦就他一角子有發見處，看他也自有父子之親，有牝牡便是有夫婦，有大小便是有兄弟。就他同類中，各有群衆便是有朋友，亦有主腦便是有君臣。只緣本來都是天地所生，共這根蔕，所以大率多同。聖賢出來撫臨萬物，各因其性而導之。如昆蟲草木未嘗不順其性，如取之以時，用之有節：當春生時『不殀夭，不覆巢，不殺胎；草木零落，然後入山林；獺祭魚，然後虞人入澤梁；豺祭獸，然後田獵』。所以使〔一四〕萬物各得其所者，惟是先知得天地本來生生之意。」賀孫。

子淵説大學。答曰：「公看文字不似味道只就本子上看，看來看去，久之浹洽，自應有得。公使要去上面生意，只討頭不見。某所成大學章句、或問之書已是傷多了。當初只怕人曉不得，故説許多。今人看，反曉不得。此一書之間要緊只在『格物』兩字，認得這裏着，則許多説自是閑了。初看須用這本子，認得要處，〔二二五〕這〔二二六〕本子自無可用。某説十句在裏面，看得了，只做一句説了方好。某或問中已説多了，却不説到這般處。看這一書又自與看語孟不同。語孟中只一項事是一個道理。如孟子説仁義處，只就仁義上説道理；孔子答顔淵以『克己復禮』，只就『克己復禮』上説道理。若大學，却只統説。論其功用之極，至於平天下。然天下所以平，却先須治國；國之所以治，却先須齊家；家之所以齊，却先須修身；身之所以修，却先須正心；心之所以正，却先須誠意；意之所以誠，却先須致知；知之所以至，却先須格物，本領全只在這兩字上。又須知如何是格物。許多道理，自家從來合有不合有？定是合有，定是人人都有，人之心便具許多道理。見之於身，便見身上有許多道理；行之於家，便是一家之中有許多道理；施之於國，便是一國之中有許多道理；施之於天下，便是天下有許多道理。『格物』兩字只是指個路頭，須是自去格那物始得。只就紙上説千千萬萬，不濟事。」賀孫。

此一個心須每日提撕，令常惺覺。頃刻放寬便隨物流轉，無復收拾。如今大學一書豈在看他言語？正欲驗之於心如何。「如好好色，如惡惡臭」，試驗之吾心，好善，惡惡，果能如此乎？閑居爲不善，見君子則掩其不善而著其善，是果有此乎？一有不至，則勇猛奮躍不已，必有長進處。今不知如此，[二七]則書自書，我自我，何益之有！大雅。[二八]

問大學。曰：「看聖賢説話，所謂坦然若大路然。止[二九]緣後來人説得崎嶇，所以聖賢意思難見。」賀孫。

大學諸傳，有解經處，有只引經傳贊揚處。其意只是提起一事，使人讀着常惺惺地。道夫。

伊川舊日教人先看大學，那時未有解説，想也看得鶻突。而今有注解，覺大段分曉了，只在子細去看。賀孫。

或問：「大學解已定否？」曰：「據某而今自謂穩矣。只恐數年時[三〇]後又見不穩，這個不由自家。」問中庸解。曰：「此書難看。大學本文未詳者，某於答問[三一]則詳之。此書在章句，其答問中皆是辨諸家説。恐未必是，[三二]有疑處皆以『蓋』言之。」淳。

聖賢形之於言，所以發其意。後人多因言而失其意，又因注解而失其主。凡觀書，且先求其意，有不可曉然後以注解[三三]通之。如看大學，先看前後經亦自分明，然後看傳。可學。

「看大學且逐章理會。須先讀本文，念得，次將章句來解[三四]本文，又將或問來參章句。須逐一令記得，反覆尋究，待他浹洽。既逐段曉得，却[三五]將來統看，温尋過，這方始是。須是靠他這心，若一向靠寫底，如何得。」又曰：「只要熟，不要多貪。」道夫。

聖人不令人懸空窮理，須要格物者是要人就那上見得道理破，便實。只如大學一書有正經，有解，有或問。看來看去，不用或問只看注解便了；久之，又只看正經便了；又久之，自有一部大學在我胸中，而正經亦不用矣。然不用某許多工夫，亦看某底不出；不用聖賢許多工夫，亦看聖賢底不出。大雅。

某解注書，不引後面說來證前說，却引前說去證後說。蓋學者方看此，有未曉處，又引他處，只見難曉。大學都是如此。僩。

子淵問大學或問。答曰：「且從頭逐句理會，到不通處却看章句。或問乃注脚之注脚，亦不必深理會。」賀孫。

大學章句次序得皆明白易曉，不必或問，但致知、格物與誠意較難理會，不得不明辨之耳。人傑。

或問朱敬之：「有異聞乎？」曰：「平常只是在外面聽朋友問答，或時裏面亦只說某病痛處得。」一日，教看大學。曰：「我平生精力盡在此書。先須通此，方可讀他〔三六〕書。」賀孫。

說大學啓蒙畢，因言：「某一生只看得這兩件文字透，見得前賢所未到處。若使天假之年，庶幾將許多書逐件看得恁地，煞有工夫。」賀孫。

序

問：「『一有聰明睿智能盡其性者，則天必命之以爲億兆之君師』，何處見得天命處？」曰：「此也如何知得。只是才生得一個恁地底人，定是爲億兆之君師，便是天命之也。他既有許多氣魄才德，决不但已，必統御億兆之衆，人亦自是歸他。如三代已前聖人都是如此，及至孔子方不然。然雖不爲帝王，也閑他不得，也做出許多事來，以教天下後世，是亦天命也。」僩。

夜令敬之讀大學序，至「一有聰明睿智能盡其性者出於其間，則天必命之以爲億兆之君師」。某問：「天如何命之？」〔三七〕曰：「只人心歸之便是命。」問：「孔子如何不得命？」曰：「中庸云『大德必得其位』，孔子却不得。氣數之差至此極，故不能及。〔三八〕」可學。

問「繼天立極」。曰：「天只生得許多人物，與你許多道理。然天却自做不得，所以必得聖人爲之修道立教，以教化百姓，所謂『裁成天地之道，輔相天地之宜』是也。蓋天做不得底，却須聖人爲他做也。」僩。

問：「大學章句序中言〔三九〕『各俛焉以盡其力』，下此『俛』字何謂？」曰：「『俛』字者，乃是刺着頭，只管做將去底意思。」友仁。

問：「大學序〔四〇〕外有以盡其規模之大，內有以盡其節目之詳。」曰：「這個須先識得外面一個規模如此大了，而内做工夫以實之。所謂規模之大，凡人爲學便當以『明明德』、『新民』、『止於至善』及『明明德於天下』爲事。不成只要獨善其身便了，須是志於天下，所謂『志伊尹之所志，學顔子之所學也』。所以大學第一句便説『在新民』。」僩。

『明德』、『新民』便是節目，『止於至善』便是規模之大。道夫。

仁甫問：「釋氏之學，何以説其[四一]『高過於大，學而無用？』」曰：「吾儒更着讀書，逐一就事物上理會道理。他便都掃了這個，他便恁地空空寂寂，恁地便道事都了。只是無用。德行道藝，藝是一個至末事，然亦皆有用。釋氏若將些子事付之，便都没奈何。」又曰：「古人志道，據德，而遊於藝。禮、樂、射、御、書、數，數尤爲最末事。若而今行經界，則算法亦甚有用。若[四二]時文整篇整卷，要作何用？即徒然壞了許多士子精神。」賀孫。

經上

天之賦於人物者謂之命，人與物受之者謂之性，主於一身者謂之心，有得於天而光明正大者謂之明德。敬仲。[四三]

「明明德」，德是得於天者。德明。[四四] 又曰：「德是得於天者，講學而得之，得自家本分底物事。」恪。[四五]

明德，謂得之於己，至明而不昧者也。如父子則有親，君臣則有義，夫婦則有別，長幼則有序，朋友則有信，初未嘗差也。苟或差焉，則其所得者昏，而非固有之明矣。履孫。

明德未嘗息，時時發見於日用之間。如見非義而羞惡，見孺子入井而惻隱，見尊賢而恭敬，見善事而歎慕，皆明德之發見也。如此推之，極多，但當因其所發而推廣之。僩。

賀孫〔四六〕問：「『明德』意思，以平旦驗之，亦見得於天者未嘗不明。」曰：「不要如此看。且就明德上説，如何又引別意思證？讀書最不要如此。」賀孫遂就明德上推説。曰：「須是更子細，將心體驗。不然，皆是閑説。」賀孫。

明德也且就切近易見處理會，也且慢慢自見得。如何一日便都要識得？如出必是告，反必是面，昏定晨省必是昏定晨省，這易見。「徐行後長者謂之弟，疾行先長者謂之不弟」，這也易見。有甚不分明？如「九族既睦」是堯一家之明德，「百姓昭明」是堯一國之明德，「黎民於變時雍」是堯天下之明德。如「博弈好飲酒，不顧父母之養」是不孝，到能昏定晨省、冬温夏凊可以爲孝。然而「從父之令」，今看孔子説却是不孝。須是知父之命當從，也須知〔四七〕有不可從處。蓋「與其得罪於鄉黨州閭，寧孰諫」、「諭父母於道」方是孝。賀孫。

「明德者，人之所得乎天，而虚靈不昧，以具衆理而應萬事者也。」禪家則但以虚靈不昧者爲性，而無以具衆理以下之事。僩。

問：「大學注言『其體虚靈而不昧，其用鑒照而不遺』。此二句是説心，説德？」曰：「心、德皆在其中，更子細看。」又問：「德是心中之理否？」曰：「便是心中許多道理光明鑒照，毫髪不差。」寓。［四八］

驤［四九］問：「『大學之道，在明明德』。此『明德』莫是『天生德於予』之『德』？」曰：「莫如此問，只理會明德是我身上甚麽物事。某若理會不得，便應公『是「天生德於予」之「德」』，公便兩下都理會不得。且只就身上理會，莫又引一句來問。如此，只是紙上去討。」又曰：「此明德是天之予我者，莫令污穢，當常常有以明之。」道夫。

學者須是爲己。聖人教人只在大學第一句「明明德」上。以此立心，則如今端容［五〇］亦爲己也，讀書窮理亦爲己也，做得一件事是實亦爲己也。聖人教人持敬，只是須着從這裏説起。其實若知爲己後，則［五一］自然着敬。方子。蓋卿同。［五二］

大學［五三］「明明德」乃是爲己工夫。那個事不是分内事？明德在人，非是從外面請入來底。蓋卿。

爲學只「在明明德」一句。君子存之，存此而已；小人去之，去此而已。一念竦然，自覺其非便是明之之端。儒用。夔孫同。［五四］

大學「在明明德」一句當常常提撕，能如此便有進步處，蓋其原自此發見。人只一心爲本。

存得此心，於事物方知有脈絡貫通處。季札。「明德」是指全體之妙，下面許多節目皆是靠「明德」做去。〔五五〕

「在明明德」須是自家見得這物事光明燦爛，常在目前始得。如今都不曾見得。須是勇猛着起精神，拔出心肝與他看始得。正如人跌落大水，浩無津涯，須是勇猛奮起這身，要得出來始得。而今都只汎汎聽他流將去。

或以「明明德」譬之磨鏡。曰：「鏡猶磨而後明。若人之明德則未嘗不明，雖其昏蔽之極，而其善端之發終不可絕。但當於其所發之端而接續光明之，令其不昧則其全體大用可以盡明。且如人知己德之不明而欲明之，只這知其不明而欲明之者便是明德，就這裏便明將去。」僩。

「明明德」是明此明德，只見一點明便於此明去。正如人醉醒，初間少醒，至於大醒亦只是一醒。學者貴復其初，至於已到地位，則不着個「復」字。可學。

問：「大學之道在〔五六〕『明明德』」。曰：「人皆有個明處，但爲物欲所蔽。剔撥去了，只就明處漸明將去。然須致知、格物，方有進步處，識得本來是甚麽物。」季札。

曾興宗問：「如何是『明明德』？」曰：「明德是自家心中與〔五七〕許多道理在這裏。本是我〔五八〕明底物事，初無暗昧，人得之則爲德。如羞惡、是非、辭遜、惻隱〔五九〕皆從自家心裏出來，觸着那物便有〔六〇〕那個物出來，何嘗不明？緣爲物欲所蔽，故其明易昏。如鏡本明，被外物點污則不明了。少間磨了〔六一〕則其明又能照物。」又云：「人心惟定則明。所謂定者，非是定於這裏全不修習，待他自明。惟是定後却好去學。看來看去，久後自然徹。」又有人問：「明德章句〔六二〕自覺胸中甚昧。」曰：「這明德亦不甚昧。如説羞惡、是非、惻隱、辭遜〔六三〕，此是心中元有此等物。發而爲惻隱，這便是仁；發而爲羞惡，這便是義；發而爲辭遜、是非，便是禮、智。看來這個亦不是甚昧，但恐於義理差互處有似是而非者，未能分別耳。且如冬温夏凊爲孝，人能冬温夏凊，這便是孝。至如子從父之令，本似孝，亦有子而不從父之令者，而孔子之意却以爲不孝。〔六四〕然〔六五〕與其得罪於鄉閭，不若且諫父之過，使不陷於不義，這處便〔六六〕是孝。恐似此處未能大故分別得出，方昧。且如齊宣王見牛之觳觫，便有不忍之心，欲以羊易之。這便見惻隱處，只是見不完全。及到着〔六七〕『興甲兵，危士臣』處便欲快意爲之。是見不精確，不能推愛牛之心而愛百姓。只是心中所見所有〔六八〕如此，且恁地做去。又如胡侍郎讀史管見，其爲文字與所見處甚好，到着他日做處全相反。〔六九〕不知是如何？却似是兩人做事一般，前日所見是一人，今日所見又是一人了。〔七〇〕也是見不精確，〔七一〕致得如此。」卓。

或問「明明德」云云。曰：「不消如此説，他那注得自分曉了。只要稱實〔七二〕去體察，行之於身。須是真個明得這明德是怎生地明，是如何了得它虛靈不昧。須是真個不昧，具得衆理，應得萬事。只恁地説，不濟得事。」又曰：「如格物、致知、誠意、正心、修身，五者皆『明明德』事。格物、致知便是要知得分明；誠意、正心、修身便是要行得分明。若是格物、致知有所未盡，便是知得這明德未分明；意未盡誠，便是這德有所未明；心有不正，則德有所未明；身有不修，則德有所未明。須是意不可有頃刻之不誠，心不可有頃刻之不正，身不可有頃刻之不修，這明德方常明。」問：「所謂明德，工夫也只在讀書上？」曰：「固是在讀書上，然亦不專是讀書，事上也要理會。書之所載者固要逐件理會，也有書所不載而事上合當理會者，也有古所未有底事而今之所有當理會者，極多端。」僩。〔七三〕

「明明德」如人自云「天之所與我，未嘗昏」。只知道不昏便不昏矣。夔孫。〔七四〕

傅敬子說「明明德」。曰：「大綱也是如此，只是說得恁地孤單也不得，且去子細看。聖人說這三句，也且大概恁地說，到下面方說平天下至格物八者，便是明德、新民底工夫。就此八者理會得透徹，明德、新民都在這裏。而今且去子細看，都未要把自家言語意思去攙他底。公說胸中有個分曉底，少間捉摸不着，私意便從這裏生，便去穿鑿。而今且去熟看那解，看得細字分曉了，便曉得大字，便與道理相近了。道理在那無字處自然見得。而今且說格物，這個事物當初甚處得來？如今如何安頓它？逐一只是虛心去看萬物之理，看日用常行之理，看聖賢所言之理。」夔孫。

「或問所改大學章句云：『然其本體之明，則有未嘗息者』，記得初本是如此曰，後來改了。今思得此是本領，不可不如此說破。今改本又云〔七五〕『學者當因其所發而遂明之』，是如何？」

曰：「人固有理會得處，如孝於親，友於弟；　如水之必寒，火之必熱。不可謂他不知，但須去致極其知，因那理會得底推之於理會不得底，自淺以至深，自近以至遠。」又曰：「因其已知之理而益窮之，以求至乎其極。」廣。

明德謂本有此明德也。「孩提之童無不知愛其親，及其長也無不知敬其兄。」其良知、良能本自有之，只爲私欲所蔽，故暗而不明。所謂「明明德」者，求所以明之也。譬如鏡焉：本是個明底物，緣爲塵昏，却故不能照；　須是磨去塵垢，然後鏡明也。「在新民」，明德而後能新民。德明。以下明德、新民。

問：「明德、新民，在我有以新之，至民之明其明德，却又在他？」曰：「雖說是明己德，新民德，然其意自可參見。『明明德於天下』，自新以新其民，可知。」〔七六〕

蜚卿問：「新民莫是『修道之謂教』，有以新之否？」曰：「『道之以德』是『明明德』，『齊之以禮』是在新民，〔七七〕也是『修道之謂教』。有禮樂、法度、政刑，使之去舊污也。」道夫。〔七八〕

問：「明德而不能推之以新民，可謂是自私。」曰：「德既明，自然是着新民。然亦有一種人不如此，此便是釋老之學。這〔七九〕個道理人人有之，不是自家可專獨之物。既是明得此理，須當推以及人，使各明其德。豈可說我自會了，我自樂之，不與人共！」因說，曾有學佛者王天順，與陸子靜辨論云：「我這佛法，和耳目鼻口髓腦皆不愛惜，要度天下人各成佛法，豈得是自私！」先生笑曰：「待度得天下人各成佛法，却是教得他各各自私。陸子静從初亦學佛，嘗言：『儒佛差處是義利之間。』某應曰：『此猶是第二着，只它根本處便不是。當初釋迦爲太子時，出遊，見生老病死苦，遂厭惡之，入雪山修行。從上一念便一切作空看，惟恐割棄之不猛，屏除之不盡。吾儒却不然。蓋見得無一物不具此理，無一理可違於物。佛説萬理俱空，吾儒説萬理俱實。從此一差，方有公私、義利之不同。』今學佛者云『識心見性』，不知識是何心，見是何性。〔八〇〕」德明。〔八一〕

至善，只是十分是處。賀孫。〔八二〕

至善，猶今人言極好。方子。

凡曰善者，固是好。然方是好事，未是極好處。必到極處便是道理十分盡頭，無一毫不盡，故曰至善。僩。

至善是極好處。且如孝：冬温夏凊，昏定晨省，雖然是孝底事，然須是能「聽於無聲，視於無形」，方始是盡得所謂孝。履孫。

善，須是至善始得。如通書「純粹至善」，亦是。泳。

問：「章句中解『止』字云〔八三〕『必至於是而不遷』，如何？」曰：「未至其地而〔八四〕求其至，既至其地則不當遷動而之它也。」德明。

說一個「止」字，又說一個「至」字，直是要到那極至處而後止，故曰「君子無所不用其極」也。德明。

問：「『在止於至善』，向承見教，〔八五〕以爲君止於仁，臣止於敬，各止其所而行其所止之道。知此而能定。今日先生語竇文卿，又云：『「坐如尸」，坐時止也；「立如齊」，立時止也。』豈以自君臣父子推之於萬事，無不各有其止？」曰：「固然。『定公問孔子〔八六〕君使臣，臣事君。子曰：「君使臣以禮，臣事君以忠。」』君與臣是所止之處，禮與忠是其所止之善。又如『視思明，聽思聰，色思溫，貌思恭』之屬，無不皆然。」德明。

問：「『在止於至善』，至善者，先生云『事理當然之極也』，恐與伊川說『艮其止，止其所也』之義一同。謂夫有物必有則，如父止於慈，子止於孝，君止於仁，臣止於敬，萬物庶事莫不各得其所。得其所則安，失其所則悖。所謂『止其所』者，即止於至善之地也。」曰：「只是如此。〔八七〕」卓。

大學只前面三句是綱領。如「孩提之童，無不知愛其親；及其長也，無不知敬其兄」，此良心也。良心便是明德，止是事事各有個止處。如「坐如尸，立如齊」，坐立上須得如此方止得。又如「視思明」以下皆「止於至善」之意。大學須是〔八八〕格物入，格物從敬入最好，只敬便能格物。敬是個瑩徹底物事。今人却塊坐了，相似昏倦，要須提撕看。提撕便敬，昏倦便是肆，肆便不敬。存心養性以事天，存養是事，心性是天。池本此又作一條。[八九]「君子所過者化，所存者神。」存是存主，過是經歷。聖道[九〇]「綏之斯來，動之斯和」，才過便化。横渠説却是兩截。從周。[九一]以下明德至善。

問：[九二]「何謂明德？」先生曰：「我之所得以生者，有許多道理在裏，其光明處乃所謂明德也。『明明德』者是指全體之妙，下面許多節目皆是靠明德做去。」又問：「既曰明德，又曰至善，何也？」曰：「明得一分便有一分，明得十分便有十分，明得二十分乃是極至處也。」又曰：「明德是下手做，至善是行到極處。」銖。[九三]又曰：「至善雖不外乎明德，然明德亦有略略明者，須是止於那極至處。」銖。[九四]

問：「明德、至善，莫是一個否？」曰：「至善是明德中有此極至處。如君止於仁，臣止[九五]於敬，父止於慈，子止於孝，與國人交止於信，此所謂『在止於至善』。只是又當知所謂[九六]如何而爲止於仁，如何而止於敬，如何而止於慈孝，與國人交之信。這裏便用究竟一個下工夫處。」景紹曰：「止，莫是止於此而不過否？」曰：「固是。過與不及皆不濟事，但敬慈孝，[九七]誰能到得這裏？聞有不及者矣，未聞有過於此者也。如舜之命契，不過是欲使『父子有親，君臣有義，夫婦有別，長幼有序，朋友有信』，只是此五者。至於後來聖賢千言萬語只是欲明此而已。這個道理本是天之所以與我者，不爲聖賢而有餘，不爲愚不肖而不足，但其間節目須當講學以明之。此所以讀他[九八]聖賢之書，須當知他下工夫處。今人只據他説一兩字，便認以爲聖賢之所以爲聖賢者止此而已，都不窮究着實，殊不濟事。且如論語相似：讀『學而時習之』，須求其所謂學者如何，如何謂之時習？既時習，如何便能説？『有朋自遠方來』，朋友因甚而來自遠方，我又何自而樂？須著一一與他考究。似此用工，初間雖覺得生受費力，久後讀書甚易爲工，却亦濟事。」道夫。

「明明德」是知，「止於至善」是守。夫子曰：「智及之，仁能守之。」聖賢未嘗不爲兩頭底説話。如中庸所謂「擇善固執」，擇善便是理會知之事，固執便是理會守之事。至善，[九九]論堯之德便説「欽明」，舜便説「濬哲文明，温恭允塞」。欽是欽敬以自守，明是其德之聰明。「濬哲文明」便有知底道理，「温恭允塞」便有守底道理。[一〇〇]道夫。

問：「新民如何止於至善？」曰：「事事皆有至善處。」又曰：「『善』字輕，『至』字重。」節。

以下新民至善。

問：「新民止於至善，只是要民修身行己，應事接物，無不曲當？」曰：「雖不可使知之，亦當使由之，不出規矩準繩之外。」節。

「止於至善」是包「在明明德，在新民」。己也要止於至善，人也要止於至善。蓋天下只是一個道理，在他雖不能，在我之所以望他者，則不可不如是也。道夫。[一〇一]

問：「大學［一○二］至善，不是明德外別有所謂善，只就明德中到極處便是否？」曰：「是也。明德中也有至善，新民中也有至善，皆要便到那極處。至善隨處皆有。修身中也有至善，亦［一○三］要到那盡處；齊家中也有至善，皆要到那盡處。至善只是以其極言，不特是理會到極處，做［一○四］亦要做到極處。如『爲人君，止於仁』，固是一個仁，然仁亦多般，須是隨處看。如這事合當如此，是仁；若那一事又合當如彼，方徐作「亦」字。是仁。［一○五］若不理會，只管執一，便成一邊去。如『爲人臣，止於敬』，敬亦有多少般，不可只道擎跽曲拳便是敬。如盡忠不欺，陳善閉邪，納君無過之地，皆是敬，皆當理會。若只執一，亦成一邊去，安得謂之至善？［一○六］韓文公謂『軻之死不得其傳』。自秦漢以來豈無徐有「好」字。［一○七］人！亦只是無那至善，見不到十分極好處，做亦不做到十分極處。」淳。寓録［一○八］同。

明德是我得之於天，而方寸中光明底物事。統而言之，仁義禮智。以其發見而言之，如惻隱、羞惡之類；以其見於實用言之，如事親、從兄是也。如此等德不待自家明之，但從來爲氣稟所拘，物欲所蔽，而此等德［一○九］一向昏昧，更不光明。而今却在挑剔揩磨出來，以復向來得之於天者，此便是「明明德」。我既是明得個明德，見他人爲氣稟物欲所昏，自家豈不惻然欲存［一一○］以新之，使之亦如我挑剔揩磨，以革其向來氣稟物欲之昏而復其得之於天者，此便是「新民」。然明德、新民，初非是人力私意所爲，本自有一個當然之則，過之不可，不及亦不可。

且以孝言之，孝是明德，然亦自有當然之則。不及則固不是，若是過其則，必有刲股之事。須是要到當然之則田地而不遷，此方是「止於至善」。泳。

明德、新民皆當止於至善。不及於止，則是未當止而止；當止而不止，則是過其所止；能止而不久，則是失其所止。僩。

明明德，便要如湯之日新；新民，便要如文王之「周雖舊邦，其命維新」。各求止於至善之地而後止也。德明。

明德、新民，二者皆要至於極處。明德不是只略略地明得便了，新民不是只略略地新得便休，要〔一一二〕至於極至處。知止而後有定，如行路一般。若知得是從那一路去，則心中自是定，更無疑惑。既無疑惑，則心便静；心既静，便貼貼底，〔一一二〕便是安。既安，則自然此心專一，事至物來，思慮自無不通透。若心未能静安，則總是胡思亂想，如何是能慮！賀孫。〔一一三〕

欲新民而不止於至善，是「不以堯之所以治民者治民」也。明明德，是欲去長安；止於至善，是已到長安也。拱壽。

「明德、新民皆當止於極好處。止之爲言，未到此便住不可謂止，到得此而不能守亦不可言止。止者，止於是而不遷之意。」或問：「明明德是自己事，可以做得到極好處。若新民，則在人，如何得到極好處？」曰：「且教自家先明得盡，然後漸民以仁，摩民以義。如孟子所謂『勞之，來之，匡之，直之，輔之，翼之，又從而振德之』。如此變化他，自然解到極好處。」銖。

劉源問「知止而後有定」。曰：「此一節只是説大概效驗如此。『在明明德，在新民，在止於至善』，却是做工夫處。」雉。以下知止而後〔一一四〕有定。

「知止而後有定」，須是事事物物都理會得盡而後有定。若只理會得一事一物，明日别有一件便理會不得。這個道理須是理會得五六分以上，方見得這邊重，那邊輕，後面便也易了。而今都是〔一一五〕未理會到半截以上，所以費力。須是逐一理會，少間多了，漸會貫通，兩個合做一個，少間又七八個合做一個，便都一齊通透了。伊川説「貫通」字是妙。若不是他自曾如此，如何説出這字？賀孫。

未知止，固用做，〔一一六〕但費把捉。已知止，則爲力也易。僩。又曰：〔一一七〕「須是灼然知得物理當止之處，心自會定。」砥。

問：「『知止而後有定』，須是物格、知至以後方能如此。若未能物格、知至，只得且隨所知分量而守之否？」曰：「物格、知至也無頓上聲。〔一一八〕斷。都知到盡處了，方能知止有定。只這一事上知得盡，則此一事便知得當止處。無緣便要盡底都曉得了，方知止有定。不成知未到盡頭，只恁地鶻突獃在這裏，不知個做工夫處！這個各隨人淺深。固是要知到盡處方好，只是未能如此，且隨你知得者只管定去。如人行路，今日行得這一條路，則此一條路便知得熟了，便有定了。其它路皆要如此知得分明。所以聖人之教，只要人只管理會將去。」〔一一九〕僩。

問「定而能静」。曰：「定，是見得事事物物上千頭百緒皆有定理；静，只就自家一個心上説。」賀孫。以下定静。

定以理言，故曰有；静以心言，故曰能。義剛。

定静之説。〔一二〇〕定是理，静在心。既定於理，心便會静。若不定於理，則此心只是東去西走。泳。

問：「大學之静與伊川『静中有動』之『静』同否？」曰：「未須如此説。如此等處，未到那裏，不要理會。少頃都打亂了，和理會得處也理會不得去。」士毅。

問：「『定而後能静』，〔一二一〕章句云：『外物不能摇，故静。』舊説又有『異端不能惑』之語，今本無之。〔一二二〕竊謂將二句參看，尤見得静意。」曰：「此皆外來意。凡立説須寛，方流轉，不得局定。」

問：「『静而後能安』如『君安君位以行君之道，臣安臣位以行臣之道』之類否？〔一二三〕」曰：「安只是無䠇卼之意，纔不紛擾便安。」問：「如此則静與安無分别？」曰：「二字自有淺深。」德明。以下静安。

「静而後能安」，静是心，安是身。〔一二四〕

義剛[一二五]問：「『安，謂所處而安』，莫是把捉得定時，處事自不爲事物所移否？」曰：「這個本是一意，但靜是就心上説，安是就身上説。而今人心纔不得[一二六]靜時，雖有意在安頓那物事，自是不安。若是心靜，方解去區處得穩當。[一二七]」義剛。

既靜，則外物自然無以動其心；既安，則所處自[一二八]皆當。看扛做那裏去，都移易他不得。道夫。

能安者，以地位言之也。在此則此安，在彼則彼安；在富貴亦安，在貧賤亦安。節。

李約之問「安而後能慮」。曰：「若知至了，及臨時不能慮，[一二九]則安頓得不恰好。且如知得事親當孝，也知得恁地是孝。及至事親時不思慮，則孝或不行，而非孝者反露矣。」學蒙。以下安而後能慮。[一三〇]

能安者，隨所處而安，無所擇地而安。能慮，是見於應事處能慮。節。

慮是思之重複詳審者。方子。

慮是研幾。閎祖。

問：「『止而後有定』，此良之所以止其所也；『定而後能靜』，各有分位，故靜；『靜而後能安』，君盡君之道，臣盡臣之道，思不出位，故安。『安而後能慮』，不審此一句如何？[一三一]」曰：「若不如[一三二]此，則自家先已紛擾，安能慮？」德明。以下止得安慮。[一三三]

問：「『靜而後能安』，是在貧賤、在患難皆安否？」曰：「此心若不靜，這裏坐也坐不得，那裏坐也坐不得。」問：「到能得處，學之工夫盡否？」曰：「在己之功亦備矣。又要『明明德於天下』，不止是要了自家一身。」淳。〔一三四〕

問：「大學〔一三五〕『知止』章中所謂定、靜、安，終未深瑩。」曰：「知止只是識得一個去處。既已識得，即心中便定，更不他求。如求之彼，又求之此，即是未定。『定而後能靜，靜而後能安』，此〔一三六〕亦相去不遠，但有深淺耳。與中庸動、變、化相類，皆不甚相遠。」問：「竊謂先生於此一段詞義，欲望加詳數語，使學者曉然易知。」〔一三七〕曰：「此處亦未是緊切處，其他亦無可說。」德明。〔一三八〕

大學定、靜、安頗相似。定謂所止各有定理，靜謂遇物來能不動，安謂隨所寓而安。安蓋深於靜也。去僞。

大學中〔一三九〕定、靜、安三字大略相類，然定是心中知「爲人君止於仁，爲人臣止於敬」。心下有個定理便別無膠擾，自然是靜。如此則隨所處而安。〔一四〇〕

問「安而後能慮」。曰：「先是自家心安了，有些事來，方始思量區處得當。如〔一四一〕今人先是自家這裏鶻突了，到事來便〔一四二〕都區處不下。既欲爲此，又欲若彼；既欲爲東，又欲向西，便是不能慮。然這也從知止說下來，若知其所止，自然如此，這却不消得工夫。若知所止，如火之必熱，如水之必深，如食之必飽，如〔一四三〕飲之必醉。若知所止便見事事決定是如此，決定着做到如此地位，欠闕些子便自住不得。且〔一四四〕如說『事父母能竭其力，事君能致其身』，人多會說得過。〔一四五〕只是多〔一四六〕不曾見得決定着竭其力處，決定着致其身處。若決定見得着如此，看如何也須要到竭其力處，須要到致其身處。且如而今〔一四七〕事君，若不見得決定着致其身，則在内親近必不能推忠竭誠，有犯無隱，在外任使必不能展布四體，有殞無二。『無求生以害仁，有殺身以成仁』，這若不是見得到，如何會恁地？」賀孫。知止、安、慮。

人本有此理，但爲氣禀物欲所蔽。若不格物、致知，事至物來，七顛八倒。若知止則有定，能慮，得其所止。節。

知止只是知有這個道理，也須是得其所止方是。若要得其所止，直是能慮方得。能慮却是緊要。知止如知爲子而必孝，知爲臣而必忠。能得是身親爲忠孝之事。若徒知這個道理，至於事親之際爲私欲所汩，不能盡其孝；事君之際爲利禄所汩，不能盡其忠，這便不是能得矣。能慮是見得此事合當如此，便如此做。道夫。

李德之問：「『安而後能慮』，既首言知止矣，如何於此復說能慮？」曰：「既知此理，更須是審思而行。且如知孝於事親，須思所以爲事親之道。」又問：「『知至而後意誠』，如何知既盡後，意便能實？」先生指燈臺而言：「如以燈照物，照見處所見便實；照不見處便有私意，非真實。」又問：「持敬、居敬如何？」先生曰：「且如此做將去，不須先安排下様子，後却旋來求合。」蓋卿。

問「知止而後有定」。曰：「須是灼然知得物理當止之處，心自會定。」又問：「上既言知止了，何更待慮而後能得？」曰：「知止是知事事物物各有其理。到慮而後能得處，便是得所以處事之理。知止，如人之射，必欲中的，終不成要射做東去，又要射做西去。慮而後能得，便是射而中的矣。且如人早間知得這事理如此，到晚間心裏定了，便會處〔一四八〕得這事。若是不先知得這道理，到臨事時便脚忙手亂，豈能慮而有得！」問：「未格物以前如何致力？」曰：「古人這處已自有小學了。」砥。〔一四九〕

子升兄問：「知止便是知至否？」曰：「知止就事上説，知至就心上説。知止知事之所當止，知至則心之知識無不盡。」又問知止、能慮之别。〔一五〇〕曰：「知止是知事物所當止之理。到得臨事，又須研幾審處方能得所止。如易所謂『惟深也，故能通天下之志』，此似知止；『惟幾也，故能成天下之務』，此便是能慮。聖人言語自有不約而同處。」木之説：「如此則知止是先講明工夫，能慮是臨事審處之功。」曰：「固是。」再問：「『知止而後有定』，注謂『知之則志有定向』。或問謂『能知所止，則方寸之間事事物物皆有定理矣』。語似不同，何也？」曰：「也只一般。」木之。

子升兄[一五一]問：「知止與能慮，先生昨以比易中深與幾。或問中却兼下『極深研幾』字，覺未穩。」曰：「當時下得也未子細。要之，只着得『研幾』字。」木之。

問：「知與得如何分別？」曰：「知只是方知，得便是在手。」問：「得莫是行所知了時？」曰：「也是如此。只是分個知與得。[一五二]知在外，得便在我。」士毅。[一五三]

知者，知其所止；得者，得其所止。履孫。[一五四]

某事當如此，某事當如彼。如君當仁，此是知止事。至物來對着胸中恰好底道理，將這個去應他，此是得其所止。節。[一五五]

問知止至能得。曰：「真個是知得到至善處，便會到能得地位。中間自是效驗次第如此。學者工夫却在『明明德』、『新民』、『止於至善』上。如何要去明明德，如何要去新民，如何要得止於至善？正當理會。知止、能得，這處却未甚要緊。聖人但說個知止、能得樣子在這裏。」寓。

陳子安問：「知止至能得，其間有工夫否？」曰：「有次序，無工夫。纔知止，自然相因而見。只知止處便是工夫。」銖。[一五六]又問：「至善須是明德否？」曰：「至善雖不外乎明德，然明德亦有略略明者。須是止那極至處。」銖。

知止至能得譬如喫飯，只管喫去，自會飽。德明。

定對動而言。初知所止，是動底方定，方不走作，如水之初定。靜則定得來久，物不能撓，處山林亦静，處廛市亦静。安則静者廣，無所適而不安。静固安，動亦安，看處甚事皆安然不撓。安，然後能慮。今人心中摇漾不定疊，還能處得事否？慮者，思之精審也。人之處事，於叢冗急遽之際而不錯亂者，非安不能。聖人言雖不多，及至[一五七]推出來便有許多説話，在人細看之耳。僩。

知止只是先知得事理如此，便有定。能静，能安，及到事來乃能慮。「能」字自有道理。是事至物來之際，思之審，處之當，斯得之矣。夔孫。

知止至慮而後能得，[一五八]蓋纔知所止則志有定向，纔定則自能静，静則自能安，安則自能慮，慮則自能得。要緊在「能」字，蓋滔滔而去，自然如此者。慮謂會思量事，凡思天下之事，莫不各得其當是也。履孫。

先生[一五九]因説知止至能得，上云「止於至善」矣，此又題[一六〇]起來説。言能知止則有所定，有所定則知其理之確然如是。一定則更[一六一]不可移易，任是千動萬動，也動摇他不得。既定則能静，静則能安，安則能慮，慮則能得其所止之實矣。卓。[一六二]

問：「據知止已是思慮了，何故静、安下復有個『慮』字？既静、安了，復何所慮？」曰：「知止只是先知得事理如此，便能静能安，及到事至物來乃能慮，慮之審而後能得。[一六三]」賜。

遊開[一六四]子蒙問：「知止、得止，莫稍有差别否？」曰：「然。知止是[一六五]如射者之於的，得止是已中其的。」問：「定、靜、安矣，如之何而復有慮？」曰：「慮是事物之來，略審一審。」劉淮叔通問：「慮與格物致知不相干？」曰：「致知便是要知父止於慈、子止於孝之類。慮便是審其如何而爲孝、如何而爲慈。至言仁則當如堯，言孝則當如舜，言敬則當如文王，這方是得止。」子蒙言：「開欲以『明德』之『明』爲如人之失其所有而一旦復得以喻之。至『慮』字則說不得。」曰：「知止而有定，便如人之〔一六六〕撞著所失而不用終日營營以求之。定而靜，便如人之〔一六七〕既不用求其所失，自爾寧靜。靜而安，便如人之〔一六八〕既知某物在甚處，某物在甚處，心下帖〔一六九〕然無復不安。安而慮，便如自家金物都自有〔一七〇〕在這裏，及人來問自家討甚金物，自家也須將上手審一審，然後與之。慮而得，則秤停輕重皆相當矣。」或又問：「何故知止而定、靜、安了，又復言慮？」曰：「且如『可以予，可以無予；可以取，可以無取；可以死，可以無死』，這上面有幾許商量在。」道夫。

黄去私問大學「知止而後有定，至慮而後能得」。先生曰：「工夫全在知止，若能知止，則自能如此。」〔一七一〕問致知、格物。曰：「『致』字有推出之意，前輩用『致』字多如此。人誰無知？爲子知孝、爲父知慈之類，〔一七二〕只是知不盡，須是要知得透底。且如一穴之光也喚做光，然逐旋開劃得大則其光愈大。物皆有理，人亦知其理，如當慈、當〔一七三〕孝之類只是格不盡，但物格於彼則知盡於此矣。」又云：「知得此理盡，則此個意便實。若有知未透處，這裏面黑〔一七四〕

了。」人傑。〔一七五〕

王子周問知止至能得。曰：「其他皆未須理會，且要理會知止。便如人今年二十歲，明年二十一歲，後年便二十二歲。一年自向長一年。知止須知『在明明德，在新民，在止於至善』。至善處須知止方可。」蓋卿。〔一七六〕

問大學〔一七七〕「知止能得」一段。曰：「只是這個物事，滋長得頭面自各別。今未要理會許多次第，且要先理會個知止。待將來熟時便自見得。」先生論看文字，只要虛心濯去舊聞，以來新見。時舉。

林子淵問知止至而後〔一七八〕能得。曰：「知與行，工夫須着並到。知之愈明則行之愈篤，行之愈篤則知之益明。二者皆不可偏廢。如人兩足相先後行，便會漸漸行得到。若一邊軟了，便一步也進不得。然又須先是〔一七九〕知得方行得，所以大學先説致知，中庸説知先於仁、勇，而孔子先説『知及之』。然學問、謹思、明辨、力行，皆不可闕一。」賀孫。

德是得於天者，講學而得之，得自家本分底物事。恪。〔一八〇〕

或問「物是萬物，事是所以爲仁，謂之事」。曰：「如何是『所以爲仁』？當云『人之所爲曰事』可也。且如衣飯即是物，着衣喫飯即是事也。」履孫。〔一八二〕

物亦有該事而言者，如仁者，不過乎物。所謂物亦只是事。履孫。

趙問：「事物何以別？」曰：「對言則事是事，物是物；獨言物則兼事在其中。『知止』『能得』是事有個首尾，如耕便種，種便耘，到秋成後便斂，這是事有個首尾。如此『明德』、『新民』是物，『明德』是理會己之物，『新民』是理會天下之萬物。以己之一物對天下萬物，便有個内外本末。」問：「近道是如何？」曰：「知所先後自是近道，不知先後便倒了，如何能近道？」淳。

明德爲本，新民爲末，知止爲始，能得爲終，本始所先，末終所後，誠知本末先後之序則去道不遠。此事物是體，用物是有物，事是用工做來。泳。

「伊川大學本末先後之説如何？」曰：「伊川以致知格物爲本始，治國平天下爲末終。如伊川説也得，但某之説分得盡，不遺了『知止』、『能得』兩段，如伊川之語則有疏處密處，疏處自有未盡，密處直是密。」去僞。

晦庵先生朱文公語類卷第十五

大學[二]

經下

因鄭仲履之問而言曰：「致知乃本心之知。如一面鏡子，本全體通明，只被昏翳了，而今逐旋磨去，使四邊皆照見，其明無所不到。」蓋卿。

所謂窮理者，事事物物各自有個事物底道理，窮之須要周盡。若見得一邊，不見一邊，便不該通。窮之未得，更須款曲推明。蓋天理在人，終有明處。「大學之道，在明明德」，謂人合下便有此明德。雖爲物欲掩蔽，然這些明底道理未嘗泯絶。須從明處漸漸推將去，窮到是處，吾心亦自有準則。窮理之初，如攻堅物，必尋其罅隙可入之處，乃從而擊之，則用力爲不難矣。孟子論四端便各自有個柄靶，仁義禮智皆有頭緒可尋。即其所發之端，而求其可見之體，莫非可窮之理也。謨。

問：「致知莫只是致察否？」曰：「如讀書而求其義，處事而求其當，接物存心察其是非、邪正皆是也。」寓。

器遠問：「致知者，推致事物之理。還當就甚麼樣事推致其理？」曰：「眼前凡所應接底都是物。事事都有個極至之理，這便是要〔二〕知得到。若知不得〔三〕到便都没分明，若知得到便決定着恁地做，更無第二着、第三着。止緣人見道理不破，便恁地苟簡，且恁地做也得，都不做得第一義。」曹問：「如何是第一義？」曰：「如『爲人君，止於仁；爲人臣，止於敬；爲人子，止於孝』之類，決定着恁地，不恁地便不得。又如在朝須着進君子、退小人，這是第一義，合如此。〔四〕有功決定着賞，有罪決定着誅。更無小人可用之理，更無包含小人之理。惟見得不破，便道小人不可去，也有可用之理。這都是第二義、第三義，如何會好？若事事窮得盡道理，事事占得第一義，做甚麼樣剛方正大！且如爲學，決定是要做聖賢，這是第一義，便漸漸有進步處。若便道自家做不得，且隨分依稀做些子，這都〔五〕是見不破。所以説道：『不以舜之所以事堯事君，賊其君者也；不以堯之所以治民治民，賊其民者也。』謂吾身不能者，自賊者也。」賀孫。按卓録略云：〔六〕「曹兄問：『格物窮理須是事事物物上理會？』先生云：『也須是如此，但窮理上須是見得十分徹底，窮到極處，須是見得第一着方是，不可只到第三、第四着便休了。若窮不得，只道我未窮得到底，只得如此。這是自恕之言，亦非善窮理也。且如事君便須是「進思盡忠，退思補過」，道合則從，不合則去。也有義不可得而去者，不可不知。』又云：『如「不以舜之所以事堯者[七]事君，賊其君者也；不以堯之所以治民者[八]治民，賊其民者也」，這皆是極處。』」

致知所以求爲真知。真知是要徹骨都見得透。道夫。

問：「道之不明，蓋是後人舍事跡以求道。」先生曰：「所以古人只道格物，有物便有理。若無事親事君底事，何處得忠孝？」節。

格物，莫先於五品。方子。

格物，不説窮理，却言格物。蓋言理則無可捉摸，物有時而離；言物則理自在，自是離不得。釋氏只説見性，下梢尋得一個空洞無稽底性，亦由他説，於事上更動不得。賀孫。

「『窮理』二[九]字不若格物之爲切，便就事物上窮格。如漢人多推秦之所以失，漢之所以得，故得失易見。然彼亦無那格底意思。若格之而極其至，則秦猶有餘失，漢亦當有餘得也。」又云：「格謂至也，所謂實行到那地頭。如南劍人往建寧，須到得郡廳上方是至，若只到建陽境上，即不謂之至也。」德明。

人多把這道理作一個懸空底物。大學不説窮理，只説個格物，便是要人就事物上理會，如此方見得實體。所謂實體，非就事物上見不得。且如作舟以行水，作車以行陸。今試以衆人之力共推一舟於陸，必不能行，方見得舟果不能以行陸也，此之謂實體。德明。

徐[一〇]居甫問：「格物窮理，但理自有可以彼此者。」曰：「不必如此看。理有正，有權。

今學者且須理會正。如娶妻必告父母，學者所當守。至於不告而娶，自是不是，到此處别理會。如事君匡救其惡是正理，伊川説「納約自牖」又是一等，今於此一段未分明，却先爲彼引走。如孔子説「危行言孫」，當春秋時亦自如此。今不理會正當處，纔見聖人書中有此語便要守定不移，駸駸必至於行孫矣。此等風俗浙江甚盛，殊可慮。」可學。

「窮理如性中有個仁義禮智，其發則爲惻隱、羞惡、辭遜、是非。只是這四者，任是世間萬事萬物皆不出此四者之内。」曹問：「有可一底道理否？」曰：「見多後自然貫。」又曰：「會之於心，可以一得，心便能齊，但心安後便是義理。」〔一一〕

器遠問：「窮事物之理，還當窮究個總會處，如何？」曰：「不消説總會。凡是眼前底都是事物，只管恁地逐項窮，教到極至處，漸漸多，自貫通。然爲之總會者，心也。」賀孫。〔一二〕

問：「事各有理，而理各有至當十分處。今看得七八分，只做得〔一三〕七八分處，上面欠了多〔一四〕分數。莫是窮來窮去，做來做去，久而且熟，自能長進到十分否？」曰：「雖未能從容，只是熟後便自會從容。」再三詠「熟」字。淳。〔一五〕

不是要格那物來長我聰明見識了，方去理會，自是不得不理會。僩。

居甫問：「格物工夫，覺見不周給。」曰：「須是四面八達格。〔一六〕」可學。

格物者，格，盡也，須是窮盡事物之理。若是窮得三兩分便未是格物，須是窮盡得到十分，

方是格物。賀孫。〔一七〕

問：「格物最難。日用間應事處，平直者却易見。如交錯疑似處，要如此則彼礙，要如彼則此礙，不審何以窮之？」曰：「如何一頓便要格得恁地。且要見得大綱，且看個大胚模是恁地，方就裹面旋旋做細。如樹，初間且先斫倒在這裏，逐旋去皮方始出細。若難曉、易曉底一齊都要理會得，也不解恁地。但不失了大綱，理會一重了，裏面又見一重，一重了又見一重。以事之詳略言，理會一件又一件；以理之淺深言，理會一重又一重。只管理會，須有極盡時。『博學之，審問之，謹思之，明辨之』，成四節次第，恁地方是。」寓。

或問：「格物是學者始入道處，當如何着力？」曰：「遇事接物之間，各須一一去理會始得。不成是精底去理會，粗底又放過了；大底去理會，小底又不問了。如此終是有欠缺，但隨事遇物皆一一去窮極，自然分明。」又問：「世間有一種小有才底人，於事物上亦能考究得子細，如何却無益於己？」曰：「他理會底聖人亦理會，但他理會底意思不是。彼所爲者，但欲人説：『他人理會不得者，我理會得；他人不能者，我能之。』却不切己也。」又曰：「『文武之道未墜於地，在人。賢者識其大者，不賢者識其小者，莫不有文武之道焉』，聖人何事不理會？但是與人自不同。」祖道。

若格物，而雖不能盡知，而事至物來，大者增些子，小者減些子，雖不中，不遠矣。節。

窮理格物，如讀經看史，應接事物，理會個是處皆是格物。只是常教此心存，莫教他閑没個[一八]勾當處。公且道如今不去學問時，此心頓放那處？賀孫。

格物須是從切己處理會去，待自家者已定疊，然後漸漸推去，這便是能格物。道夫。

「格物」二字最好。物謂事物也。須窮極事物之理到盡處，便有一個是，一個非。是底便行，非底便不行。凡自家身心上皆須體驗得一個是非。若講論文字，應接事物，各各體驗，漸漸推廣，地步自然寬闊。如曾子三省，只管如此體驗去。德明。

鄭[一九]文振問：「物者，理之所在，人所必有而不能無者，何者爲切？」曰：「君臣、父子、兄弟、夫婦、朋友皆人所不能無者，但學着須要窮格得盡。事父母則當盡其孝，處兄弟則當盡其友。如此之類，須是要見得盡，若有一毫不盡，便是窮格不至也。」人傑。

格物者，格其孝當考論語中許多論孝；格其忠必「將順其美，匡救其惡」，不幸而伏節死義。古人愛物而伐木亦有時，無一些子不到處，無一物不被其澤，蓋緣是格物得盡，所以如此。節。

格物須真見得決定是如此。爲子豈不知是要孝？爲臣豈不知是要忠？人皆知得是如此。然須當真見得子決定是合當孝，臣決定是合當忠，決定如此做始得。淳。按寓録同。[二〇]

如今説格物，只晨起開目時便有四件在這裏，不用外尋，仁義禮智是也。如纔方開門時，便有四人在門裏。僩。

大學說一「格物」在裏，却不言其所格者如何。學者欲見下工夫處，但看孟子便得。如說仁義禮智，便窮到惻隱、羞惡、辭遜、是非之心；說好貨、好色、好勇，便窮到太王公劉文武；說古今之樂，便窮到與民同樂處；說性，便格到纖毫未動處。這便見得他孟子胸中無一毫私意蔽窒得他，故其知識包宇宙，大無不該，細無不燭。道夫。

子淵說：「格物先從身上格去。如仁義禮智，發而爲惻隱、羞惡、辭遜、是非，須從身上體察，常當守得在這裏始得。」曰：「人之所以爲人，只是這四件。須自認取意思是如何。所謂惻隱者是甚麼意思？且如赤子入井，一井如彼深峻，入者必死而赤子將入焉！自家見之，此心還是如何？有一事不善，在自家身上做出，這裏定是可羞；在別人做出，這裏定是惡他。利之所不當得，或雖當得而吾心有所未安，便自謙遜辭避，不敢當之。以至等閑禮數，人之施於己者，或過其分，便要辭將去，遜與別人，定是如此。事事物物上各有個是，有個非，是底自家心裏定道是，非底自家心裏定道非。就事物上看，是底定是是，非底定是非。到得所以是之，所以非之，却只在自家。此四者人人有之，同得於天，不待問別人假借。堯舜之所以爲堯舜，也只是這四個，桀紂本來亦有這四個。如今若認得這四個分曉，方可以理會別道理。只是孝有多少樣，有如此爲孝，如此而爲不孝；忠固是忠，有如此爲忠，又有如此而不唤做忠，一一都着斟酌理會過。」賀孫。

問：「格物須合内外始得？」曰：「他内外未嘗不合。自家知得物之理如此，則因其理之自然而應之，便見合内外之理。目前事事物物皆有至理，如一草一木、一禽一獸皆有理。草木春生秋殺，好生惡死。『仲夏斬陽木，仲冬斬陰木』，皆是順陰陽道理。〔二一〕自家知得萬物均氣同體，『見生不忍見死，聞聲不忍食肉』，非其時不伐一木，不殺一獸，『不殺胎，不殀夭，不覆巢』，此便是合内外之理。」寓。〔二二〕

先生問竇從周：「曾看『格物』一段否？」因言：「聖人只説『格物』二字，便是要人就事物上理會。且自一念之微以至事事物物，若静若動，凡居處飲食言語無不是事，無不各有個天理人欲。須是逐一驗過，雖在静處坐亦須驗個敬、肆。敬便是天理，肆便是人欲。如居處便須驗得敬與不敬。〔二三〕有一般人專要就寂然不動上理會，及其應事却七顛八倒，到了，又牽動他寂然底。又有人專要理會事，却於根本上全無工夫。須是徹上徹下，表裏洞徹。如居仁便自能由義，由義便是居仁。『敬以直内』便能『義以方外』，『義以方外』〔二四〕便是『敬以直内』。」德明。

問：「格物則恐有外馳之病？」曰：「若合做，則雖治國平天下之事亦是己事。『周公思兼三王，以施四事。其有不合者，仰而思之，夜以繼日，幸而得之，坐以待旦』，不成也説道外馳！」又問：「若如此，則恐有身在此而心不在此，『視而不見，聽而不聞，食而不知其味』，有此等患。」

曰：「合用他處，也着用。」又問：「如此則不當論内外，但當論合爲與不合爲。」先生頷之。節。

問：「格物之義固要就一事一物上窮格，然如吕氏、楊氏所發明大本處，學者亦須兼考。」

曰：「識得，即事事物物上便有大本。不知大本，是不曾窮得也。若只説大本，便是釋老之學。」德明。

問格物致知。〔二五〕曰：「他所以下『格』字、『致』字者皆是爲自家元有是物，但爲他物所蔽耳。而今便要從那知處推開去，是因其所已知而推之，以至於無所不知也。」夔孫。按：義剛同。以下致知在格物。〔二六〕

問「致知在格物」。曰：「知者，吾自有此知。此心虚明廣大，無所不知，要當極其至耳。今學者豈無一斑半點，只是爲利欲所昏，不曾致其知。孟子所謂四端，此四者在人心，發見於外。吾友還曾平日的見其有此心，須是見得分明，則致知可至。〔二七〕今有此心而不能致，臨事則昏惑，有事則膠擾，百種病根皆自此生。」又問：「凡日用之間作事接人皆是格物窮理？」曰：「亦須知得要本。若不知得，只是作事，只是接人，何處爲窮理！」

人之一心本自光明，常提撕他起，莫爲物欲所蔽，便將這個做本領，然後去格物致知。如大學中條目便是材料。聖人教人將許多材料來修持〔二八〕此心，令常常光明耳。〔二九〕伊川云「我使他思時便思」，如此方好。儻臨事不醒，只争一餉時，便爲他引去。且如我兩眼光晻晻，又白日裏在大路上行，如何會被別人〔三〇〕引去草中？只是我自昏睡，或暗地裏行，便被別人胡亂引去耳。但只要自家常醒得他做主宰，出乎萬物之上，物來便應。易理會底便理會得，難理會底思量久之也理會得。難理會底理會不得，〔三一〕是此心尚昏未明，便用提醒他。道夫。〔三二〕

致知、格物，只是一個。〔三三〕

「致知、格物，一胯底事。」先生舉左右指來比並。泳。

問：「一說：〔三四〕『致知是欲於事理無所不知，格物是格其所以然之故。』此意通否？」曰：「不須如此說。只是推極我所知，須要就那事物上理會。致知是自我而言，格物是就物而言。若不格物，何緣得知？而今人也有推極其知者，却只泛泛然竭其心思，都不就事物上窮究。如此則終無所止。」義剛曰：「只是說所以致知，必在格物。」曰：「正是如此。若是極其所知去推究那事物，則我方能有所知。」義剛。

元昭問：「致知、格物，只作窮理說？」曰：「不是只作窮理說。格物，所以窮理。」又問：「格物是格物與人。知物與人之異，然後可作工夫。此意頗切當？〔三五〕」曰：「若作致知在格物論，只是胡說。既知人與物異後，待作甚合殺。格物是格盡此物。如有一物，凡十瓣，已知五瓣，尚有五瓣未知，是爲不盡。如一鏡焉，一半明一半暗，是一半不盡。格盡物理則知盡。如元昭所云，物格、知至當如何說？」子上問：「向見先生答江德功書如此說。」曰：「渠如何說？已忘却。」子上云：「渠作『按物』。」〔三六〕曰：「又更錯。」可學。

格物是逐物格將去，致知則是推得漸廣。賜。

鄭伯問格物致知。曰：「格物是物物上窮其至理，致知是吾心無所不知。格物是零細說，致知是全體說。」時舉。

格物致知是極粗底事，「天命之謂性」是極精底事，但致知格物便是那「天命之謂性」底事。下等事便是上等工夫。義剛。

問：「知如何致？物如何格？嘗見南軒說李伯諫云：『物格則純乎我。』此將『格』作『扞格』之『格』。如先生說只做『至』字看。然而下手着工夫須有個親切處，更乞指教。〔三七〕」曰：「『孩提之童，莫不知愛其親；及其長也，莫不知敬其兄。』人皆有是知，而不能極盡其知者，人欲害之也。故學者必須先克人欲以致其知，則無不明矣。『致』字如推開去。譬如暗室中見些子明處，便尋從此明處去。忽然出到外面，見得大小大明。人之致知亦如此也。格物是『爲人君止於仁，爲人臣止於敬』之類，事事物物各有個至極之處。所謂『止』者，即至極之處也。然須是極盡其理，方是可止之地。若得八分，猶有二分未盡，也不是。須是極盡方得。」又曰：「知在我，理在物。」祖道。

張仁叟問致知、格物。曰：「物莫不有理，人莫不有知。如孩提之童，知愛其親；及其長也，知敬其兄；以至於飢則知求食，渴則知求飲，是莫不有知也，但所知者止於大略，而不能推致其知以至於極耳。致之爲義，如以手推送去之義。凡經傳中云『致』者，其義皆如此。」時舉。

曹又問致知、格物。曰：「此心愛物，是我之仁；此心要愛物，是我之義；若能分別此事之是，此事之非，是我之智；若能別尊卑上下之分，是我之禮。以至於萬物〔三八〕，皆不出此四個道理。其實則〔三九〕是一個心、一個根柢出來抽枝長葉。」卓。

問：〔四〇〕「大學次序，在聖人言之，合下便都能如此，還亦須從致知格物做起？但他義理昭明，做得來易耶？」〔四一〕曰：「也如此學，只是易。〔四二〕聖人合下體段已具，義理都曉得，但勘驗一過。〔四三〕其實大本處都盡了，不要學，〔四四〕只是學那不〔四五〕緊要底。如中庸言：『及其至也，雖聖人有所不知不能焉。』人多以『至』爲道之精妙處。若是道之精妙處有所不知不能，便與庸人無異，何足以爲聖人？這『至』只是道之盡處，所不知不能是沒緊要底事。他大本大根元無欠缺，只是古今事變、禮樂制度便也須學。」淳。〔四六〕

致知、格物固是合下工夫，到後亦離這意思不得。學者要緊在求其放心。若收拾得此心存在，已自看得七八分了。如此，則本領處是非善惡已自分曉。惟是到那變處方難處，到那裏便用子細研究。若那分曉底道理却不難見，只是學者見不親切，故信不及。如漆雕開所謂「吾斯之未能信」，若見得親切，自然信得及。看得大學了，閑時把史傳來看，見得古人所以處事變處儘有短長。賀孫。

子善問物格。曰：「物格是要得外面無不盡，裏面亦清徹無不盡，方是不走作。」恪。〔四七〕

叔文問：「格物莫須用合内外否？」曰：「不須恁地說。物格後，他内外自然合。蓋天下之事皆謂之物，而物之所在莫不有理。且如草木禽獸，雖是至微至賤亦皆有理。如謂〔四八〕『仲夏斬陽木，仲冬斬陰木』，自家知得這個道理，處之而各得其當便是。且如鳥獸之情，莫不好生而惡殺，自家知得是恁地，便須『見其生不忍見其死，聞其聲不忍食其肉』方是。要之，今且自近以及遠，由粗以至精。」道夫。〔四九〕

上而無極、太極，下而至於一草、一木、一昆蟲之微，亦各有理。一書不讀，則缺了一書道理；一事不窮，則缺了一事道理；一物不格，則缺了一物道理。須着逐一件與他理會過。道夫。

知至，謂如親其所親，長其所長，而不能推之於天下，則是不能盡之於外；欲親其所親，欲長其所長，而自家裏面有所不到，則是不能盡之於内。須是外無不周，内無不具，方是知至。履孫。

「知至，謂天下事物之理知無不到之謂。若知一而不知二，知大而不知細，知高遠而不知幽深，皆非知之至也。要須四至八到，無所不知，乃謂至耳。」因指燈曰：「亦如燈燭在此，而光照

一室之内，未嘗有一些不到也。」履孫。〔五〇〕

鄭仲履問曰：「某觀大學知至，見得是乾知道理。」先生曰：「何用説乾知，只理會自家知底無不盡便了。」蓋卿。

致知未至，譬如一個鐵片，亦割得物事，只是不如磨得芒刃十分利了，一鍤便破。若知得切了，事事物物至面前莫不迎刃而解。賀孫。

未知得至時，一似捕龍蛇、捉虎豹相似。到知得至了，却恁地平平做將去，然節次自有許多工夫。到後來絜矩，雖是自家所爲，皆足以興起斯民。又須是以天下之心審自家之心，以自家之心審天下之心，使之上下四面都平均齊一而後可。賀孫。

問：「『致知』之『致』，『知至』之『至』，有何分別？」曰：「上一『致』字是推致，方爲也。下一『至』字是已至。」先看〔五一〕「至」字，傍〔五二〕着「人」字爲「致」，是人旁推至。節。

格物只是就事上理會，知至便是此心透徹。廣。

格物便是下手處，知至是知得也。德明。

致知不是知那人不知底道理，只是人面前底。且如義、利兩件，昨日雖看義當爲然，而却又説未做也無害；見得利不可做，却又説做也無害。這便是物未格，知未至。今日見得義當爲，決爲之；利不可做，決定是不做。心下自信〔五三〕得及，這便是物格，便是知得至了。此等説

話爲無恁地言語，册子上寫不得，似恁地說出却較見分曉。植。[五四]

李[五五]守約問：「物格知至，到曾子悟忠恕於一唯處，方是知得至否？」曰：「亦是如此。只是就小處一事一物上理會得到，亦是知至。」賀孫。

「大學物格、知至處便是凡聖之關。物未格，知未至，如何殺也是凡人。須是物格、知至，方能循循不已而入於聖賢之域。縱有敏鈍、遲速之不同，頭勢也都自向那邊去了。今物未格，知未至，多[五六]是要過那邊去，頭勢只在這邊。如門之有限，猶未過得在。」問：「伊川云『非樂不足以爲[五七]君子』，便是物未格，知未至，未過得關子[五八]否？」曰：「然。某嘗謂物格知至後，雖有不善亦是白地上黑點；物未格，知未至，縱有善也只是黑地上白點。」伯羽。[五九]

「致知誠意」，自古來只有這話。今經筵中亦是講此，蓋外此無它道也。自修。[六〇]

問：「尋常讀大學未有所得，願請教。」[六一]曰：「致知、誠意兩節若打得透時，已自是個好人。其它事一節大如一節，病敗一節小如一節。」自修。

吳仁甫問：「誠意在致知、格物後，如何？」曰：「源頭只在致知。知至之後，如從上面放水來，已自迅流湍決。只是臨時又要略略撥剔，莫令壅滯爾。」銖。

說爲學次第。曰：「本末、精粗雖有先後，然一齊用做去。且如致知、格物而後誠意，不成說自家物未格、知未至，且未要誠意，須待格了，知了，却去誠意，安有此理？聖人亦只說大綱自然底次序是如此，拈着底須是逐一旋旋做將去始得。常説田子方説文侯聽樂處亦有病，不成只去明官，不去明音，亦須略去理會始得。不能明音，又安能明官！或以宫爲商，以角爲徵，自家緣何知得？且如『籩豆之事，則有司存』，非謂都不用理會籩豆，但比似容貌、顔色、辭氣爲差緩爾。又如官名，在孔子有甚緊要處？聖人一聽得郯子會便要去學，蓋聖人之學本末精粗無一不備，但不可輕本而重末耳。今人閑坐過了多少日子，凡事都不肯去理會。且如儀禮一節，自家立朝不曉得禮，臨事有多少利害。」雉。

致知無毫釐之不盡，守其所止無須臾之或離。致知如一事只知得三分，這三分知得者是真實，那七分不知者是虚僞。爲善須十分知善之可好，若知得九分而一分未盡，只此一分未盡便是鶻突苟且之根。少間説便爲惡也不妨，便是意不誠。所以貴致知，窮到極處謂之『致』。或得於小而失於大，或得於始而失於終，或得於此而失於彼，或得於己而失於人，極有深淺。惟致知則無一事之不盡，無一物之不知。以心驗之，以身體之，逐一理會過方堅實。僩。

知與意皆出於心。知是知覺處，意是發念處。閎祖。

深自省察以致其知，痛加剪落以誠其意。升卿。〔六二〕

論誠意。曰：「過此一關方是人，不是賊。」又曰：「過此一關方會進。」一本云：「過得此關道理方牢固。」方子。閎祖録上一條同。以下論誠意。〔六三〕

因説「誠意」，曰：「前輩有謂闢釋氏爲扶教者，安在其不妄語也！」閎祖。〔六四〕

意誠如蒸餅，外面是白麪，透裏是白麪。意不誠如蒸餅外面雖白，裏面却只是粗麪一般。閎祖。

意誠後推盪得查滓靈利，心盡是義理。閎祖。〔六五〕

知至、意誠是凡聖界分關隘。未過此關，雖有小善猶是黑中之白；已過此關，雖有小過亦是白中之黑。過得此關，正好着力進步也。道夫。

致知、誠意乃學者兩個關。致知乃夢與覺之關，誠意乃惡與善之關。透得致知之關則覺，不然則夢；透得誠意之關則善，不然則惡。致知、誠意以上工夫較省，逐旋開去，至於治國、平天下，地步愈闊，却須要照顧得到。人傑。

格物是夢覺關，格得來是覺，格不得只是夢。誠意是善惡關。誠得來是善，誠不得只是惡。過得此二關，上面工夫却一節易如一節了。到得平天下處尚有些工夫，只爲天下闊，須着如此點檢。「誠意是轉關處。」〔六六〕又曰：「誠意是人鬼關！」誠得來是人，誠不得是鬼。夔孫。〔六七〕

鍾唐傑問「意誠」。曰：「意誠只是要情願做工夫，若非情願亦强不得。未過此一關，猶有七分是小人。」蓋卿。

問「知至而後意誠」。曰：「知則知其是非。到意誠實則無不是，無有非，無一毫錯，此已是七八分人。然又不是今日知至，意亂發不妨，待明日方誠。如言孔子『七十而從心』，不成未七十心皆不可從。只是説次第如此。白居易詩云：『行年三十九，歲暮日斜時。孟子心不動，吾今其庶幾！』詩人玩弄至此！」可學。〔六八〕

知若至則意無不誠。若知之至，雖欲着此物亦留不住，東西南北中央皆着不得。若是不誠之人亦不肯盡去，亦要留些子在。泳。〔六九〕

問：「知至到意誠之間意自不聯屬，須是别識得天理人欲分明，盡去人欲，全是天理，方誠。」曰：「固是。這事不易言。須是格物精熟，方到此。居常無事，天理實然，有纖毫私欲便能識破他，自來點檢慣了。譬有賊來便識得，便捉得他。不曾用工底，與賊同眠同食也不知。」大雅。

問：「『知至而後意誠』，故天下之理反求諸身，實有於此，似從外去討得來？」先生問節曰：「如何是外，如何是内？」節答曰：「致知格物是去外討，然後方有諸己，是去外討得入來。」曰：「是先有此理後自家不知，是知得後方有此理？」節無以答。〔七〇〕曰：「『仁義禮智非由外鑠我也，我固有之也，弗思耳矣！』」〔七一〕又笑曰：「某常説人有兩個兒子：一個在家，一個在外去幹家事。其父却説道在家底是自家兒子，在外底不是。」節。

周震亨問知至、意誠，云：「有知其如此而行又不如此者，是如何？」曰：「此只是知之未至。」問：「必待行之皆是而後驗其知至歟？」曰：「不必如此說。而今說與公是知之未至，公不信，且去就格物、窮理上做工夫。窮來窮去，末後自家真個見得此理是善，彼[七二]是惡自心甘意肯不去做，此方是意誠。若猶有一毫疑貳底心便是知未至、意未誠，久後依舊去做。然學者未能便得會恁地，須且致其知，工夫積累方會知至。」雉。[七三]

「『知至而後意誠』，須是真知了，方能誠意。知苟未至，雖欲誠意，固不得其門而入矣。惟其胸中了然，知得路逕如此，知善之當好，惡之當惡，然後自然意不得不誠，心不得不正。」因指燭曰：「如點一條蠟燭在中間，光明洞達，無處不照，雖欲將不好物事來亦没安頓處，自然着它不得。若是知未至，譬如一盞燈，用罩子蓋住，則光之所及者固可見，光之所不及處則皆黑暗無所見，雖有不好物事安頓在後面，固不得而知也，[七四]所以貴格物。如佛、老之學，它非無長處，但它只知得一路。其知之所及者則路逕甚明，無有差錯；其知所不及處則皆顛倒錯亂，無有是處，緣無格物工夫也。」問：「物未格時意亦當誠。」曰：「固然。豈可說物未能格，意便不用誠？自始至終意常要誠。如人適楚當南其轍，[七五]豈可謂吾未能到楚且北其轅？但知未至時，雖欲誠意，其道無由。如人夜行，雖知路從此去，但黑暗，行不得。所以要得致知。知至則道理坦然明白，安而行之。今人知未至者，也知道善之當好，惡之當惡，然臨事不如此者，只是實未曾見得。若實見得，自然行處無差。」僴。[七六]

欲知知之真不真，意之誠不誠，只看做不做如何。只〔七七〕個如此做底，但〔七八〕是知至、意誠。道夫。

問：「知至了意便誠，抑是方可做誠意工夫？」曰：「也不能恁地說得。這個也在人。一般人自便能如此。一般人自當循序做，但知至了，意誠便易。且如這一件事知得不當如此做，末梢又却如此做，便是知得也未至。若知得至時便決不如此。如人既知烏喙之不可食，水火之不可蹈，豈肯更試去食烏喙、蹈水火？若是知得未至時，意決不能誠。」問：「知未至之前，所謂謹獨亦不可忽否？」曰：「也不能恁地說得。規模合下皆當齊做，然這裏只是說學之次序如此，說得來快，無恁地勞攘，且當循此次序。初間『欲明明德於天下』時，規模便要恁地了。既有恁地規模，當有次序工夫；既有次序工夫，自然有次序效驗。〔七九〕『物格而後知至』，至『國治而後天下平』，〔八〇〕只是就這規模恁地廣開去，如破竹相似，逐節恁地去。」淳。〔八一〕

意誠、心正，過得此關義理方穩，不然七分是小人在。又曰：「意不誠底是私過，心不正底是公過。」方子。

意誠而後心可正，過得這一關方可進。銖。〔八二〕

「心，言其統體；意，是就其中發出。〔八三〕正心如戒懼，不睹不聞，誠意如謹獨。」又曰：「由小而大，意小心大。」闔祖。〔八四〕

康叔臨問：「意既誠矣，心安有不正？」曰：「誠只是實。雖是意誠，然心之所發有不中節處依舊未是正。亦不必如此致疑，大要只在致知格物上。如物格、知至上鹵莽，雖見得似小，其病却大。自修身以往，只是如破竹然，逐節自分明去。今人見得似難，其實却易。人入德處全在致知、格物。譬如適臨安府，路頭一正，着起草鞋便會到。未須問所過州縣那個在前，那個在後，那個是繁盛，那個是荒索。工夫全在致知、格物上。」謙。〔八五〕

或問：「意者，所以〔八六〕聽命於心者也。今曰『欲正其心者〔八七〕先誠其意』，則是〔八八〕意乃在心之先矣。」曰：「『心』字卒難摸索。心譬如水：水之體本澄湛，却爲風濤不停，故水亦搖動；必須風濤既息，然後水之體靜。人之無狀污穢皆在意之不誠，必須去此，然後能正其心。及心既正後，所謂好惡哀矜與修身齊家中所説者皆是合有底事，但當時時省察其固滯偏勝之私耳。」僩。〔八九〕

問：「心者身之主也，意者心之發也。既是〔九〇〕意發於心，則意當聽命於心可也。〔九一〕今而〔九二〕曰『意誠而後心正』，則是意反爲心之管束矣，何也？」曰：「心之本體何嘗不正，所以不得其正者，蓋由邪惡之念勃勃而興，有以動其心也。譬之水焉，本自瑩浄寧息，蓋因波濤洶湧，水遂爲其所激而動也。更是大學次序，誠意最要。學者苟於此一節分別得善惡、是非、取捨分明，則自此以後，凡有忿懥、好樂、親愛、畏敬等類，皆是好事。大學之道始不可勝用矣。」處謙。

問：「心，本也。意，特心之所發耳。今欲正其心，先誠其意，似倒説了。」曰：「心無形影，教人如何撑拄？須是從心之所發處下手，先須去了許多惡根。如人家裏有賊，先去了賊方得家中寧。如人種田，不先去了草，如何下種？須去了自欺之意，意誠則心正。誠意最是一段中緊要工夫，下面一節輕一節。」或云：「致知、格物也緊要。」曰：「致知，知之始；誠意，行之始。」夔孫。銖同。〔九三〕

心纔不正，其終必至於敗國亡家。僩。

格物者，窮事事物物之理；致知者，知事事物物之理。無所不知，知其不善之必不可爲，故意誠；意既誠，則好樂自不足以動其心，故心正。人傑。〔九四〕

格物者，知之始也；誠意者，行之始也。意誠則心正，自此去一節易似一節。銖。〔九五〕

格物、致知、正心、誠意，不可着纖毫私意在其中。致知、格物，十事格得九事通透，一事未通透，不妨；一事只格得九分，一分不透，最不可。凡事不可着個「且」字。「且」字其病甚多。庚。〔九六〕

格物、致知、誠意、正心，雖是有許多節次，然其進之遲速則又隨人資質敏鈍。履孫。

敬之問誠意、正心、修身。曰：「若論淺深意思，則誠意工夫較深，正心工夫較淺；若以小大看，則誠意較緊細，而正心、修身地位又較大，又較施展。」賀孫。

或問正心修身。曰：「今人多是不能去致知處着力，此心多爲物[九七]所陷了。惟聖人能提出此心，使之光明，外來底物欲皆不足以動我，内中發出底又不陷了。」問：「劉子云『天地之中』，程子云『天然自有之中』，此『中』字同否？」[九八]曰：「『天地之中』是未發之中，『天然自有之中』是時中。」曰：「然則『天地之中』是指道體，『天然自有之中』是指事物之理？」曰：「然。」祖道。[九九]

問：「大學解『所厚，謂家』。若誠意正心亦可謂之厚否？」曰：「不可。此只言先後緩急，所施則有厚薄。」節。

大學一篇却是有兩個大節目：物格、知至是一個，誠意、修身是一個。纔過此二關了，則便可直行將去。泳。

問：「『誠意正心』章，一説能誠其意而心自正，一説意誠矣而心不可不正。修身、齊家亦然否？」[一〇〇]曰：「此是交會處，不可不看。」又曰：「誠意以敬爲先。」泳。

毅然問：「『家齊而後國治，天下平』，如堯有丹朱，舜有瞽瞍，周公有管蔡，却能平治，何也？」曰：「堯不以天下與丹朱而與舜，舜能使瞽瞍不格姦，周公能致辟于管蔡，使不爲亂，便是措置得好了，然此皆聖人之變處。想今人家不解有那瞽瞍之父、丹朱之子、管蔡之兄，都不須如此思量，且去理會那常處。」淳。

或問：「格物、致知，到貫通處方能分別取舍。初間亦未嘗不如此，但較生澀勉强否？」曰：「格物時是窮盡事物之理，這方是區處理會。到得知至時却已自有個主宰，會去分別取舍。初間或只見得表，不見得裏；只見得粗，不見得精。到知至時方知得到，能知得到方會意誠，可者必爲，不可者決不肯爲。到心正則胸中無些子私蔽，洞然光明正大，截然有主而不亂。此身便修，家便齊，國便治而天下可平。」賀孫。

「古之[一〇一]欲明明德於天下者先治其國」至「致知在格物」。「欲」與「先」字謂如欲如此，必先如此，是言工夫節次。若「致知在格物」，則致知便在格物上。看來「欲」與「先」字差慢得些子，「在」字又緊得些子。履孫。

自「欲明明德於天下」至「先致其智」皆是隔一節，所以言欲如此者，必先如此。「致知在格物」，知與物至切近，正相照在。格物所以致知，物纔格則知已至，故云「在」，更無次第也。閎祖。

大學「明明德於天下」以上皆有等級。到致知格物處便較親切了，故文勢不同，不曰「致知者先格其物」，只曰「致知在格物」也。「意誠而後心正」，不說是意誠了便心正，但無詐僞便是誠。心不在焉便不正。或謂但正心，不須致知、格物便可以修身、齊家，却恐不然。聖人教人窮理，只道是人在善惡中時[一〇二]不能分別得，故善或以爲惡，惡或以爲善。善可以不爲，不妨；惡可以爲，不妨。[一〇三]聖人便欲人就外面攔截得緊，見得道理分明方可正得心、誠得意。不然，則聖人告顔子，如何不道非禮勿思，却只道勿視聽言動？如何又先道「居處恭，執事敬」，而後「與人忠」？「敬」字要體得親切，似得個「畏」字。銖記：「先生嘗因諸生問『敬』宜何訓，曰：『是不得而訓也。惟「畏」庶幾近之。』銖云：『以「畏」訓「敬」，平淡中有滋味。』曰：『然。』」榦。

問：「『古之欲明明德於天下』至『致知在格物』，向疑其似於爲人。今觀之，大不然。蓋大人，以天下爲度者也。天下苟有一夫不被其澤，則於吾心爲有慊；而吾身於是八者有一毫不盡，則亦何以明明德於天下耶？夫如是，則凡其所爲雖若爲人，其實則亦爲己而已。」先生曰：「爲其職分之所當爲也。」道夫。

先生説大學次序。曰：「致知、格物是窮此理，誠意、正心、修身是體此理，齊家、治國、平天下只是推此理。要做三節看。」雉。

物格、知至是一截事，意誠、心正、身修是一截事，家齊、國治、天下平又是一截事。自知至交誠意又是一個過接關子，自修身交齊家又是一個過接關子。賀孫。

明德，如八窗玲瓏，致知格物，各從其所明處去。〔一〇四〕文壽。〔一〇五〕

自格物至修身，自淺以及深；自齊家至平天下，自内以及外。敬仲。

格物、致知，比治國、平天下，其事似小，然打不透則病痛却大，無進步處。治國、平天下，規模雖大，然這裏縱有未盡處，病痛却小。格物、致知如「知及之」，正心、誠意如「仁能守之」，到得「動之不以禮」處只是小小未盡善。從周。〔一〇六〕方子録云：「格物、誠意，其事似乎小，然若打不透却是大病痛。治國、平天下，規模雖大，然若有未到處，其病却小，蓋前面大本領已自正了。學者若做到物格、知至處，此是七分已上底人。」

問：「看來大學自格物至平天下，凡八事，而心是在當中，擔着兩下者。前面格物、致知、誠意是理會個心，後面身修、家齊、國治、天下平是心之功用。」曰：「據他本經去修身上截斷，然身亦是心主之。」士毅。

大學自致知以至平天下，許多事雖是節次如此，須要一齊理會。不是説物格後方去致知，意誠後方去正心。若如此説，則是當意未誠、心未正時有家也不去齊，如何得！且如「在下位不獲乎上」數句，意思亦是如此。若未獲乎上，更不去治民，且一向去信朋友；若未信朋友時，且一向去説〔一〇七〕親，掉了朋友不管。須是多端理會，方得許多節次。聖人亦是略分個先後與人知，不是做一件盡〔一〇八〕無餘方做一件。若如此做，何時得成！又如喜怒上做工夫，固是。然亦須事事照管，不可專於喜怒。如易損卦「懲忿窒慾」、益卦「見善則遷，有過則改」，似此説話甚多。聖人却去四頭八面説來，須是逐一理會。身上許多病痛都要防閑。明作。

蔡元思問：「大學八者條目，若必待行得一節了，旋進一節，則没世窮年亦做不徹。看來日用之間須是隨其所在而致力：遇着物來面前便用格，知之所至便用致，意之發便用誠，心之動便用正，身之應接便用修，家便用齊，國便用治，方得。」曰：「固是。他合下便説『古之欲明明德於天下』，便是就這大規模上説起。只是細推他節目緊要處，則須在致知、格物、誠意迤邐做將去」云云。又曰：「有國家者，不成説家未齊，未能治國，且待我去齊得家了，却來治國。家未齊者，不成説身未修，且待我修身了，却來齊家。無此理，但細推其次序，須着如此做。若隨其所遇，合當做處則一齊做始得。」僩。

李從之問：「『壹是皆以修身爲本』，何故只言修身？」曰：「修身是對天下國家説，此是本，此是末。〔一〇九〕凡前面許多事便是理會修身。『其所厚者薄，所薄者厚』又是以家對國説。」嚞。以下「壹是」皆以修身爲本。〔一一〇〕

「壹是」，一切也。漢書平帝紀「一切」，顔師古注：「猶如以刀切物，取其整齊。」泳。

大學「在明明德，在親〔一一一〕民，在止於至善」，此三個是大綱，做工夫全在此三句内。下面知止五句是説效驗如此。上面是服藥，下面是説藥之效驗。正如説服到幾日其〔一一二〕效如此，又服到幾日效又如此。看來不須説效亦得，服到日子滿時自然有效。聖人須要説到這田地上〔一一三〕教人知「明明德」三句，後面又分拆開做八件：〔一一四〕致知至修身五件是明明德事，齊家至平天下三件是新民事。至善只是做得恰好處，〔一一五〕後面傳又立八段〔一一六〕詳細剖析八件意思。大抵閑時要〔一一七〕喫緊去理會，須要把做一件事看，横在胸中，不要放下。若理會得透徹，到臨事時一一有用處。而今人多是閑時不喫緊要〔一一八〕理會，及到臨事時又不肯下心推究道理。只説且放過一次亦不妨，只是安於淺陋，所以不能長進，終於無成。大抵是不曾立得志，枉過日子。且如知止只是閑時窮究得道理分曉，臨事時方得其所止。若閑時不曾知得，臨事如何了得。事親固是用孝，也須閑時理會如何爲孝，見得分曉，及到事親時方合得這道理。事君亦然，以至凡事都如此。又問：「知止是萬事萬物皆知得所止，或只指一事而言？」曰：「此徹上徹下知得一事，亦可謂之知止。」又問：「上達天理，便是事物當然之則至善處否？」曰：「只是合理〔一一九〕處便是天理，所以聖人教人致知、格物，亦要〔一二〇〕人理會得這〔一二一〕道理。」

問：〔一二二〕「大學所謂〔一二三〕表裏精粗如何？」曰：〔一二四〕「粗是大綱，精是裏面曲折處。」又曰：「外面事要推闡，故齊家而後治國，平天下；裏面事要切己，故修身、正心，必先誠意。致知愈細密。」又問真知。曰：「曾被虎傷者便知得是可畏，未曾被虎傷底須逐旋思量個被虎〔一二五〕傷底道理，見得與被傷者一般方是。」明作。〔一二六〕

問：「大學之書不過明德、新民二者而已。其自致知、格物以至平天下乃推廣二者，爲之條目以發其意，而傳意則又以發明其爲條目者。要之，不過此心之體不可不明，而致知、格物、誠意、正心，乃其明之之工夫耳。」曰：「若論了得時，只消『明明德』一句便了，不用下面許多。聖人爲學者難曉，故推說許多節目。今且以明德、新民互言之，則明明德者所以自新也，新民者所以使人各明其明德也。然則雖有彼此之間，其爲欲明之德則彼此無不同也。譬之明德却是材料，格物、致知、誠意、正心、修身却是下工夫以明其明德耳。於格物、致知、誠意、正心、修身之際，要得常見一個明德隱然流行於五者之間方分明。明德如明珠，常自光明，但要時加拂拭耳。若爲物欲所蔽，即是珠爲泥涴，然光明之性依舊自在。」大雅。〔一二七〕

問：「『古之欲明明德於天下者』至『致知在格物』，詳其文勢，似乎〔一二八〕皆是有爲而後爲者。」曰：「此〔一二九〕皆是合當爲者。經文既自明德說至新民，止於至善，下文又却反覆明辨，以見正人心〔一三〇〕池本無「心」字。〔一三一〕者必先正己。孟子曰：『天下之本在國，國之本在家，家之本在身。』亦是此意。」道夫。

問：「定、靜、安、慮、得與知至、意誠、心正是兩事，只要行之有先後。據先生解安、定、慮、得與知至似一般，如何？」曰：「前面只是大綱且如此說，後面却是學者用力處。」去僞。

知止就事上說，知至就心上說。舉其重而言。閎祖。

知止最難是知至、意誠中間事。〔一三二〕閎祖。

格物、致知是求知其所止；誠意、正心、修身、齊家、治國、平天下是求得其所止。物格、知至是知所止，意誠、心正、身修、家齊、國治、天下平是得其所止。大學中大抵虛字多，如所謂

「正心」、「修身」、「齊家」、「治國」、「平天下」是實字。今當就其緊要實處着工夫。如何是致知、格物以至於治國、平天下，皆有節目，須要一一窮究着實方是。道夫。

「欲」、「其」、「而後」皆虚字。「明明德」、「新民」、「止於至善」，「致知」、「格物」、「誠意」、